대한민국 대운하 프로젝트

영산강운하와 축복의 땅, 남도

대한민국 대운하 프로젝트

이병담 | 노창균 | 신종호 | 김갑렬 | 김기식 공저

모아북스
MOABOOKS

운하건설은 세계적인 추세입니다. 유럽의 국가들 가운데, 독일의 라인·마인·도나우 운하(RMD Canal, 171km)나 프랑스의 랑그독(Languedoc Canal, 240km) 운하, 네덜란드 암스테르담-라인 운하(Amsterdam-Rhein Canal, 80km) 등 선진국들은 예전부터 운하를 통해 국가의 富와 균형발전을 이루었습니다. 최근 들어 영국과 같은 나라는 옛 운하를 복원시켜 환경과 경제적 효용을 위해 새롭게 건설하고 있는 중에 있습니다.

미국도 유럽 못지않은 연안수로(Intracoastal Waterways, 4,800km), 5대호·세인트로렌스 운하(3,770km), 그리고 내륙운하(Inland Waterways, 42,000km) 등 수로를 통해, 고속도로의 20%에 이르는 물류를 친환경적이며, 경제적이고 안전한 운송수단으로 이용하고 있습니다. 중국은 경항대운하(1,700km)에 대한 복원을 서두르고 있으며, 일본도 관광, 레저, 문화적인 차원에서 운하를 활용하고 있습니다. 이처럼 강이나 바다를 연결하여 다양한 가치를 창출하는 운하의 효과는 이미 운하를 이용한 선진국들이 증명하고 있는 바입니다.

대운하는 인간이 자연과 균형을 이루려는 값진 노력입니다. 죽어있는 물길을 다시 살려내고, 이질적인 가치와 문화들이 소통되는 길을 만드는 일입니다. 유럽이 경제공동체를 거쳐 유럽연합으로 발전할 수 있었던 근간은 바로 각 나라를 이어주는 운하가 다양한 문화와 삶의 방식을 이해할 수 있었던 든든한 소통로가 되었기 때문입니다. 한반도대운하는 단순히 배가 다니는 뱃길을 넘어 지금까지의 지역간 갈등, 정치적 반목과 근 10년째 제자리걸음의 국민소득으로 잡아두고 있는 낡은 사슬을 녹이는 '물의 용광로'가 될 것입니다.

그런데 지금 우리는 어떠합니까? 영산강하구언이 만들어진 이래 30년 동안 영산강은 온갖 쓰레기와 생활·축산오폐수 등으로 남도의 젖줄이 만신창이가 된 채 방치되었습니다. 필자는 그동안 몇 차례 영산강을 둘러보며, 영산강의 풍부한 물과 풍광에 흠뻑 빠지곤 하였습니다. 그러나 지난 4월 탐사 때, 몇 시간동안 배안에 머물러 있는 사이 아름다운 풍광 아래로 베어 나오는 악취는 자연에 대한 우리의 의식과 나태함을 일깨우는 것 같은 느낌을 강하게 받았습니다.

우리가 육상이나 항공의 속도감에 취하여 정신이 팔려있는 사이에 강이나 수로는 병들어 버렸습니다. 우리의 압축적인 근대가 만들어낸 자화상이라 할 수 있습니다. 빨리빨리 문화가 만들어낸 어그러진 경쟁적 속도전쟁은 운하나 뱃길복원에 대한 부정적인 인식을 낳았습니다. 석유 한 방울 나지 않는 우리가 언제까지 소비과잉에 춤추며, 아열대기후로 바뀌어가는 환경적 변화를 한탄으로 바라보아야만 합니까?

운하는 자원빈국의 여건을 이겨내고, 한국의 선진국 진입이라는 큰 도약을 위한 가장 유효한 국가전략입니다. 운하는 한국이 도달해야 할 3, 4만불 소득시대를 만들어 가는 필수적인 환경을 조성하게 됩니다. 물류분야에서 현재 선진국의 1.5배 수준인 물류비를 8%대로 낮춰 기업경쟁력을 높이는 획기적 전기가 될 것입니다. 또한 도로나 철도운송보다도 훨씬 친환경적입니다. 영산강운하 건설로 지금까지 축척된 오염 퇴적물을 제거, 건설 후에는 수량증가를 통한 수질개선, 물동량 분산으로 환경·대기오염을 줄일 수 있습니다. 그리고 영산강운하 건설은 이곳 광주·전남지역 경제에 커다란 변화를 가져다 줄 것입니다.

나는 영산강운하가 만들어졌을 때 이곳 남도가 획기적인 전환을 맞을 거라고 확신합니다. 이곳은 운하가 들어섬으로써 낙후된 지역이 아니라 유럽과 미국에 못지않은 쾌적하고 안락한 환경속에 사는 지역이 될 것을 확신합니다. 이 지역은 푸르고 깨끗한 21세기형 친환경 생태지역이 될 것이며, 세계인들을 불러 모으는 친환경·문화·역사·관광의 메카가 될 것입니다. 친환경적인 하천정비와 준설, 강과 하천의 생태계 복원, 강변을 따라 끊임없이 이어진 숲과 물이 잘 어우러진 수변공간들, 다양한 테마관이나 자료관, 문화관 등 상상만 해도 기분좋은 멋진 영산강 벨트가 조성될 것입니다. 나는 청계천 복원공사의 책임자로서 불가능한 상황에서 꿈과 미래, 비전이 있는 생태지역으로 거듭난 것을 직접 경험했습니다. 이 지역은 청계천보다도 더욱 멋진 친환경적인 지역이 될 것입니다.

이 책은 이 지역과 영산강유역의 문화와 역사를 잘 알고, 남도의 애환이 무엇이며, 어떠한 대안이 필요한지를 인식한 이 지역의 용기있는 학자들과 지역활동가들이 영산강을 살리고자 『대한민국 대운하 프로젝트-영산강운하와 축복의 땅, 남도-』라는 책을 발간하기에 이르렀습니다. 이 책에는 영산강의 과거와 현재, 미래에 대한 청사진이 담겨 있습니다. 놀라운 사실은 다른 지역에서 찾아볼 수 없는 구체적이고 실증적인 영산강의 문제들뿐만 아니라 광주·전남의 성장동력으로 삼기 위한 다양한 컨텐츠들과 영산강운하 만들기에 필요한 구체적인 내용이 담겨 있다는 점입니다. 나는 이러한 구상이 현실화되었을 때, 세계적으로 각광을 받을 수 있는 생태환경·문화·역사·관광·레저 등 메카가 될 수 있는 확신을 갖기에 이르렀습니다.

나는 이 책이 운하정책 논의에 커다란 보탬이 되기를 희망하며, 반드시 그렇게 될 것임을 확신합니다. 이 책은 우리국민이 우려하는 모든 것들을 속 시원히 밝혀주고 있으며, 앞으로 이 지역의 미래에 대한 청사진을 통해 축복의 길로 나아가는 희망을 제시하고 있습니다. 우리가 축복과 희망의 땅을 만들 것인가 아니면 이대로 살아갈 것인가에 대한 해답을 이 책에서 찾아보는 것도 좋을 것입니다. 따라서 이곳은 앞으로 영산강운하를 통해 예전의 낙후된 지역이 아니라, 세계적인 문화유산을 보존하는 지역이 될 것입니다. 그리고 영산강의 풍부한 물을 통해 마음껏 자연을 노래하며 여유로운 생활을 하는, 대대손손 축복의 땅이 될 것입니다.

2007. 10
축복의 땅이 되기를 염원하며…
한반도대운하연구회 대표, 전서울부시장 **장 석 효**

요즈음 우리 시대의 화두는 경제살리기입니다. 이곳 광주시민과 전남도민의 관심도 마찬가지입니다. 다만 맹목적인 경제적 관심과 이익이 아니라 친환경적이며 영구적인 미래의 성장동력을 마련하는 일에 대한 관심입니다. 호남의 성장동력의 구심력은 바로 영산강운하를 만드는 일이 가장 효과적인 대안입니다.

그러나 요즈음 한반도 대운하를 어떤 식으로든 막자는 일부 반대론자들이 있습니다. 이들은 '천문학적인 예산이 사용된다', '운하는 친환경적이지 못하다' 라는 식의 내용없는 여론호도형 구호로 대다수 국민들의 대운하에 관한 알권리를 심각히 침해하고 있는 현실입니다. 정말 운하가 환경을 파괴하며, 천문학적인 돈이 들어가는 사업입니까? 아닙니다. 앞으로 우리가 이미 썩어버린 영산강을 환경오염과 수질개선에 대한 비용으로 몇 십조원의 액수를 감당해야 하는 상황에 비교한다면, 이 책이 밝혀주는 영산강운하 만들기는 합리적인 대안이라 할 수 있습니다.

이 책은 깨끗한 영산강을 통해 내륙으로 발전을 기대케 하는 대안을 제시하고 있습니다. 우수한 인재와 인력을 확보하고 있으면서도, 마땅한 대안이 없어 젊은 이들을 타지역으로 내몰고 있는 현실에 대한 대안도 제시하고 있습니다. 그리고 지금까지 진행되고 있거나 앞으로 지속시켜야할 정책들을 아우르는 경제운하벨트론이나 문화·역사·관광벨트론 등 꿈과 비전을 아주 구체적으로 제시하고 있습니다.

이곳 영산강은 제가 어릴 적 뱃길따라 목포까지 학교를 다니면서 저를 키워내고 많은 추억을 안겨준 아름다운 강입니다. 어죽(魚粥)을 먹고 자란 이곳이 폐기물로 가득차 생기를 잃어버리진 수 십 년이 되었습니다. 이제 영산강이 깨끗한 자연과 활기찬 본래의 모습으로 되돌아올 날만을 손꼽아 기다려 봅니다.

이곳 영산강의 과거와 현재를 알고, 미래를 열고자 '영산강뱃길살리기협의회' 김갑렬 회장님과 이병담 공동대표님, 목포해양대의 노창균교수님, 건국대학교의 신종호교수님 등 여러 교수님들과 오래동안 환경운동에 몸담아 활동해 오신 김기식 원장님이 모여 영산강운하가 갖는 큰 의미와 미래비전을 보여준 『대한민국 대운하 프로젝트-영산강운하와 축복의 땅, 남도』라는 용기있는 발간에 큰 격려와 찬사를 보냅니다. 귀중한 사료를 통하여 대다수 국민들에게 운하에 대한 올바른 정보와 축복의 메신저가 될 것임을 확신합니다.

2007. 10

전 전라남도지사 · 국가보훈처장관 · 15대국회의원 **전 석 홍**

예로부터 우리의 역사와 삶을 함께해 온 영산강이 이제 새롭게 조명을 받기 시작한 시점에 「영산강뱃길살리기협의회」에서 『대한민국 대운하 프로젝트-영산강 운하와 축복의 땅, 남도』라는 책자를 발간하게 된 것을 매우 뜻깊게 생각합니다.

잘 아시다시피 영산강은 호남의 역사이자 풍요의 동맥이었습니다. 선사시대부터 근현대사에 이르기까지 고대 농경문화의 형성 등 유역의 정치와 경제, 문화에 큰 영향을 미쳤습니다.

그러나 70년대의 개발논리에 따라 유역권 개발사업으로 많은 변화를 겪었고, 이 과정에서 역사·문화적 가치는 제대로 대접받지 못하였으며, 영산강하구언으로 인해 뱃길이 끊겨 수질오염과 생태계의 파괴로 이어져 수자원으로서 가치마저 위협받고 있습니다.

영산강은 광주·전남 희망의 상징으로 되살아나야 합니다. 광주·전남 상생을 이끌어 갈 새로운 르네상스 시대를 열어가야 합니다. 이를 위해 우리 나주는 영산강의 생태·문화·관광에 관한 다양한 시도를 시작으로 뱃길복원 가능성을 타진한 학술대회, 수 차례 뱃길탐사 등 영산강을 살리는 불씨를 지펴오고 있으며, 유역권 행정협의회를 통해 공동대처해 나가는 많은 노력을 기울이고 있습니다.

남도문화의 정체성은 영산강유역의 역사와 문화에서 찾아야 한다는 확고한 신념으로 뱃길·생태복원과 함께 고대문화권 개발계획을 비롯한 역사, 문화, 관광 측면에도 역점을 두어 시정을 펴 나가고 있습니다. 고대 문화적 관점에서 볼 때, 영산강은 마한의 비밀을 간직한 미완의 영역으로 고대와 현대를 넘나드는 무한한 시간여행을 가능케 한 최대의 관광자원으로 베일을 벗기 시작하였습니다.

이제 '국립나주문화재연구소'가 역할을 다하고 '국립영산강고고학박물관'이 예정대로 들어서면 마한과 백제문화로 특화되는 영산강유역의 고대문화권을 집중적으로 연구·조사·발굴하는데 탄력을 받을 것으로 전망합니다. 나아가 광주시와 전남도, 나주시에서는 영산강 강변도로와 뱃길·생태복원을 다음 정부에서 더욱 구체화해 나갈 수 있도록 대선공약으로 제안하고 있습니다.

따라서 뱃길복원을 비롯한 영산강살리기에 광주와 유역권 지자체가 보조를 맞춰 전력을 기울이면 신영산강 시대, 새로운 미래가 보장될 것으로 확신합니다. 영산강은 고대로부터 문화와 문물을 운반하는 삶의 뱃길이었으며, 그 중심은 우리 나주였습니다.

영산강을 살려내는 뱃길·생태복원을 비롯한 많은 현안과 고대문화권 개발계획이 나주를 중심으로 하루빨리 이루어져 남도의 젖줄 영산강이 광주·전남의 새로운 활력이 되도록 최선을 다하겠습니다. 「영산강뱃길살리기협의회」의 빛나는 활약과 함께 『대한민국 대운하 프로젝트-영산강운하와 축복의 땅, 남도』발간을 거듭 축하합니다.

감사합니다.

2007. 10

나주시장 **신정훈**

먼저, 영산강 뱃길의 역사와 문화, 오염상태와 수질개선, 생태복원 구상, 발전가능성 등 주옥같은 글이 수록된『대한민국 대운하 프로젝트-영산강운하와 축복의 땅, 남도』라는 주제로 책자를 발간하게 됨을 진심으로 축하드립니다.

4대 강의 하나인 영산강은 담양군과 장성군, 광주광역시, 나주시, 함평군, 무안군, 영암군, 목포시 등을 지나 서해로 흘러드는 남도의 대표적인 젖줄입니다.

영산강 유역에는 예로부터 땅이 기름지고 바다와 통하는 교통의 요지 역할을 했으며, 청동기 시대의 지석묘군과 백제시대의 고분군 등 문화유적이 산재해 있습니다.

잘 아시는 바와 같이 21세기는 환경이 이슈가 되는 친환경 시대입니다. 환경오염 문제는 비단 특정 지역이나 국가만의 관심사가 아니라 지구촌의 최대 이슈로 부각되고 있습니다. 또 앞으로는 문화 · 관광의 시대이기도 합니다. 문화강국이 국가경쟁력을 좌우하듯이 지방자치의 경쟁력 또한 문화역량에서 비롯됩니다. 친환경 농산물에 대한 선호도가 높아지고 근래 들어서는 참살이(well-being) 열풍이 불고 있습니다.

특히, 환경관련 산업과 생태환경에 대한 국제적인 관심이 고조되고 있습니다. 반면, 오존층 파괴에 따른 지구온난화 현상이 빠르게 진행되고 있으며 지구촌 곳곳에서 난(亂)개발로 인한 생태계 파괴 역시 우려할 만한 수준에 달해 있습니다. 후손에게 물려 줄 환경을 지키고 가꾸는 것은 이 시대를 사는 우리 모두의 책무입니다.

아무쪼록, 알찬 정보가 가득 담긴 소중한 책자를 많은 분들이 구독함으로써 영산강뱃길 살리기 사업에 뜻이 모아지는 전기가 되고, 남도의 젖줄 영산강을 살리는데 관심을 갖는 계기를 기대합니다. 그 동안 열정어린 작업을 통해 옥고를 내주신 필자 여러분의 노고에 대해 다시한번 깊은 경의를 표하며 '영산강뱃길살리기협의회' 의 무궁한 발전을 기원합니다.

2007. 10

함평군수 **이석형**

차 례

들어가며

이병담 | 노창균 | 신종호 | 김갑렬 | 김기식

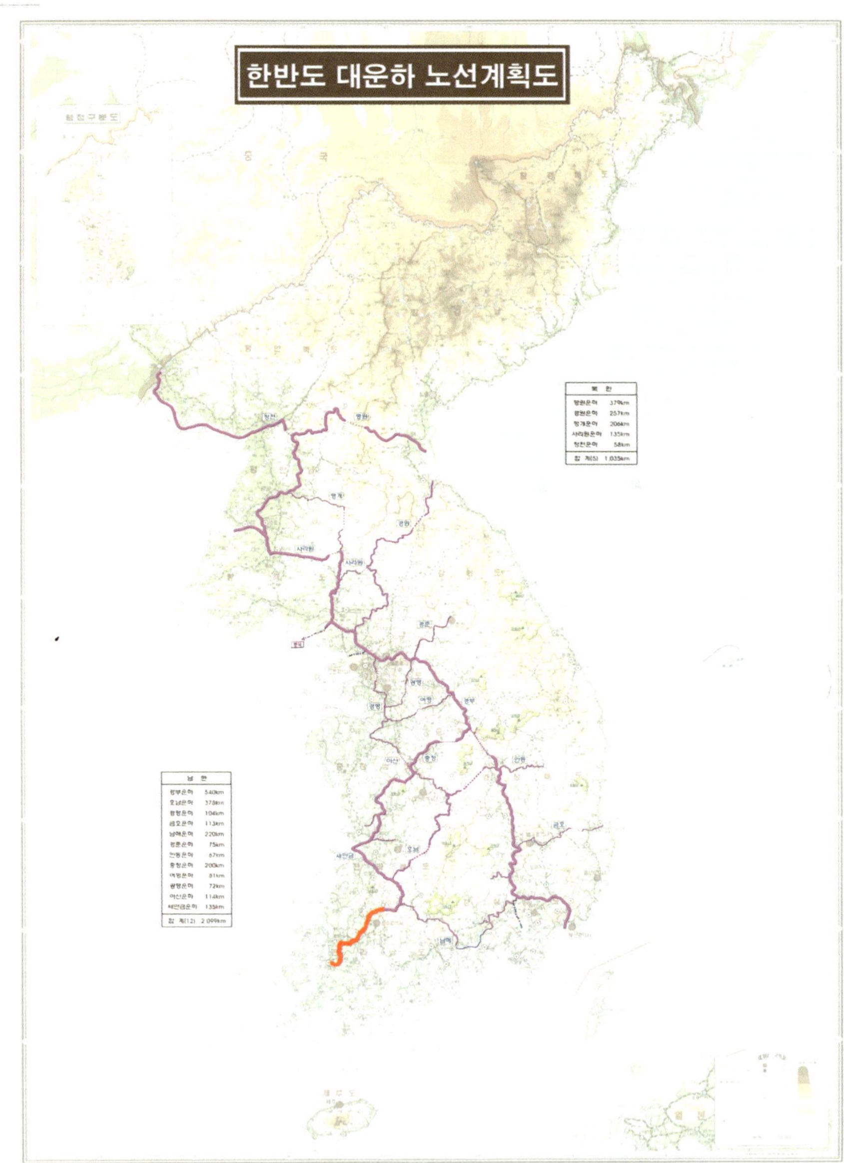

그림-1 대한민국 대운하 노선과 영산강 운하

한반도 대운하 노선은 총 17개 노선 (3,100㎞)이다.

남한 12개 노선 (2,100㎞)은 경부, 호남, 경평, 금호, 남해, 경춘, 안동, 충청, 여평, 광평, 아산, 새만금 지역이며,

북한 5개 노선 (1,000㎞)은 평원, 경원, 평개, 사리원, 청천지역이다.

이 책에서 다루고 있는 영산강운하는 호남운하에 속한 노선으로 영산강 하구둑에서 광주내항까지를 범위로 하고 있다.

들어가는 말

영산강은 고대로부터 근대에 이르기까지 다양한 역사와 문화, 남도민의 삶을 잉태시킨 광주·전남의 젖줄이었다. 이 영산강을 따라 서해안으로 이어진 드넓은 평야와 갯벌은 남도인의 생활을 풍요롭게 만든 근원이었다. 강과 해안의 풍부한 물길에서 풍겨 나오는 넉넉한 인심과 맛있는 음식, 멋들어진 남도문화는 호남인의 기질과 생활문화로 자리 잡았다.

이러한 영산강이 가져다 준 풍요로움은 수많은 열사와 문화인을 낳았다. 이곳에서 왕인, 장보고, 도선, 지눌, 고봉 기대승, 제봉 고경명, 충장공 김덕령, 백호 임

제, 김천일, 허백련 등 셀 수 없을 정도의 많은 인물들이 배출되었다. 강과 하천, 바다의 어우러짐과 더불어 따뜻한 기후와 넉넉한 인심은 오랜 세월동안 순박하면서도 불의에 맞설 수 있는 남도인의 기질을 만들어냈다. 일제의 잦은 수탈이 있었던 것도 남도의 풍부한 자원과 내륙으로의 편리한 이동이 있었기 때문에 감내해야할 고통이었다. 그 고통속에서도 광주학생운동이나 궁산면 토지수탈에 대한 항쟁, 현대에 이르러 광주민주화운동 등에 이르기까지 불의에 맞서 목숨을 내던질 줄 아는 용기는 자연이 키워낸 올곧은 기질과 신념이 있었기 때문에 가능했다.

이러한 남도인의 강인한 기질과 정신은 독특한 문화를 창조하고 계승 발전시키는데 영향을 주었다. 영산강유역과 서남해안에 널리 퍼져있는 선사시대의 고인돌과 복암리나 반남의 고분군은 일찍부터 이곳이 역사의 근원지였음을 보여준다. 구불구불한 영산강을 따라 이어지는 수많은 마한·백제문화의 유산들은 강과 하천의 풍부한 물이 있었기 때문에 문화로 이어졌다. 이러한 고대로부터 시작된 역사는 다양한 문화를 동반하고 있다. 예를 들어 왕건이 꿈의 계시에 따라 여울을 건넜다는 전설적인 지명이 서려있는 몽탄(夢灘)은 영산강 수로에서 물살이 센 곳으로 전설화된 곳이기도 하다. 고려의 왕건은 영산강의 수로를 잘 활용하여 통일왕국의 역사를 이루었으며, 이 물길을 잘 이용한 장보고(張保皐)는 영산강을 해상무역의 중요한 거점으로 삼아 해상왕이라는 영예❶를 누렸다. 조선시대의 사림문화나 불교문화는 우수한 학문과 종교적인 신념을 견고히 하였으며, 사림세력들의 실천과 저항정신, 의병으로 나타났다.

영산강의 기능과 역할은 근대에 이르러 철도와 내륙 운송수단의

그림-3 영산강의 전설이 서려있는 바위와 산

발달로 인해 쇠퇴하기 시작하여, 현대에 이르는 속도와의 경쟁에 밀려 운송의 기능뿐만 아니라 문화와 역사도 사라질 위기에 처하였다. 더구나 영산강상류의 4개 댐 건설과 1981년 영산강하구언 건설은 영산강의 신경을 완전히 차단하는 결과를 가져와 동맥경화상태에 이르렀다. 그리하여 강바닥에 퇴적오니가 몇 미터씩 쌓이고, 여름철 기온의 상승으로 인해 부영양화가 심하여 물고기에서 온갖 중금속과 시궁창냄새가 나 도저히 먹을 수 없는 상태에 이르렀다.

예로부터 영산강이라는 자연이 가져다 준 문명의 혜택이 오늘날 우리들의 무관심과 방치로 병들어 버린 지 오래되었으며, 이제 오염된 영산강과 유역의 하천에서 고기잡는 것은 상상도 못하거

그림-4 수군처치사영터 옆에 위치한 바위와 물길

니와 농사도 지을 수 없을 정도로 우리의 생명을 위협하고 있다. 일부의 환경론자들이나 토목·환경공학을 전공한 전문가들은 하천이나 강에 대한 근본적인 치료나 대책을 언급하기 보다는 하천이나 강을 자연그대로 두는 것이 최상의 방법이라 한다. 물론 강이나 하천 등과 같은 자연이 오염되지 않는 상태에서 개발하거나 운하를 만드는 인위적인 노력 자체가 환경파괴가 될 수 있다. 그러나 영산강은 하구언둑 건설 이래 물을 가두어 놓다 보니, 몇 미터씩 쌓인 퇴적오니는 말할 것도 없고, 강과 하천의 바닥이 퇴적으로 인해 쉽사리 범람하며, 5급수 이하의 물로써

농사를 지을 수 없는 상황에 이르렀다.

영산강이 자연으로써 그 기능과 역할을 하지 못한 상태에서 이 책의 집필자들은 서로의 전문적인 의견과 논의를 거쳐 어떻게 하면 영산강을 살려 오염으로부터 환경을 지키고 생태계를 복원시키며, 수질을 개선하여 자연과 인간에게 축복의 강으로 되돌릴 수 있을까를 먼저 염두에 두었다. 그리고 여기저기 각 지역마다 중요한 국가사업과 지역발전계획들이 종합적인 체계를 이루어 아름다운 지역으로 재탄생할 수 있는가에 관심을 두었다. 또한 영산강유역에 고대로부터 근·현대에 이르는 역사와 문화적인 자취들을 발굴하고 복원하여 풍부하고 아름다운 자연과 조화를 이루어 내며, 문화와 역사, 관광과 레저의 다양한 콘텐츠를 만들어 내어 축복받은 고장으로 만들 것인가에 목적을 두었다. 이러한 목적을 이루어 내기 위해서는 무엇보다도 영산강을 살려야 하는 데 있다.

따라서 이 책은 앞으로 반드시 살려야 될 영산강의 대안으로써 운하가 가장 현실적인 대안임을 제시하며, 그에 따라 각 분야에서 오래 동안 활동해온 전문가들이 흥미로운 시각과 관점을 제시하고, 영산강운하의 발전방향을 제시하였다.

第1장 〈영산강의 뱃길의 역사와 문화〉의 주제에서는 영산강의 유래와 역사, 문화를 다루었다. 이 장의 주제 내용은 영산강이 어떻게 탄생했으며, 이곳이 남도의 젖줄로써 다양한 역사와 문화, 생활의 공간으로써 자리매김해 온 과정들을 다루는 데 중점을 두었다. 그럼으로써 영산강이 지금 21세기에 있어 중요한 전략적인 위치일 뿐만 아니라 우리 지역의 보고(寶庫)임을 다시 확인해 보았다.

第2장에서는 영산강운하가 만들어져 제 기능과 역할을 할 때 얼마나 우리 삶에 변화와 영향을 줄 것인가에 대한 대안으로써 일본의 강과 운하를 사례로 삼아 보았다. 여기에서는 집필자가 직접 오사카만(大板灣)에서 비와호(琵琶湖)까지 탐사를 통해, 지금 일본이 강이나 하천을 복원시켜 생태환경과 문화나 역사성이 숨쉬는 강과 하천을 만드는 현장을 목격하고, 또 자연과 인간의 소통의 공간으로서 조화를 이루며, 관광과 레저뿐만 아니라 도시와 농촌생활에 활력을 불어넣고 있는가를 다루었다.

第3장에서는 영산강운하를 건설할 때 중요한 외국의 사례로 특히 우리와 가까운 중국의 상황을 살펴봄으로써 문제인식과 더불어 전략적인 위치를 보다 강구하는 데 목적을 두었다. 여기에서는 중국의 삼협댐의 운송에 따른 주운능력, 개발에 따른 여러 환경과 오염, 수질, 문화재 파괴에 따른 문제들을 살펴봄으로써 개발의 역기능과 작용을 알아보고, 이것이 영산강운하를 만들 때 어떻게 만들어져야 하며, 또한 그 차이는 무엇인가도 알아보았다.

第4장에서는 〈영산강의 환경오염과 수질개선〉이라는 제목을 통해 현재 영산강이 오염된 상황과 환경오염의 문제점을 알아보고, 앞으로 환경오염과 수질개선을 위해 어떠한 운하를 만들어야 하는가를 살펴보았다. 그리고 더 나아가 생태계를 살리는 환경과 수질개선이 어떻게 조화되어야 하며, 나아가 수자원 부족해결 및 환경 · 수질오염 제거를 위한 운하건설 효과를 대안으로 제시해 보았다. 여기에서는 환경 및 수질오염에 대한 대략적인 개선비용까지 산출해 보았다.

第5장에서는 영산강 뱃길, 환경 · 생태적 운하로 복원 구상을 통해, 유럽의 운하시대와 복원노력, 운하이용의 세계적 추세 등을 살펴보고, 영산강 운하시설, 지역의 랜드마크 등 운하를 어떻게 건설할 것인가를 살펴보았다. 이에 따라 영산강운하의 기본틀과 운하건설의 기본방향, 뱃길의 기준, 주운수로 구상, 주변연계 계획 및 터미널 구상, 환경 · 생태적 고려 등 주로 주운의 설계적 측면을 망라해 보았다.

제6장에서는 〈영산강운하의 물류와 발전 가능성〉이라는 주제를 통해, 전남지역의 주요 물류 인프라 현황과 전남권 및 영산강 유역의 화물 물동량 현황을 먼저 알아보았다. 그리고 영산강운하 건설의 타당성 검토와 기타 연구 활용을 위해 영산강 수심을 직접 측정하였다. 또한 영산강 운하를 통해 호남의 경제적 구조뿐만 아니라 동북아 물류 중심의 구축과 성장동력이 될 수 있는 가능성을 한국 광주항과 중국 충칭항 간 직항 수송서비스에 대한 물류수송 프로세스 비교 분석을 통해 제시해 보았다.

제7장에서는 〈영산강 사업의 전망 및 지역경제 살리기〉라는 주제를 통해, 기존 일반적인 경제성 분석방법에서 벗어나 시스템 다이내믹스 시뮬레이션 기법이라는 새로운 접근 방법을 시도하였다. Powersim 소프트웨어를 활용하여 영산강운하의 사업 타당성 평가 시뮬레이션 모델링을 개발하고 이 연구모델에 따라 수로운송의 경제적 효과, 관광객 유치 효과, 자연환경 개선 효과 등 운하건설의 총체적 경제효과를 평가해 보았다. 이 연구의 핵심은 영산강운하로 수반되는 다양한 요소에 대한 인과관계를 설정하고 시뮬레이션 전략지도를 개발함에 그 의미가 있다. 이 연구의 특징은 운하건설 정책모델 분석을 통한 다양한 입력자료를 바꿔가면서 영산강운하의 미래가치 모습을 시스템적 사고에 의한 전략적인 모델링 전망과 해외사례 등을 통해 이 지역경제를 전망해 볼 수 있다.

제8장에서는 〈영산강운하의 경제·문화·예술·역사·관광·레저콘텐츠 만들기〉의 주제를 통해 영산강운하가 광주·전남지역의 균형적인 성장동력이 될 수 있는 가능성을 제시하였다. 여기에서는 영산강운하가 기존의 정책뿐만 아니라 미래의 신성장 정책까지 포함하는 총체적인 균형벨트가 되어 대프로젝트의 연결

고리로써 동북아 중심벨트가 되고, 관광문화와 해양복합관광의 중요한 거점이 될 수 있는 콘텐츠 산업임을 제시하였다. 그리고 고대로부터 근·현대에 이르는 역사·문화적 메카임과 동시에 영호남의 동서화합과 지역균형발전의 동력이 될 수 있는 가능성까지 언급함으로써 운하의 필요와 목적에 가능성 있는 대안을 제시해 보았다.

그러므로 우리 집필자들은 한반도 대운하 프로젝트 가운데 영산강운하를 총체적으로 살펴봄으로써 앞으로 당면한 개발과 이용의 일반적인 우려를 없애고 아울러 상상의 벽을 뛰어넘는 훌륭한 대안이 될 것임을 확인하고 출발하였다. 우리가 만들고자 하는 운하는 영산강이 가지고 있는 천연자원의 풍부한 유산을 훼손함이 없이 거기에 뛰어난 상상력과 실천이 동반된 두바이와 같은 기적을 만들어 내는 데 두었다. 아울러 이곳이 세계에서 찾아볼 수 없는 역사와 문화, 관광과 레저의 메카로 자리잡아 우리들뿐만 아니라 우리후손들이 이곳 영산강을 찬미하며, 시와 노래, 영상과 문화콘텐츠를 마음껏 발산할 수 있는 소재거리가 될 가능성이 있음을 제시하였다. 이로 인해 영산강은 오염과 파괴의 지역이 아니라 과거에 그랬듯이 우리 생활을 풍요롭게 하고 넉넉한 인심을 쏟아내는 새로운 콘텐츠가 될 것이다.

2007. 10.
영산강 뱃길을 염원하며…
집필자 일동

註

● 하버드대학의 에드윈 라이샤워(Edwin Reischauer) 교수는 "엔닌(圓仁)의 唐중국여행기" 라는 책에서 장보고를 '해양상업제국의 무역왕' 이라는 말로 표현하였다.

제 1 장

영산강 뱃길의 역사와 문화

김갑렬

_ 전남 나주 출생

_ 목포대학교 경제학과 졸업

_ 호남대학교 사회복지학석사

_ 현재 영산강뱃길살리기협의회 회장

_ 현재 황룡강 친환경 이용방안 TFT자문위원

_ 현재 영산강뱃길 관광스토리텔링 누리사업팀 위원

제1장 영산강 뱃길의 역사와 문화

1. 시작하며

필자의 인생은 영산강과 함께 했다고 해도 과언이 아니다. 영산강은 어릴 적 친구들과 함께 한 놀이터로서, 강변에서 가재와 참게를 잡고 조개를 주으며, 포구에 크고 작은 배들이 정박하여 짐을 싣고 나다니는 것을 보았다. 초등학교와 중학교, 고등학교도 강변에 위치하여 늘 강의 범람이나 사람들의 왕래를 보았으며, 성인이 된 지금도 그 영산강의 추억은 이제 영산강을 되살려 놓아야 한다는 사명감과 도 같은 의무에 이끌려 날마다 새로운 영산강의 뱃길이 열리기만을 꿈꾸고 있다.

이 글은 필자의 경험과 그동안 여러 문헌이나 자료들을 참고하여 뱃길의 역사와 문화를 중심으로 서술한 것이다. 필자는 30여 년 전까지만 해도 크고 작은 배들이 젖

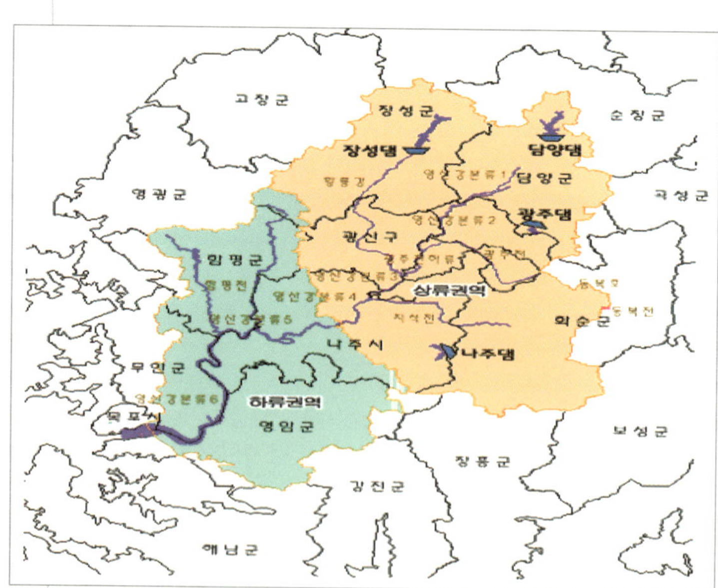

갈이나 여러 집산품들을 싣고 오가는 것을 보았지만, 배가 영산강에 어떤 형태로 들어왔으며 어디까지 왔는지를 알아보기 위해 지방의 문헌이나 기타 도서를 참조하면서 뱃길의 역사를 알아낼 수 밖에 없었다.

영산강이란 이름의 유래는 몇 가지 학설로 구분해서 볼 수 있다. 첫째는 흑산도 근방의 영산도라는 섬에 사는 주민들이 왜구의 침입으로 인하여 홍어를 싣고 강을 따라 피신하여 터를 잡고 생활을 하다가, 지금의 영산포에 그곳의 지명을 붙인 것이 지금의 이름이 되었다는 것이다. 또 다른 하나는 금강이라고도 하였다가 영산강으로 이름이 바꼈다는 학설도 있다.

영산강 뱃길의 역사가 지금까지 알려진 바로는 나주역(옛지명: 목포) 부근이나 노항포구 정도로만 알려져 왔지만 필자는 또 다른 면을 알게 되었다. 광주광역시 광산구의 광산구지를 토대로 한 바에 따르면, 당시 영산강 상류지역의 뱃길이 활발히 진행되고 있었으며, 동네나 마을이름의 유래에서 알 수 있듯이 배들의 왕래를 기반으로 한 삶의 애환이 그 증거라 할 수 있다. 여기에서 배주(舟)자가 들어간 마을이름 가운데 광산구나 담양의 여러 마을에서 그 유래를 쉽게 찾아볼 수 있다. 한 예로 담양향토문화사학자인 이해섭 회장의 말에 따르면 담양읍의 주산리, 주평리 등이 영산강변에서 배와 함께한 유래라는 것이다. 더 나아가 배를 통한 물류기지를 중심으로 황룡강 지역의 뱃길은 조선 중기까지 성행하였으며, 극락강지역의 뱃길은 조선조 말기까지 활발히 진행된 사실에서도 찾아볼 수 있다.

이 글에서는 영산강 뱃길의 역사를 상류와 하류로 나누어 마을이름이나 지명, 포구와 나루터의 역사 그리고 거기에 근거한 문화적 활동들을 중심으로 살펴보고자 한다.

2. 영산강상류 뱃길 역사와 문화

2-1. 담양지역 뱃길의 흔적과 역사

〈봉산면 삼지리〉는 광주시 광산구에 위치한 첨단지역의 영산강을 따라 올라가면 수북면 사거리가 나온다. 산쪽으로는 청소년 야영장이 위치하고 그 아래쪽으로 내려가면 영산강이 나오는데, 이곳이 삼지리 마을이다. 필자는 이곳에 영산강에 배가 들어온 것을 확인하였다. 이곳에 살고 있는 어르신들의 말을 빌리자면 옛적에 이곳까지 배가 들어온 것은 물론이고 동네 앞이 모두 바다였을 정도로 물이 많았다고 한다. 또한 송강 정철이 면앙정과 송강정을 왕래하며 배를 타고 다녔다고 전해 들었다고 한다.

그림1-2 삼지리 마을 입구

〈면앙정〉은 시도기념물 제6호(담양군)로 1972년 8월에 지정되었으며, 신평송씨종중의 소유 및 관리하에 있다. 면앙정은 중종 28년(1533)에 송순(1493~1582) 선생이 관직을 떠나 선비들을 가르치며 여생을 보내던 정자로, 퇴계 이황을 비롯한 유명인사들과 학문에 대해 토론하던 곳이며 자신의 호를 따 지은 건물이다. 송순은 조선 중기 문신으로, 과거에 급제하여 여러 벼슬을 지냈으며, 말년에는 학문에 전념하면서 많은 책을 저술하였다. 이곳 정자는 선조 30년(1597) 임진왜란으로 파괴되었으나, 효종 5년(1654)에 후손들이 다시 중축하였다. 정자는 앞면 3칸과 옆면 2칸 규모이며, 지붕은 옆면에서 볼 때 여덟 팔(八)자 모양인 팔작지붕이다. 면앙정은 간소한 양식의 건물이기는 하지만, 역사적 가치가 있고, 송순의 학문이나 당시 가사문학에 중요한 자료로서 가치가 있다.

〈송강정(松江亭)〉은 전남 담양군 고서면 원강리에 위치한 시도기념물 제1-2호

(담양군)이며, 1972년 1월에 지정되었다. 송강정은 송강 정철(1536~1593)이 조정에서 물러난 뒤 4년 동안 시 등을 쓰며 지내던 정자로, 자신의 호를 따서 송강정이라는 이름을 붙였다. 송강정은 '죽록정'이라고도 부르는데, 1955년에 증축하였다. 정철이 송강정에 머물면서 지었다고 하는 『사미인곡』은 조정에서 물러나 왕을 그리워하는 마음을 여인이 남편과 이별하여 사모하는 마음에 빗대어 표현한 노래로 유명하다. 송강정은 앞면 3칸이며, 옆면 3칸의 규모로, 지붕은 옆면에서 볼 때 여덟 팔(八)자 모양인 팔작지붕으로 꾸몄다. 앞면에는 '송강정'이라는 현판이, 옆면에는 '죽록정'이라는 현판이 걸려 있다.

2-2. 마을이름에서 유래한 뱃길

〈포산(浦山)마을〉은 포구가 있는 산 아래 포구가 있었다는 옛 지명으로서, 광산구 첨단2동의 남부대학교 옆의 산월초등학교 자리에 있다. 이곳은 영산강과 약간 떨어져 있지만 옛날에는 많은 물들로 가득찼던 곳이다. 〈삼도동 봉학(奉鶴)포구〉는 포구가 있던 곳으로, 마을 앞에 배를 맨 자취가 있었다고 하여 '배매'라는 마을 이름을 쓰고 있다. 지금 광산구 유스호스텔 옆의 동네가 바로 이곳에 위치해 있으며, 황룡강의 송산유원지에서 갈라진 평림천의 지류이다. 물길이 말라 지금은 조그만 천으로 변했지만 예전에는 물이 많은 포구였다고 한다. 〈동곡동 하선마을〉은 속칭 '강창물', '북창'이라고도 하였으며 황룡강변에 위치하여 영산강상류를 따라 이곳까지 배가 드나들었다고 한다. 하선마을은 재물의 양륙장이라 할 정도로 배에서 많은 짐을 내린 곳이기도 하는데, 따라서 마을이름도 여기에서 유래한 것으로 알려지고 있다. 〈동곡동 상선마을〉은 속칭 '웃배드리'라고 하며, 황룡강 연변에 위치한 곳으로 옛날에 배가 닿는 선창이 있었다 하여 붙여진 이름이다. 〈평동(월전동) 춘전부락〉은 마을에 황룡강을 타고 온 배가 동곡의 하선부락에서 배를 내려 이곳을 통과해 가는 배의 종점부근이었다고 한다. 〈동부마을(송정1

동》은 먼 옛적에 영산강을 따라 화물을 실어 내리는 해운의 요충이었다고 한다.
〈남구 대촌동 하선마을〉은 일명 '소금재' 라고도 한다. 이곳은 마을이 생길 당시 마을 앞들이 바다로 연결되어 있어 이곳을 이용해 해상무역과 어업이 성행했다고 한다. 이 마을의 지명은 그때 양육된 소금을 야적한 곳이라 하여 붙여졌다고 한다.
〈서구 서창동 벽진마을〉은 먼 옛날 바닷물이 이곳까지 미쳤으며, 이 지명은 나루터가 있었기 때문에 붙여진 이름이다.

2-3. 풍영정 애사를 통한 영산강뱃길

광주광역시 광산구 신가동에 위치한 풍영정(광주시 문화재4호)은 조선 명종15년 승문원 판교를 지낸 김언거가 낙향하여 지은 정자이다. 원래 정각은 12채가 있었으나, 임진왜란 때 외적의 침입으로 11채가 불타고 현재 한 채만 남아있다. 다른 정각들이 다 타고 풍영정의 정각만 남은 데에는 다음과 같은 전설이 있다. 왜구의 침입으로 다른 정각들은 타고 풍영정도 불길에 휩싸이게 되자 풍영정이라는 현판의 글자 중 앞 자인 풍자가 오리로 변하여 영산강 위로 날아오르자 이를 이상하게 여긴 적장이 즉시 풍영정에 불을 끄도록 하였는데, 불이 꺼지자 강의 오리가 다시 날아들어 풍자가 또렷하게 되었다고 한다.

그림1-3 전설이 담긴 영산강과 풍영정의 정경   그림1-4 풍영정의 현판과 건물

그 때문인지 풍영정의 풍자는 다른 영정의 글씨와 다르게 약간 틀어져 보인다. 이곳에는 '第一湖山'이라는 한석봉의 현판이 걸려 있었는데, 지금은 그것조차 소실되어 보이지 않는다.

다른 한편으로 풍영정은 신가동의 근동마을에 사는 장처녀와 강원도 소금장수 총각과의 사랑이야기를 다룬 설화에서 기인한다. 이곳은 조선시대까지만 해도 해수가 이곳까지 밀려와 고기잡이 배들과 작은 범선이 드나들었다고 한다. 그 때 강원도 소금장수 총각이 영산강 뱃길을 통하여 1년에 한번씩 소금 배에 소금을 싣고 영산강을 따라 올라와 근동마을의 장씨 집안의 처녀와 눈이 맞아 사랑을 나누게 되었다고 한다. 이들은 풍영정에서 다른 사람의 눈을 피해 만났으며, 짧은 만남이었지만 두 사람은 너무나 사랑하였고, 애절하게 서로를 기다리다가 만나곤 하는 장소였다고 한다.

당시의 풍습으로 양가집 규수와 소금장수 총각과의 인연은 이루어질 수 없는 때였기에 둘은 몰래 만나곤 했다. 그 후 총각의 발길이 3년 동안 끊기게 되자 부모의 성화에 못 이겨 처녀는 정해준 사람과 이미 결혼하고 말았다. 총각은 4년 째 되던 해에 처녀가 결혼한 것도 모르고 올라와 만나지도 못하고 돌아갔다고 한다. 그러나 장처녀는 총각이 그리워 극락강가의 물을 바라보면서 님에 대한 생각으로 눈물의 나날을 보내다가 시름시름 앓다 죽게 되었다. 이 후 그 장처녀가 서있던 자리에 한그루의 괴목이 자라 하늘을 덮고 가지가 강원도를 향하여 늘어서 있었다고 하는 또 다른 설화가 전해 내려오고 있다.

2-4. 원등마을을 통해 본 황룡강변의 모습

황룡강은 전남 장성군 북하면에서 시작되어 광주광역시 광산구 송산유원지를 지나 평림천과 합류한다. 황룡강의 줄기는 장성댐으로 향하고 있다. 황룡강의 모습은 광주시 광산구에서 관리하는 송산유원지와, 그 옆으로 어등산을 연하여 위치해 있다. 황룡강은 삼도지역의 평림천을 따라 현재의 유스호스텔부근까지 옛 뱃길의 역사를 간직하고 있는 지역이다.

그림1-5 영산강과 황룡강의 합류지점

봉학마을의 배매라는 마을에는 옛날 배를 묶었던 나무나 밧줄들이 천에서 나오곤 했다는 마을 이장의 말에서도 옛적에 황룡강의 뱃길이 화물 양육장으로서의 기능을 수행하였던 지역이라 할 수 있다. 황룡강은 영산강의 본류라는 학설도 있다. 그러한 이유는 바로 황룡강의 길이가 극락강의 길이보다도 길다는 것도 그렇거니와, 필자의 생각으로도 황룡강은 화물의 요충지로서의 기능이 극락강보다 대단위로 이루어졌다는 사실에서 알 수 있다. 그러한 사실은 포구나 나루터의 지명 등에서 알 수 있다.

원등마을은 황룡강변에 위치해 있으며, 금호타이어 맞은편 자락에 있는 마을이다. 위쪽은 평동교가 보이고, 그 너머에는 호남대학교 광산캠퍼스가 위치해 있다.

이곳은 조선중기까지만 해도 화물의 요충지로서 배들의 왕래가 잦았고 지나가는 배와 정박해 있는 배에 불을 밝혀주는 등이 있었다고 하여 원등마을이라는 지명이 붙게 되었다.

원등마을은 현재의 풍경으로는 옛 모습을 찾기가 쉽지 않지만 2m 남짓한 소형 고기잡이 배가 떠있어서 옛적의 나루터에 걸 맞는 향취가 나기도 한다. 그러나 물고기 썩은 냄새가 나고 둥둥 떠 있는 페트병이나 스티로폴, 고무 등의 쓰레기가 한 눈에 들어와 마치 쓰레기장을 방불케 한다. 이곳은 오랜 세월동안 강바닥의 청소나 준설이 이루어지지 않아 수풀이 우거져 자연현상의 습지가 형성되어 있지만, 필자가 보기에는 습지라기보다는 불필요한 환경파괴의 습지였다. 이 옛나루터를 깨끗이 준설을 하고 정리하면 물도 깨끗하고 지나가며 노니는 물고기도 행복을 맛볼텐 데 하는 아쉬움이 들었다.

현재 원등마을 위 평동교 위쪽으로부터 송산유원지까지는 상수보호구역으로 지정되어 있으나 광주시의 수자원으로서의 기능을 상실한지 오래되었다. 광주광역시에서는 상수보호구역의 필요성에 대하여 연구검토의 용역을 맡겨놓은 상태여서 아직도 답보상태로 있다.

원등마을과 관련하여 박용철[1]은 〈떠나가는 배〉라는 시에서 어등산 자락의 마을에서 황룡강가의 동네를 항구로 표현했던 것으로도 당시에 수많은 배들이 왕래하고 다녔음을 짐작할 수 있다.

그림1-6 원등마을 옛나루터 옆의 오래된 느티나무

떠나가는 배 龍兒 박용철

나두야 간다.
나의 이 젊은 나이를
눈물로야 보낼거냐
나두야 가련다.

아득한 이 항구들 손쉽게야 버릴거냐
안개같이 물어린 눈에도 비치나니.
골짜기마다 밭에 익은 묏부리 모양
주름살도 눈에 익은 아, 사랑하던 사람들.

버리고 가는 이도 못잊는 마음.
쫓겨가는 마음인들 무어 다를거냐
돌아다 보는 구름에는 바람이 태살 짓는다.
앞대일 어덕인들 미련이나 있을거냐

나두야 가련다
나의 이젊은 나이를
눈물로야 보낼거냐
나두야 간다.

3. 영산강 하류 뱃길의 역사와 문화

3-1. 영산강하류 뱃길의 역사

〈몽탄나루〉는 고려의 왕건이 견훤과 싸우는 전투에서 퇴각하는 시대적 배경에서 이름이 유래되었다는 일화가 전해 내려오고 있다. 몽탄이라는 지명은 왕건이 견훤에게 쫓기던 중 강에 막혀 건너지 못하고 있었는데, 밤이 되어 꿈에 백발노인이 나타나 눈앞의 호수는 강이 아니라 여울(灘)이니 빨리 건너라고 하므로, 말을 타고 현재의 몽탄나루를 건너 견훤군과 싸워 대승을 거두었다하여 몽탄이라 부르게 되었다고 한다.

그림 1-7 몽탄다리와 주변의 아름다운 풍경

그림 1-8 이산리 배뫼마을과 식영정 정경

〈배뫼마을〉은 영산강의 이산리 장구부 지역으로 영산강 '옛모습찾기사업' 타당성 조사에서 직강공사를 해야 한다는 지역이다. 이곳은 곡강의 굽이가 너무 급하므로 인공수로를 만들어야 한다는 주장이었다. 동국여지승람의 기록[2]에 의하면 조선시대에 이곳은 전선창이 존재하였던 곳이다. 이 마을의 지형은 영산강이 감고 있는 형국이다. 직접 배를 타고 가보면 강폭이 250~300m 정도여서 배의 통행에는 아무런 지장이 없을 정도였다. 전선창 이후에 이곳이 강정 포구로 변하여 배를 매었다는 뜻의 배매가 배뫼로 변해 이를 한자로 써서 梨山里로 했다는 의견도 있다. 또 일본인이 순수한 우리말인 배뫼를 한자로 바꾸었다는 의견 등 여러 가지 말들이 있다.

<식영정>은 그림자도 쉬어가는 곳이라는 뜻으로, 이산리 마을의 영산강변에 세워져 있는 정자이며, 2002년 4월19일 전라남도 문화재 제237호로 지정이 되었다. 이곳은 승문원(承文院) 우승지(右承旨) 한호(閑好) 임연(1589~1648) 그는 조선시대인 1610년(광해군 2)에 성균관 진사가 되고 1613년 증광문과(增廣文科)에 합격하여 영암군수, 진주목사, 남원부사 등을 지냈다. 식영정은 정면 3칸, 측면 3칸의 단층 건물로 팔자지붕이다. 시멘트로 마감되어 있어 그 원형을 알 수 없는 낮은 기단 위에 막돌초석을 놓고 그 위에 원통형의 원주(圓柱)를 세웠다. 가구(架構) 형식은 2고주(高柱) 5량(樑) 구조이며 종도리와 주심도리는 굴도리로, 중도리는 납도리로 되어 있고 마루대공은 판대공(板臺工)으로 되어 있다. 중앙의 마루방 3면에는 사분합문이 설치되어 들쇠에 매어달게 되어 있으며 후면 벽에는 다락이 가설되어 있다. 처마는 홑처마이며 천장은 연등천장으로 되어 있고 지붕의 네 귀는 활주로 받쳐져 있다.

그림 1-9 동강대교에서 찍은 옛 사포나루가 있던 곳

선생이 늙어서 여생을 보내려고 지은 정자인 식영정은 강과 산이 잘 어울리어 주변 경관이 빼어나고 공기가 좋아 많은 시객이 찾아들었던 곳이기도 하다. 이 정자는 그의 호인 한호처럼 한가로움을 좋아한다는 취지로 그림자가 잠깐 쉬었다 가는 곳이라 하여 식영정으로 불렀다고 전해진다. 이 정자는 나주임씨가 대대로 살아온 배뫼라는 마을 입구의 높은 언덕 위에 자리잡고 있으며, 그 아래로는 영산강이 흐르는데 자연경관이 뛰어나다.

<사포나루(대굴포)>는 함평군 학교면에 자리잡고 있으며 몇몇 어선들과 쪽배들로 나루터를 실감나게 하는 지역이며, 강 건너는 나주 공산면이 위치해 있다. 나루터 주민들은 이곳에 선착장을 확장하여 주기를 원하고 있었으며, 함평군에서는 추진 검토 중이라고 한다. 나루터에서 북쪽으로 보이는 산이 있는데 이 지역이 수군처치사영이 있던 지역이다.

세종실록지리지 무안현조(條)에 의하면 대굴포에는 수군처치사영이 있고 대선 8척, 중선 16척, 군사 1,895명이 배치되었다고 기록되어 있다. 대굴포 수영의 규모는 대단위였다고 볼 수 있다. 이곳은 서남해안의 군사 요충지로서

그림 1-10 대굴포 전라수군처치사영터 자리

수군 최고 지휘부를 자랑하였고 옥구진으로부터 이설이 논의되어 수군본부가 설치된 후 1432년 10월 목포로 옮기기까지 23년간 유지된 전라도 최고의 수군 지휘부로서 기능을 수행하였던 곳이다.

이곳 대굴포 지역이 외적의 침입에 용이하지 못하다는 이유로 목포로 이전하게 되고 이후 목포에 있던 수영(水營)은 세종 22년(1440) 해남의 황원(현 해남군 문내면 우수영)으로 옮겨졌다. 그리고 성종 10년(1470) 1월 내례포에 주진(主鎭)을 두어 수군절도사를 배치하자는 이극배의 장계에 의해 해남 황원의 전라도 수영이 수군절도사영인 전라도 우수영이 되었고 당시 순천부 내례포(현 여수)에 전라도 좌수영이 설치된 것이다. 전라 좌·우수영으로 분리되기 전의 대굴포는 조선 초기 전라도에 있던 단 하나의 수군 최고 지휘본부로 왜구의 침탈을 막았다.❸

3-2. 뱃길에 있던 옛 포구와 나루

강변에는 강을 따라 오르내리는 배들이 이용한 포구, 즉 하항(河港)과 강 양쪽 사이만 오가는 나루터가 있었는데, 곳에 따라서 한 가지 기능만 있는 곳과 두 가지를 겸한 곳이 있다. 영산강에는 수많은 포구와 나루들이 있었다. ❹

그러면 영산강에 인접한 나루와 포구를 간략히 정리해 보기로 한다.

〈천동나루(泉洞浦)〉는 노안면 학산리 천동(봉호)마을과 광주시 광산구 대촌동 승촌들 사이에 있으며, '봉호포(鳳湖浦)' 라고도 불렀다. 이곳은 1980년대 학산교가 가설되어 지금은 나루를 이용하지 않고 있다. 천동마을 뒷산(52m)은 대동여지도에 기록된 왕자대 터로 추정된다.

〈복바우나루(鰒巖渡)〉는 노안면 학산리 동산마을과 금천면 신가리 동섬마을 사이에 있던 나루였다. 목포 하구둑이 생기기 전에는 나주 팔진미의 하나이던 복어가 이곳까지 올라와 알을 낳고 내려갔다고 하는데, 이곳 바위에 부딪혀 검은 멍이 들어야 복 맛이 난다고 전해져 오고 있다.

〈이내나루(伊川渡)〉는 나주시 금천면 신가리 이내마을에서 광주광역시 대촌동 승촌마을 사이의 지석강에 있었던 것으로, 1970년대까지 쇠줄을 이용하여 운영한 곳이었다. 이 나루는 하천들에 농사를 지었던 신가리 주민들과 승촌에서 금천으로 중고등학교를 다니는 학생들이 이용하였다. 이내마을은 하천직강공사와 인공제방이 축조되기 전 강에 동네가 있었다. 지금도 하상에는 마을 공동우물터가 남아있다. 1984년 신가교가 건설되어 소형차량들이 다니고 있고, 지금은 나주-장성간 도로 건설로 인하여 대규모 교량이 놓이고 있어 나루의 흔적을 찾기가 어렵다.

〈광탄(廣灘)나루〉의 옛 이름은 '너븐 여울' 로, 영산강을 건너 남평현과 광주 · 능주로 가기 위한 나루터였다. 지금의 남산동 삼도동에서 금천면 원곡리 원터를 왕복했던 곳이다. 이곳에는 1910년대 초 광주-목포간 신작로가 놓일 때 검은 칠을 한 나무다리를 놓았다. 이 다리는 1957년 길이 620m의 콘크리트교가 놓이기 전까

지 이용되었는데, '거멍다리'
라 불렀다. 나주대교는 광목
간 4차선 공사로 확장되었다
가 헐리고 지금은 8차선으로
확장 되어 이용되고 있다.

<노항포(路項浦)>는 강이
크게 굽이도는 곳에 있어 옛
날에는 긴 물굽이가 지나는

그림 1-11 영산포와 방목들 사이의 옛 노항포의 위치

곳이라는 뜻하는 이름인 '질목구비' 라 칭했다. 이 말이 변하여 '진묵구부' 로도 불
렀다. 이 나루는 영산포와 방목들 마을 사이에 있었는데 나주 송월리 토계촌과 연
결되는 곳이었다. 1910년대 영산포 나무다리가 놓이기 전에는 주로 한국인이 이
용한 범선들이 정박했던 포구로 제주에서 온 말들이 육지로 팔려나가기 전에 배
멀미를 풀 수 있는 들이 주변에 있어 지금도 이곳 주위를 '방목들' 이라고 부른다.
❺

<둥구나루(南浦,牧浦)>는 현재 나주역사와 영산포 역사를 통폐합하여 나주역
으로 신설되는 자리이다. 고려 왕건이 나주지역에 고려 깃발을 꽂고 금성산을 위
주로 하는 주요 활동무대 였으며 건너편의 나주시청사 앞이 바로 장화왕후 오씨
부인과 만났던 완사천이 보인다. 장화왕후 오씨부인은 나주 오다련의 딸로서 이
곳에서의 첫 인연이 되어 왕건의 두 번째
아내가 되어 낳은 아들이 무(武)로서 고
려의 제2대 왕 혜종(惠宗)이 되었다. 왕
건이 이 지역을 활동할 때 중요한 역할을
했던 곳으로, '새월나루' 또는 '목포' 라
고도 하였다. 이곳은 현재 강변도로가 놓

그림 1-12 1913년 둥구나루의 옛모습(출처:나주문화원 제공)

여 있으며 아래쪽에는 하천범람으로 인하여 강둑이 터지는 아픔을 간직한 지역❻이다. 필자의 생각으로는 이곳을 통하여 금성산성을 향하는 길목이 아닌가 싶다.

〈금강진(錦江津)〉은 지금의 영산교 아래 등대가 위치한 지점이며 일명 '영포(榮浦)' 라고도 하고 영산포(榮山浦)라고 이름지어진 곳이다. 이 나루는 개항이후 일본인들이 이주해 오면서 점차 갯벌장과 더불어 선창으로서 성장했다. 1910년대

그림 1-13 금강진에서 영산포로 지명이 바뀐 선창부근

배가 통항할 수 있는 개폐식목교가 가설되면서 다리 아래쪽인 현재 등대 쪽에 자리잡게 되었다. 하구둑이 축조되기 이전까지는 많은 배들과 상인들이 이곳을 통하여 선창을 중심으로 활발한 교역의 장시를 이루었던 곳이기도 하다. 구진포하면 장어로 유명하고 영산포하면 홍어와 젓갈이 유명하여 지금의 홍어의 거리에는 홍어와 젓갈냄새들로 가득했던 곳이기도 하다. 매년 홍어축제를 열어 잊혀가는 옛 향기를 품어 내고 있는 지역이다.

〈구진포(九津浦)〉는 지금도 나룻터장어집 등 장어요리로 유명한 곳이다. 강 맞은편에는 1972년 아시아자동차 건설 당시 프래스 3,000톤을 이곳까지 선박으로 이동해와 야적하였던 장소이기도 하다. 구진포 강둑으로는 천연염색문화관과 석관정으로 들어가는 길이 놓여 있고 우수기에는 이곳 철로변까지 물이차서 차량의 왕래를 막았던 지역이기도 하다. 나루는 물길이 구부러져 있어서 반대편 자락에 토사가 많이 쌓여 있고 마을이름도 물길이 돌아간다는 의미의 '회진(會津)' 으로 개명하였던 곳이다. 지금은 '주몽호' 를 비롯한 몇 척의 어선들이 강가에 정박하여 소일거리나 낚시 등으로 옛 추억을 달래고 있다.

〈수다진(水多津)〉은 다시면 신석리와 왕곡면 옥곡리 신흥 사이에 있던 나루로 다시천이 영산강과 합류하는 곳이라 '터진목나루' 로도 부른다. 바로 북쪽 편죽지

마을 소요정 앞에는 모정개 포구가 있었다. 이 '수다(水多)' 는 '물이 많다' 는 뜻으로 옛 이름은 '물하실' 이다. 현재 다시면의 이름은 수다(水多)의 '다(多)' 와 시랑(侍郎)의 '시(侍)' 가 합해 만든 이름이다. 영동리, 가흥리, 신석리, 죽산리로 이어지는 수다면과 회진리, 복암리, 가운리로 이어지는 시랑면은 영산강으로 합류하는 다시천을 사이에 두고 양쪽에 서로 마주 보면서 자리잡고 있다. 이 곳 가흥리 늪지대에서 1978년 꽃가루 검사결과 기원 전 1천년 전부터 벼를 재배할 만큼의 수준 높은 농경문화가 지니고 있었음이 증명되었다. 최근 발굴된 복암리 고분군, 회진리 회진토성, 영동리 초등 고분군 등의 유적지로 보아 그 지역이 고대문화의 중심지로 추정되고 있다.

〈고월진(孤月津)〉은 현재 왕곡면 송죽리 샛강 입구 영석정이라는 식당이 있는 곳이다. 예전에는 이곳에 고월창(孤月倉, 일명 左倉)이 있었던 곳으로 강 건너 북쪽에는 다시면 죽산리 대못(竹池)마을이다. 이곳에는 특히 고인돌 30여기가 밀집되어 있어 고대부터 강을 낀 뛰어난 집단이 세력을 형성하고 있었음을 짐작케 한다. 지금은 1970년대에 직강공사가 되어 호수로 변해 있다. 다리가 놓여 자동차로 바로 건널 수 있게 되어 강의 의미는 상실되고 말았으나 낚시터로서 주목을 받고 있다.

〈죽포(竹浦)〉는 일명 '사암(思庵)나루' 라고도 하며, 죽산리 화동마을 장춘정에서 공산면 백사리 사동(실이굴)으로 건나가기 위한 나루였다. 이곳 화동마을의 옛 이름은 '배머리' 즉 '선두촌(船頭村)' 이었음을 볼 때 배가 드나들었던 곳임을 쉽게 알아 볼 수가 있다. 사암나루라고 한 까닭은 조선 선조 때 영의정을 지낸 사암

(思庵) 박순(朴淳)선생이 공부할 때에 이 나루를 통해 다녔기 때문에 벼슬을 얻은 후 그의 호를 따 사암나루라고 부르게 되었다. 이 나루터 옆의 조그마한 산을 마을사람들은 '돌캐산(돌개산)' 이라고 부른다. 즉, '물이 돌아나가는 곳에 위치한 나루' 란 뜻의 '돌개' 인데 한자로 표기하면서 '석포(石浦)' 라고도 불렀다.

〈석관정나루(石串津)〉는 다시면 동당리 석관정(石串亭)에서 공산면 신곡리로 건너기 위한 곳이다. 이곳 석관진의 옛 이름은 '돌고지나루' 또는 '돌곶나루' 였으며, 나루터나 정자들이 위치한 곳이다. 이러한 강가의 볼록 튀어 나온 부분은 보기에도 시야가 탁트인 공간에 자리잡고 있는 것을 알 수 있다. 이곳 이름도 돌이 튀어 나온 지역에 자리한 나루라는 뜻이다. 건너편 오작동에는 금강정이 자리하고 있어 지역의 풍류가 어느 정도였는지를 짐작케 한다.

〈고문진나루(尺浦)〉는 나주시 공산면 중포리 척포마을과 함평 학교면 월호리 사이의 척포마을 서남편 고문산(103m)에서 나루이름이 유래되었으나 본래 이름은 '자나루' 이다. 자나루의 의미는 산밑에 위치한 나루라는 뜻이다.

〈신설포나루(新設浦)〉는 동강면 월송리 모산개에서 무안군 봉산리 해창마을로 건너 사창역을 이용하기 위한 나루였다. 송암저수지에서 나루쪽으로 200m 거리에는 진주강씨 선산인 '돈지' 라 불리우는 둔덕이 있는데 고분으로 밝혀졌다. 이 유적 주위의 해발고도가 2m 에 불과하여 이 고분이 영산강 유역에서 가장 낮은 곳에 위치한 것으로 추정된다.

〈북지기나루〉는 나주시 동강면 대지리 연화촌과 무안군 몽탄면 사창(社倉) 배들이 사이에 있으며 동강면 주민들이 사창역을 이용하기 위해 건너는 나루였다.

일명 '북석포' 또는 '북적포' 라고도 하는데 이름의 유래는 정확히 알 수 없다.

〈뒤구지나루(後庫津)〉는 나주시 동강면 대지리 연동포와 무안군 몽탄면 이산리 뒷구지 사이 나루터이다.

〈영동포(永洞浦)〉는 일명 '곡포(曲浦)' 라고도 하는데 동강면 곡천리 영동마을 북서쪽 금생이골 아래에 있는 개로서 '연동개', '연동포(煙洞浦)' 로도 불렀다.

〈척고포(尺古浦)〉는 나주시 동강면 곡천리 철산마을과 무안

그림 1-16 몽탄대교와 몽탄의 큰여울

이산리 장구부(늘어지) 사이에 있는 나루로 '자구리 나루' 라고도 한다. '자구리' 란 말은 '산골' 을 의미하는 '잣골', 이후 '잣굴', '자구리' 로 변화하였다.

〈몽탄(夢灘)〉은 나주시 동강면 옥정리와 무안 명산리 사이 나루와 포구로 강 양쪽 모두 '몽탄' 이라 부른다. 왕건이 견훤에게 쫓기다가 꿈속에 나타난 신의 계시를 받고 무사히 건너갔다고 하여 몽탄(夢灘)이라고 한다는 전설이 있다. 본래 이곳은 영산내해 즉 남해만에서 내륙으로 접어드는 곳으로 목으로 물살이 세찬 곳으로 큰여울이라는 의미를 담고 있었다. '큰' 은 '굼', '꿈' 으로 변하고 한자로 표기하면서 몽탄이 된 것으로 여겨진다. 크다는 의미가 한자로 변할 때 웅(熊), 대(大), 죽(竹), 한(漢)으로 표기된다. 몽탄은 영산강 가장 안쪽의 어항으로서 하구둑 축조 전까지 수많은 어선이 정박해 있었다. 동강면 주민들이 명산역을 이용하므로 1986년까지 동력선 나룻배가 운행되었는데 몽탄대교가 가설되면서 나루 기능은 사라지고 민물고기잡이 배만 남아 옛날 어항이었던 정취를 조금이나마 느낄 수 있게 하고 있다.

〈소지포(小只浦)〉는 나주시 동강면 장동리 동산마을에 위치한 포구로 본디 작은 산 아래에 위치한 포구라는 뜻으로 '장짓개' 라고 불렀다. 우리말 '잔지개' 에서 변화된 말이다.

〈수문포(水門浦)〉는 나주시 동강면 진천리 수문마을에 위치한다. 이 포구는 삼포강으로 접어드는 어귀로 여기서 배를 타고 남쪽으로 내려가면 영암 시종면 옥야리 남해신당(南海神堂)이 있었던 남해포(南海浦)에 도달한다.

〈석해포(石海浦)〉는 나주시 공산면 상방리 석해마을의 일제 때 있었던 포구로, 이곳은 지금 자취마저 없어지고 단지 민간이 축사로 사용하고 있어 흔적조차 찾기 힘든 곳이다.

3-3. 포구의 역사와 문화

영산포 선창가에는 예전에 중국포목점이 즐비해 있었으며, 일제 잔존물들이 아직도 남아 세월의 변화를 실감케 하고 있다. 또한 지금은 선창가에 홍어의 거리로 즐비하게 남아있어서 홍어의 특유한 냄새가 코를 자극하게 되는 지역이다. 이곳은 몇 십 년 전에는 흑산 홍어들로 성시를 이룬 지역이었다.

〈앙암바위와 전설〉 영산포 아래쪽으로는 앙암(仰巖)바위라고 하는 상사바위가 있다. 부여의 낙화암보다 더욱 멋진 자태로 옛적의 향수를 품어 내고 있는 곳이다.

영산포구에서 강을 따라 1km 정도를 내려가면 도끼로 내려친 듯한 절벽이 보인다. 이곳 사람들은 이곳을 '아망바우', '우람바우', '아람바우' 로 불렀다. 바위

그림 1-17 전설이 깃들어 있는 앙암바위

바로 밑은 영산강 물길 중에서 물의 기세가 가장 센 곳으로 배가 지나다니던 시절에는 조난 사고가 가장 많았던 곳이기도 하다. 그러나 절벽 위에서 내려다보이는 영산포 주변의 경관은 한 눈에 들어오는 확 트인 맛이 나는 경관이 가히 기막힌 곳이기도 하다. 앙암 위에 서면 나주평야를 적시며 구비 구비 흘러내리는 영산강 물길이 보이고 물길 반대편에 있는 영산창, 제민창과 같은 조선 시대의 세곡 보관 창고와 미수 허목 선생을 모신 미천서원, 백호 임제의 고향 회진을 굽어볼 수 있다.

　이 바위는 젊은 남·녀의 슬픈 사랑이야기가 전설로 전해오는 곳이기도 하다. 영산강을 사이에 두고 앙암의 허리쯤에 진부촌이 있고, 그 맞은편에 택촌이 있다. 하루는 택촌에 사는 '아랑사' 라는 젊은이가 고기잡이를 하는데, 건너편에서 여인의 흐느끼는 소리가 들렸다. 무슨 일인가하고 가보니, 진부촌에 사는 '아비사' 라는 여인이 서럽게 울고 있었다. 아랑사가 그 연유를 물으니 아비사는 병든 홀아버지가 물고기를 잡수고 싶다하여 강가에 나왔으나 물고기를 잡을 길이 막막하여 울고 있다 하였다. 아랑사는 아비사를 위하여 자신이 잡은 물고기를 다 주었고, 이것이 인연이 되어 두 사람은 밤마다 앙암바위에서 만나 사랑을 속삭이곤 했다. 그러나 두 사람의 사랑은 이내 마을 사람들에게 알려졌고, 이를 시기한 진부촌 젊은이들은 아랑사를 바위 아래로 떨어뜨려 죽이고 말았다. 그 후 아비사는 슬픔을 이기지 못하여 얼굴이 반쪽이 되어 보는 이들을 안타깝게 했다.

　그런데 어느 날부터인가 아비사의 얼굴에 화색이 돌고 기쁨이 넘쳐났다. 이를 이상하게 여긴 마을 젊은이들이 밤에 몰래 아비사의 뒤를 따라가 보니, 아비사가 강에서 바위를 타고 올라온 커다란 구렁이와 사랑을 나누는 것이었다. 마을 젊은이들은 이를 나쁜 징조라 여겨 그들을 바위 아래로 굴려 버렸다. 그 뒤부터 진부촌 젊은이들이 하나씩 시름시름 앓다가 죽어갔고, 두 마리의 얽힌 구렁이가 밤마다 진부촌에 나타났다. 이에 노인들이 협의하여 무당들로 하여금 음력 8월에 씻김굿을 하게 하여 그들의 넋을 위로했다. 그 후부터 마을에 흉한 일이 없어졌다고 한다.

〈창(倉)과 영산창〉은 여러 창들이 있던 곳이었다. 창은 지방의 세곡을 거둬들여 보관하는 창고이며, 배를 이용하여 한양으로 운반하기 편리한 위치에 두고 있었다. 영산강 상류지역에 위치한 북창은 광주광역시 광산구 동곡동 하선(下船)마을로써 영산강류를 따라 배가 이곳까지 드나들어 화물의 양육장(揚陸場)이었다고 전해오고 있다. 상선마을 또한 배가 닿는 선창이 있었다고 전해오고 있는 지역이다. 이밖에도 본량동의 수문(水門)마을은 북창으로 불렀으며, 서창동에는 서창(西倉)이 있었다. 그리고 나주시 세지면에는 동창(東倉)이 있었고, 나주시 공산면에는 남창(南倉)이 있었다. 영산창은 조선 초기에 조창제도가 부활하면서 세곡창고로 사용하였던 장소로, 택촌 마을 뒤편 산자락에 위치해 있었다.

영산창은 나주 운전면허 시험장의 자리였으며 이곳에는 한번에 500~600석을 싣는 조운선이 53척이 있었고, 나주·순천·강진·광산·진도·낙안·광양·화순·남평·동복·홍양·무안·능성·영암·보성·장흥·해남 등 17고을의 세곡을 저장하여 두었다가 한양으로 운송하는 기능을 수행하였다. 해운판관(海運判官)이 세곡의 수납과 운송을 주관하였다. 그런데 세곡을 운반하던 중 앙암바위 부근에서는 뱃길이 험하여 도중에 조운선과 범선들이 침몰하는 사고가 자주 일어나 1512년(중종 7)에 영산창을 없애고 법성창으로 이전하였다고 한다.

〈영산포 등대〉는 나주시 영산포에 가보면 영산대교와 영산교를 만나게 된다. 영산교 바로 아래에는 1925년 축조된 하얀 색의 등대가 있다. 제방에 그림은 옛적의 선창을 표현하는 배들과 갈매기의 그림이 벽화로 그려있어 옛적에 이곳이 항만의 도시였음을

그림 1-18 영산포 등대와 포구 -
출처 : 나주시청 문화관광 홈페이지

실감할 수 있다. 영산교 바로 아래에는 조선시대에 사용하였던 목교가 있었다.

목교는 개폐식으로 되어 있어서 선박의 자유로운 통행을 도왔던 것으로 보인다. 그 뱃길을 통하여 옛적의 무진주라고 하는 광주와 담양까지 배들이 다녔음을 알 수 있다. 여기에 목교의 설치는 또 다른 양상을 낳았다. 1914년 〈매일신문〉에 따르면 영산포 나무다리(木橋)는 1914년 4월 9일 준공되고, 5월 3일 개통되었다. 강북의 영산포역으로부터 강남의 영산포 시가지에 이르는 여닫이다리(開閉橋)로 2전씩을 내고 통행한 다리지만 주민들에게 대단한 편리를 주었다. 그러나 영산포교는 홍수 때 만조가 되면 수몰되어 잠수교가 되었고, 그로 인하여 유실되기 때문에 매년 한 번씩 수리를 했다. 이 다리에 대하여 같은 신문 1922년 10월 30일자에는 지방비로써 본년 10월 중 새로 가설 준공했다고 기록되어 있다.

이 다리는 비록 개폐식이었지만 큰 선박들의 출입을 다리 밑으로 한정시켜 새 포구의 발전을 유도하고, 1915년 설치한 수위측정시설에 등을 부착하여 내륙의 등대역할을 한 것으로 보인다. 영산포에 전기가 들어오는 시기는 1925년 이었으므로 이때는 식용기름 등을 이용하여 빛을 발하고 선박들을 유도하였을 것으로 추측된다.

그림 1-19 영산포 옛 목교 모습 - 출처: 나주시청

이때부터 니시마치(西町)와 이어지는 네거리가 영산포에서 가장 붐비는 터가 되었고, 이후 땅값도 최고가 되었다. 지역민에 따르면 광복 후에도 이 곳 땅값이 광주 충장로와 비슷했다고 한다.

3-4. 고선박 발견 지역을 통해 본 옛 뱃길의 역사

나주대교 부근에서 발견된 고선박은 전체 길이 580cm의 만곡부재로서, 선박의

그림 1-20 나주대교 부근의 고선박 발견지점

좌현 선미부에 해당되는 부재는 현재까지 발견된 고려시대 선박유물 가운데 최대 규모라 할 수 있다. 이 목선은 선박의 구조적인 측면에서 대략 고려시대 초기에 해당된다는 것이 전문가들의 일반적인 의견이다. 특히 배의 후미에 해당하는 만곡부재의 길이는 6m에 가까운 것으로 고려 전기 문헌에 나오는 고려 태조의 대선과 초마선이라 할 수 있는 세곡 운반선인 1000석 규모의 대형 선박의 규모와 견줄 수 있는 초대형 선박으로 추정된다. 목선 제작에 사용된 목재의 수령 또한 약 600

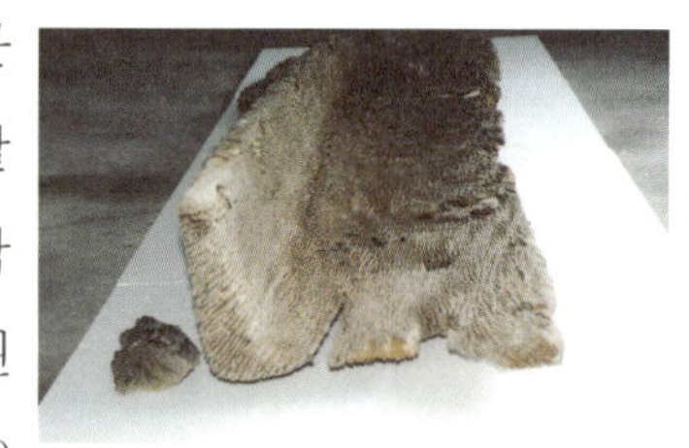
그림 1-21 고선박 발견 잔해

~1000년으로 추정되는 느티나무로서 옛날부터 바다와 영산강을 왕래하는 선박의 실체뿐만 아니라 고대 선박사나 해양 연구에 중요한 자료로 볼 수 있다.

4. 맺는 말

　지금까지 영산강뱃길의 역사와 문화에서는 영산강에 배가 다녔던 흔적과 그 문화들을 살펴봄으로써, 앞으로 영산강운하를 통해 뱃길이 열릴 수 있는 가능성을 시사해 보았다. 우리가 확인해 보았듯이 옛날에 뱃길이 광주와 담양까지 왕래하였다. 지금은 토사가 쌓여 강바닥이 높아져 우리의 기억에서 사라져 버리고 과연 배가 다닐 수 있을까 하는 의구심을 가지고 있다.

　앞으로 준설을 통해 강바닥을 예전의 모습으로 복구만 하고, 중간에 두 세 개의 수중보를 설치하여 그냥 버려지는 강물을 잘 이용만 한다면 간단히 쉽게 뱃길이 열릴 수 있다. 그 가능성은 무궁무진하며, 우리의 마인드가 갖추어져 있느냐의 여부에 달려 있다. 2007년 9월 초순에 몇 명의 회원들과 청호나루에서 주몽 세트장이 있는 부근까지 직접 배를 타고 탐사를 하였다. 그곳의 수심은 4~5m정도였으며, 조금 지나 급격하게 수미터씩 모래가 쌓여 더 이상 갈 수 없었다. 예전에 배가 다녔던 이곳의 많은 토사와 자갈의 양을 생각해 보면, 산이나 바위를 깨어 모래나 자갈로 쓰는 환경피해도 줄이고, 바다모래를 파오거나 외국에서 사오지 않아도 될 것 같은 생각이 들었다. 더구나 몇 시간동안의 탐사 내내 수려한 풍경과 경치, 풍부한 물은 우리의 여행을 더욱 넉넉하게 만들어 주었다.

　앞으로 이곳에 뱃길이 열려 호화유람선과 관광선, 화물선, 돛단배 등 수많은 배가 옛 영화를 누릴 것을 생각하니 잔잔한 흥분을 이내 감출 수 없었다. 영산강의 뱃길은 단지 과거로의 향수가 아닌 미래를 위한 생태와 환경, 역사와 문화의 복원과 가치라는 점에서 제고할 가치가 없는 당위성있는 대안이라 하겠다.

註

❶ 어등산의 애국시인인 박용철은 1904년 6월 21일 어등산 자락의 솔머리 마을에서 부농(富農)의 아들로 태어났다. 어려서부터 천재라는 칭찬을 듣고 자란 그는 3ㆍ4세때 벌써 셈법(산수)의 가감승제(加減乘除)를 하였고 한문의 사자소학(四字小學:네 글자로 된 아동용 교훈책, 일상생활의 범절을 비롯하여 격언 충신효자의 행적을 모은 것)을 외우는 등 일찌기 천재의 바탕을 드러냈다. 용아는 조국을 생각하는 애국심이 두터워 배재고등학교를 다니던 시절에도 지하신문을 발간하여 항일독립정신을 고취시킨 사실로도 유명하다. 3.1운동이 실패로 끝나자 비분한 나머지 학교를 자퇴하고 일본으로 건너가 동경 청산학원 4학년에 편입하여 그 학교에 다니는 김영랑(金永郞)과 사귀게 되고 자비(自費)로 신문학(散文學) 월간문예(月刊文藝) 문학(文學)등 문학 잡지를 간행했고 김영랑(金永郞) 정지용(鄭芝溶)두 학우의 시집(詩集)을 발간해주는 온정도 베풀었다. 청산학원을 졸업하고 천재들만이 들어갈 수 있다는 동경외국어학교에 합격하고 이후부터 본격적인 문학에 정열을 쏟아 후에 친구인 정지용(鄭芝溶)과 함께 시문학(詩文學)이란 잡지를 내어 우리나라 초창기 문학발전에 기틀을 다졌다고 할 수 있는 인물이다. 1937년에는 청색지(靑色紙)라는 순수 문학잡지(純粹 文學雜誌)를 내는 한편 문학활동과 민중계몽운동(民衆啓蒙運動)에 온 정력을 쏟던 그는 부친이 병으로 위독하다는 기별을 받고 다시 고향으로 돌아왔다. 그리고 그 이듬해에 그 자신도 병을 얻어 건강을 잃었지만 그래도 꾸준히 문학활동을 계속하다가 1938년 5월 12일 34세의 아까운 나이로 세상을 떴다. 저서로는 박용철 전집(朴龍喆 全集)두 권과 시집이 있으며 대표작으로 "떠나가는 배"가 있고 "빛나는 자취"등의 명작이 있다.〈광산구청 홈페이지 참조〉
❷ 1481년 이곳에 전함(戰船)을 만드는 전선창을 세워 영산강의 해로와 서해 무역항로를 아우르는 군사 요충지로 삼았던 것이다. 전선창에는 408명, 혹은 224명이라고 기록되어 있음
❸ 신영호의 문학산책 중에서 발췌
❹ 이 부분은 김경수씨의 영산강문화권을 찾아서라는 전국역사교사모임 교재중의 일부내용을 발췌한 것임을 밝혀둔다.
❺ 노항포는 1910년대 삼도리 소속이었는데, 448번지 구로스미 소유의 대지와 453번지인 하동수 소유의 대지가 선창터로 추정되고, 이와사끼(岩崎久彌) 소유이다가 동산농장 터가 된 456일대가 마을터로 여겨진다. 1973년 8월 30일 영산강 대홍수 때 200여 호의 마을이 침수되어 74년에 용산동 새마을촌으로 집단 이주해 지금 나루터에는 양수장시설과 프라타너스 나무만이 빈자리를 지켜주고 있다.
❻ 구토지대장에 의하면 포구로 짐작되는 곳으로는 1916년 260번지와 285번지는 대지로 일본인 나카시마(中嶋) 소유였다가 1919년 평양 이문리에 주소를 둔 모노이미토 구타로(齋藤久太郞) 소유이다가 1929년 토계리 허국향 소유가 되었다. 나루 근처의 언덕과 하천 고수부지인 포전들에는 채소가 많이 재배되어 목포로 수송하기 전에 간이로 야적해 놓은 임시창고가 여러 동이 있었다고 전한다. 이 포구는 1990년대부터 차츰 매립되기 시작하여 2001년 7월 10일 나주 신역이 개통되면서 주변의 경관이 크게 변하여 그 흔적은 전혀 찾아볼 수 없게 되었다. 나루대신 철도역이 들어서 다시 많은 사람들이 모여들고 헤어지고 하는 장소가 되었으니 요충지는 분명한 것 같다.

참고문헌

1. 여균수(2003), 환경리포트 영산강, 도서출판 큰세상

2. 영산강수질개선 종합대책 수립 관한 연구(1996.11),전라남도

3. 김경수(1994),영산강 350리, 향지사

4. 광산구지편찬위원회(1994.2.20), 광산구지

5. 영산강유역환경청 홈페이지 (http://yeongsan.me.go.kr)

6. 함평군청 홈페이지(http://www.hampyeong.jeonnam.kr)

7. 나주시청, 문화관광 홈페이지(http://naju.go.kr/tour/history-03.html)

8. 전라남도(2000), 영산강 옛모습 찾기사업 타당성조사에 관한연구

9. 국민대학교국사학과(2006), 영산강문화권(들녘과 바닷길로 어우러진 2천년)

10. 영산강뱃길살리기협의회(2006), 경부호남 내륙운하는 한반도 물류의 대동맥

11. 김경수(2007.1), 전국역사교사모임 교재 겨울자주연수 호남문화의 젖줄, 영산강 문화권을 찾아서
   (영산강의 역사 수운을 중심으로)

제 **2** 장

일본의 운하와 생태환경 · 문화 · 역사 · 관광레저 만들기

이병담

_ 전남 나주 출생
_ 조선대학교 철학과 졸업
_ 중앙대학교 철학과 문학석사 · 철학박사
_ 목포대학교 일어일문학과 문학석사
_ 전남대학교 일어일문학과 문학박사
_ 현재 서남대학교 교양교직학과 교수
_ 영산강뱃길살리기협의회 공동대표

제2장 일본의 운하와
생태환경 · 문화 · 역사 · 관광레저 만들기

-오사카의 요도가와(淀川) 강을 중심으로-

1. 시작하며

필자가 이번에 탐사한 지역은 오사카 일대와 요도가와(淀川)강 주변을 따라 비와호(琵琶湖)에 이르는 유역이었다. 이 지역을 방문하게 된 동기는 일본운하에 대한 자료를 조사하던 중 다른 지역과 달리 아직 운하의 역할과 기능이 어느 정도 유지되고 있을 뿐만 아니라 살아있는 강을 살리고자 하는 의지가 남다른 지역이었기 때문이다. 더구나 오사카를 중심으로 한 이 지역은 일본의 제2의 도시로서 예로부터 운하나 강을 잘 활용하여 도시를 건설하였고, 물과 강을 통해 도시발전과 성장을 이끌었기 때문이었다. 이 지역의 운하와 강을 통한 도시발전이나 성장유지는 여전히 계속되고 있었으며, 그에 따른 제반사항에 대한 검토나 파악은 상당한 관심을 끌게 한 요인이었다.

오사카를 중심으로 한 운하와 강을 통해 우리가 얻고자 한 것은 영산강운하의 조성에 있어, 특히 영산강의 수질오염이나 문화나 역사성을 어떤 기준과 수준, 상황에 맞춰 개발할 것인가에 대한 관심 때문이었다. 영산강의 수질오염은 1981년 하구언둑 건설로 인해 바닷물의 차단과 준설이 이루어지지 않은 채 방치되다 보니 심각한 수준을 넘어서, 이대로 두었다가는 이 지역의 재앙으로까지 이어질 것이라는 심각한 상황에 놓여 있다. 영산강에 서식하는 물고기나 어류 등은 5급수

이하로 멸종지경에 이르렀으며, 잉어나 붕어 등은 수은과 같은 물질에 오염되어 시궁창 냄새가 나는 상황에까지 이르렀다. 환경이나 수질오염의 심각성은 우리 인간의 무지와 몰인식으로 인해 제대로 파악되지 못한 상황에 있으나, 물고기나 조류 등의 상태는 이러한 심각성을 사실 그대로 보여주고 있다.

　필자가 방문한 오사카유역이나 비와호에 이르는 몇 개의 지역은 생태환경의 복원과 문화나 역사성이 물을 통해 잘 반영되고 있었고, 시민들의 삶의 질을 높이는 데 많은 영향을 주고 있었으며, 물이 도시나 농촌을 하나로 만들고 있음을 느꼈다. 특히 오사카 중심부를 물의 회랑으로 만들어 건축과 물을 자연스럽게 일치시키고 있었고, 그 중심부에 '아쿠아 라이너' 수상선이 운행되어 도시생활에 활력을 불어 넣고 있었다. 그리고 오사카의 각 지역마다 하수도과학관이나 전시관, 생활오폐수처리장은 혐오시설이 아니라 친수공간, 테마공원화하여 꽃과 식물, 물과 자연이 어울리는 장소였고, 공간이었다. 이러한 공간의 연출과 실천행동은 각 지역마다 거대한 프로젝트를 통해 몇 십년동안 지속되어 왔으며, 이제는 눈에 보이지 않는 부분들에까지 세심한 배려와 관심으로 이어져 삶의 질을 더욱 높이고 있었다.

　이 글에서는 먼저 비와호에서 오사카로 이어지는 풍부한 물의 자원을 통해 물과 도시가 어떻게 조화를 이루는지, 도시건설과 수로를 중심으로 개성있는 수변공간의 활용과 이용, 번영과 조화 등을 살펴볼 것이다. 그리고 강과 운하, 숲, 하천이 어우러진 생태적 환경조성과 실천의 관계도 아울러 탐색하고자 한다. 여기에서는 오사카성과 숲, 공원의 생태적 환경이 어떻게 나타나고, 도시와 농촌간의 생태적 상황이나 그 관계도 아울러 검토해 보고자 한다. 그리고 요도가와강과 관련된 전반적인 물관리와 치수대책, 하수도 관리대책, 깨끗한 물만들기의 현실을 집중적으로 살펴보고자 한다. 마지막 장에서는 생태환경, 문화와 역사가 살아있는 공간 만들기가 어떻게 이루어지고 있는지 살아있는 생태환경 만들기와 보존의 현장을 살펴보며, 아울러 우리의 관심인 주운(舟運)의 문화와 역사, 물 문화, 역사체험의 현장과 교육, 실천, 그리고 관광과 레저생활 등도 조사해 보고자 한다.

2. 풍부한 물과 도시의 조화

2-1. 도심부 물의 회랑

오사카뿐만 아니라 일본이 물의 나라라는 사실은 누구나 잘 알고 있는 사실이다. 오사카는 물을 잘 활용할 뿐만 아니라 물을 가까이 느끼게 만든 도시였다. 오사카는 태고 적부터 해안지대가 낮은 곳이었고, 자연의 섭리를 잘 받아들여, 시대마다 지혜와 의지를 모아 물을 잘 활용하여 도시를 세웠는데, 그야말로 세계에서 유례를 찾아볼 수 없는 '물의 도시'라는 인상이 강하게 느껴졌다.

세계에서 가장 유명한 물의 도시는 독일의 프라이부르그(Freiburg), 프랑스의 스트라스부르(Strasbourg), 네덜란드의 암스테르담, 이탈리아의 베네치아 그리고 중국의 상해나 항주(杭州), 소주(蘇州) 등 수없이 많으며, 이들은 모두 한결같이 물을 잘 활용한 지역들이다. 중국의 항주는 경항(京杭)대운하의 기착지로서, 최근 운하를 복원시켜 물류뿐만 아니라 관광·레저로 많은 관심을 불러일으키고 있으며, 소주는 도시 전체가 큰수로와 작은 물길로 연결되어 있는 아름다운 도시이다.

일본의 오사카는 시내의 도심부가 도지마가와(堂島川)·도사보리가와(土佐堀川), 히가시요코보리가와(東横堀川), 기즈가와(木律川), 도톤보리가와(道頓堀川)라는 4개의 강을 중심으로, 도시를 사방으로 둘러싸고 있으며, 여기에 요도가와(淀川)강이 이들을 하나로 이루고 있다. 이들 강을 중심으로한 하천의 면적

그림 2-1 오사카 도심부를 흐르는 4개의 강
자료출처:http://www.pref.osaka.jp/koho/brand/04/kr/special/index.html

은 20.5㎢이며, 지역 전체의 약 10%를 차지하고 있어 오사카는 물의 도시라고 해도 과언이 아니다.

필자는 오사카의 수상선인 아쿠아 라이너를 타고 1시간동안 강을 둘러보았다. 4개의 강을 모두 어우르고 있는 요도가와강 유역은 오사카를 감싸 도는 그야말로 '물의 회랑' 이었다. 오사카성의 남서쪽인 시마노우치의 분라쿠극장에서 히가시요코보리가와강과 인접해 있는 요도가와강은 물의 도시라는 이미지를 짙게 풍기는 수로였다. 요도가와강은 400년 전에 운하를 뚫은 이래, 상업도시의 역사와 문화의 변천을 그 수면풍경에 잘 조화시켜 매력을 발산하고 있었다. 이 물의 회랑을 따라 강변에 잘 조성되어 있는 벚꽃 가로수들과 수 없이 많은 공원들이 자아내는 수변공간의 정취는 그야말로 일대 장관이었다. 이들 울창한 숲들

그림2-2 오사카 도심부의 물의 회랑
자료출처:http://www.pref.osaka.jp /koho/brand/04/ko/special/index.html

과 가로수들이 강물에 비친 모습도 좋거니와, 봄에 만개한 벚꽃은 사람들의 기분을 그야말로 신들에 대한 향연과 축제의 물결 속으로 빠져들게 하는 매력적인 장소라는 생각이 들었다. 이들 회랑이 엮어낸 아름다움은 단지 겉에 드러난 아름다움에만 있는 것이 아니라 이곳을 아름답게 만든 사람들의 노력과 이러한 문화를 향유하고, 또한 아름답게 지켜 가고자 한 시민들의 마음가짐에 있음을 느낄 수 있었다.

매년 7월 24~25일 도지마가와강과 오가와(大川)강에서 100여척의 화려한 선상

그림 2-3 덴진마츠리의 수상제 장면
자료출처:http://www.pref.osaka.jp/koho/brand/04/ko/special/index.html

그림 2-4 수변위에서 벌이는 불꽃축제
자료출처:http://www.pref.osaka.jp/koho/brand/04/ko/special/index.html

의 수상제나 전통예능, 음악 등을 벌이는 덴진마츠리(天神祭り)[1]와 같은 축제나 크고 작은 축제도 그 아름다움을 더하고 있다. 이러한 아름다움에는 물이 만들어 낸 과거와 현재, 미래까지 이어가게 하는 문화와 환경, 역사와 전통, 그리고 산업과 경제에 이르기까지 모두가 물을 활용하여 엮어낸 오사카의 현재 모습이라 할 수 있다.

2-2. 수로와 개성있는 수변공간

도시 내에 운하나 강의 수로를 보유한 공간이 있다는 것은 단지 물적환경에 이르지 않고 사회적 환경에도 많은 영향을 준다. 특히 시가지 내에 있는 수변공간은, 거기에 따라 나오는 자연작용을 유지해 주고, 물환경을 높여주게 된다. 이 때문에 물을 이용한 하천이나 강, 운하는 도시환경의 근본적인 구성체가 되고, 수로공간이 도시의 큰 축으로서 도시공간을 이끌어 나가는 것이다. 이미 외국의 여러 도시

들은 관개용의 수로나
화물운송을 위주로 한
물류수송의 목적으로부
터 도시화가 진행되면서
도시와 조화있는 특색을
갖추고자 수로주변에 각
각의 도시가 가지고 있
는 개성을 연출하기 시
작하였고, 그 수로의 역
사는 오래되었다.

그림 2-5 오사카 도심부를 운항하는 유람선인 '아쿠아라이너' 와 수변공간
자료출처:http://www.pref.osaka.jp/koho/brand/04/ko/special/index.html

멕시코와 인접한 텍사스주의 중앙부를 흐르는 샌안토니아시강의 수변공간은 관계수로에서 역사적 환경을 보전하면서 시민들의 안락한 삶과 여유를 누리게 하는 공간으로 연출되었다. 이와 마찬가지로 오사카는 그 중심부를 흐르는 요도가와강이 도심부를 흐르는 4개의 강과 조화를 이루며, 시내를 관통하고 있다. 오사카는 일찍이 오사카성(大阪城)의 축성에 맞추어 발달하기 시작하였다.

16세기 도요토미 히데요시(豊臣秀吉)에 의해 축조된 오사카성은 성을 중심으로 시가지의 조성과 더불어 시작되었다. 조카마치(城下町)라 불리는 시가지 형성의 장본인은 야스이 도톤(安井道頓) 등을 비롯한 오사카 상인들이었고, 운하를 중심으로 시가지를 형성하였다.

오사카의 도심부를 관통하는 강들을 따라 '아쿠아라이너' 라는 수상선을 타고 주변을 둘러보면, 오사카의 수변공간은 벚꽃나무와 공원들의 산책길, 조각건축물, 낚시터 등에서 시민들의 안락한 여유를 볼 수 있다. 또한 최근에 수변공간을 예술과 관광의 명소로 탈바꿈하고자 도톰보리강처럼 다시 공사를 진행하여 도시의 삭

막함을 물을 통해 조화를 꾀하는 것을 볼 수 있다. 특히 도톰보리강 줄기는 생활의 활력을 불어넣는 강으로, 계절마다 풍물시를 체감할 수 있다.❷ 특히 여름 저녁 무렵 수변의 시원한 바람은 이곳에 몰려든 많은 사람들을 끄는 매력적인 장소이며, 산보하기에 좋은 장소이다.

살아있는 수로를 만들기 위해 각 지역에서는 다양한 노력을 기울이고 있다. 예를 들어 동경은 분파수로(分派水路)를 많이 가지고 있는데, 그 대표적인 곳은 다마가와(玉川) 상수로이다. 그런데 오사카의 수로는 도시화의 삭막한 분위기를 도시의 건축이나 지역의 문화적 공간과 잘 배치해 놓은 역사적 환경을 강조한 수로의 형태나 수경계획 등을 통해 개성을 잘 연출한 수로의 형태를 띠고 있다. 오사카의 이러한 수변공간의 연출노력은 수로를 통해 도시를 아름답게 만드는 새로운 동력으로 삼고 있음을 여실히 보여준다.

2-3. 강변의 번영과 조화

오사카는 운하를 통해 시가지가 형성되었다. 오사카 도시건설은 먼저 강변을 중심으로 시가지가 형성되기 시작하였고, 시장터가 생기고 사람들의 통행을 위한 다리가 만들어졌다. 운하와 관련하여 많은 다리가 놓였다고 하여 핫뱌쿠야바시(八百八橋)로 불렀다고 한다. 이렇게 많은 다리는 마치 많은 신들이 있음을 의미하는 야오요로즈노가미(八百萬の神)라는 말과 일맥상통하다. 그러나 실제로 16세기에 만들어진 오사카 시내의 다리는 200개 정도였다고 한다. 옛날 다리는 오늘날의 다리 개념과 관련하여 별로 많게 느껴지지는 않지만 당시의 경제적인 상황과 비교해 보면 엄청난 숫자임에는 틀림없다. 이들 대부분의 다리는 당시 상인들의 출자에 의해 설치된 것으로, 따라서 오사카는 예나 지금이나 일본을 움직이는 커다란 힘으로 작용하고 있는 것은 사실이다.

지금 오사카를 중심으로 한 다리는 약 800개가 넘으며, 다리나 지하철의 명칭의 대부분은 니시오하시(西大橋), 신사이바시(心齊橋), 나카호리바시(長堀橋), 니혼바시(日本橋), 후카에바시(深江橋)) 등 무수히 많고, 미야코지마(都島) 등의 지명이나 나카츠(中津)처럼 물과 관련된 지명도 상당수가 있다.

3. 강과 운하, 숲, 하천이 어우러진 생태적 환경조성과 실천

3-1. 성(城)과 숲, 공원의 생태적 환경조화

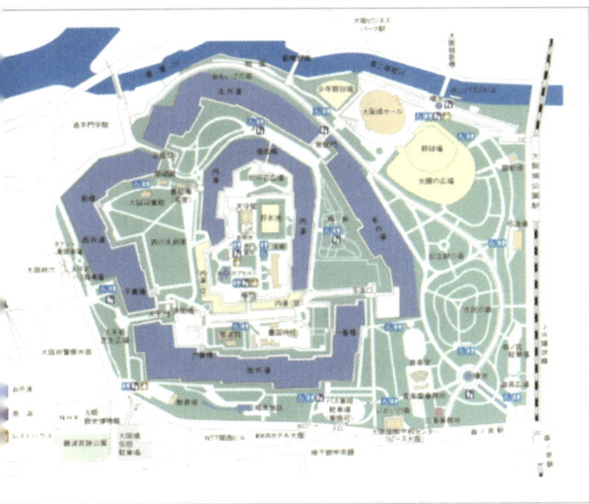

그림 2-6 자료출처 http://www.osakacastle.net/osaka-castle/tanbo.html

일본의 살아있는 수로들은 다양한 형태를 띠고 있다. 도쿄(東京) 사이다마현의 다마가와 죠수이(玉川上水)는 분파수로를 많이 가지고 있는 수로이며, 수리용의 형태가 풍부한 구조시(郡上市)의 구조 하치만(郡上八幡)의 수로, 역사적 환경과 관계한 교토(京都) 등의 다양한 수로가 있다. 그리고 생활·생산업과 깊은 관계가 있는 마에바시(前橋)나 수경계획으로 개성을 표출하고 있는 오카야마(岡山) 지역의 수로도 특색을 가진 수로이다.[3] 그러나 오사카의 요도가와강을 비롯한 수로는 자연형태의 수로에다 인위적인 수로가 가미되어 아름다운 도시가 만들어졌다.

요도가와강을 따라 운항하는 수상선을 타고 가다보면 오사카의 위용을 자랑하는 높은 빌딩과 그 빌딩 사이로 연이어 울창하게 뒤덮여 있는 하천가로수들이 도시의 경관을 더욱 아름답게 만드는 것을 볼 수 있다. 강주변은 사람들의 휴식의 공간이며, 시와 예술, 문화와 생활 등 인간과 자연이 합일되어 있는 삶의 교류터라는 생각이 든다. 깔끔하고 아름답게 정비되어 있는 물가와 숲이나 공원, 조각 등이 어우러진 이곳 요도강변은 역사와 문화가 그대로 예전부터 그대로 살아남아 있음을 보여준다.

그림 2-7 오가와강변의 사쿠라노미야 공원에서 본 오사카성
자료출처 http://agua.jpn.org/yodo/kyuyodo/kyuyodo.html 2007.6.20

이 오사카의 시내발전은 다른 일본의 지역과 마찬가지로 오사카성(大阪城)을 비롯하여 죠카마치(城下町)의 발달에 따라 이루어졌다. 지금으로부터 1583년 도요토미 히데요시(豊臣秀吉)가 혼노지(本願寺)의 터에 오사카성을 축조하였는데, 이것은 그가 천하통일의 상징이자 국가의 중심으로 삼으려는 의도였다. 그는 오사카성을 축조하면서 지금은 빙 둘러싸인 두 겹의 연못이지만 당시에는 세 겹의 연못을 비롯한 주변의 수로를 잘 활용한 축성이었다. 이 성을 중심으로 주변에는 조카마치라는 대대적인 도시가 만들어졌다.

일본은 400여 년 전에 이미 세계적인 도시를 만드는데 있어 도시공학적인 시스템에 입각하여 수로를 잘 활용한 건축술과 정원양식을 곁들인 아름다운 도시를 건설하였다. 이 오사카성의 주변에는 큰 강을 따라 도지마가와강과 도사보리강이 연이어 있으며, 작은 강인 히라노가와강과 네야가와강이 물줄기를 이루고 있어 강과 성의 조화, 도시와 하천의 조화가 눈에 띤다.

3-2. 물 관리와 치수대책

일찍이 10여개가 넘는 태풍이 직접 일본 본토를 향해 매년 많은 비와 바람을 동반하고 있기 때문에, 일본은 풍수해의 재난에 준비하고 대책을 세우지 않으면 안되었다. 오사카의 지역도 다른 지역과 마찬가지로 풍수해의 영향이 상당히 심한 지역의 하나이다. 오사카의 물관리는 치수대책과 매우 밀접한 관계가 있다. 오사카의 치수대책은 먼저 요도가와강의 치수라 해도 과언이 아니다.

요도가와강은 비와호에서 발원하여, 세타가와(瀬田川)강, 우지가와(宇治川)강을 거쳐 요도가와강을 통해 오사카만으로 흘러간다. 이곳은 교토와 오사카시 경계의 야마자키 교아이(山崎狹隘) 북쪽에서 가츠라가와(桂川)강이, 남쪽에서 기즈가와강을 만나는데 이 하류부분의 요도가와강이 범람하면 일대의 많은 피해를 주곤 하였다. 이곳이 메이지시대까지는 교토와 오사카를 연결하는 교통동맥이었으며, 후시미(伏見)까지 선박이 이용되었고, 이에 따라 히라카타(枚方), 에구치(江

그림 2-8 요도가와大堰과 수문
자료출처http://agua.jpn.org/yodo/ kyuyodo/kyuyodo.html 2007.6.20

그림 2-9 게마(毛馬) 갑문
자료출처http://agua.jpn.org/yodo/kyuyodo/kyuyodo.html 2007.6.20

口) 등 항구가 번성하였다.

1885년 대홍수를 계기로 일본최초로 근대공법의 하천개수(河川改修)가 행해지고, 비와호에서 내려오는 물을 난고 아라이제키(南鄕洗堰)에서 조절하고, 오사카시가지의 유량을 게마 갑문에서 통제하여, 신요도가와강의 본류로 흘러가게 하였다.❹

따라서 오사카는 요도가와 큰둑의 갑문이나 수문을 열어 물을 방류하여 홍수로
부터 피해를 줄이고, 반대로 바닷물이 역류하는 것을 방지하기 위해 수문을 막는
등의 대처를 하였다. 게마(毛馬)수문은 오가와강으로 흐르는 물을 조절한다. 게마
갑문은 수위가 다른 요도가와강과 오가와강의 수위에 맞춰 선박의 왕래를 용이하
게 해주고 있다. 게마수문 옆에 있는 배수기장(排水機場)에서는 오가와강이 범람
할 때 펌프를 하여 요도가와강으로 배수하는 역할을 담당하고 있다.❺

　오사카시 물의 수질은 예전에 상당히 악화된 상태였으나, 오사카에 흘러드는
70%가 비와호에서 흘러나오는 물이며, 비와호의 물관리가 바로 오사카의 여러 강
들의 수질에 지대한 영향을 미치므로, 비와호의 관리에 많은 관심을 갖고 있다. 이
곳 비와호의 주변은 청정지역으로써 각 생활하수나 음식점 등의 오폐수가 흘러들
어가지 않도록 철저한 감시 시스템에 따라 유지되고 있다. 그리고 상류쪽의 물관
리뿐만 아니라 오사카의 생활하수도의 관리와 개선이 오사카시의 수질에 매우 중
대한 영향을 미치므로 그 개선에 많은 투자를 아끼지 않고 있다.

3-3. 하수도 관리와 대책, 교육의 생활화

　오사카시의 도시환경국에서는 깨끗한 물관리에 있어 하수도 정비에 있다고 보
고 그에 대한 대책을 세워 전개해 가고 있었다. 1993년 5월에 책정된 '오사카시 환
경 기본계획' 가운데 물환경경계분야의 실시계획인 '오사카시 물환경계획'(大阪
市水環境計劃)에서는, 양호한 물 환경을 창출하기 위해, '깨끗한 물', '시민이 휴
식할 수 있는 수변', '수변에 생식하는 생물'의 실현이나 '수질 환경기준의 달성'
을 목표로 한 시책을 추진하고 있다.❻

　오사카시에서는 이러한 목표 달성을 향해 중요한 역할을 담당하는 하수도 정비
에 있어 2005년도까지 5년간으로, 계획 사업비 3,400억엔을 들여 '제9차 하수도정
비 5개년계획'을 1993년도부터 시작하였다. 이 계획에서는 먼저 침수가 없는 안

전하고 쾌적한 도시의 형성을 꾀하기 위해, 침수 안전도의 향상을 목표로 한 '침
수 대책', 건전한 물순환, 양호한 수질환경의 창출을 꾀하기 위해 하수의 안정(安
定)과 적정한 처리, 한층 더 개선된 처리수질의 향상을 목표로 한 '수질 보전 대책', 사람과 환경에 좋은 쾌적하고 풍부한 마을 만들기를 실시하기 위해, 하수도가 가지는 자원이나 시설의 유효 이용 등을 목표로 한 '어메니티(amenity) 대책' 등 3개의 시책을 중점적으로 추진하고 있었다.

게다가 이러한 시책 중에서, 하수도 시설의 기능을 적정하게 유지·향

그림 2-10 오사카시 제9차하수도설비5개년 개획
자료출처http://www.jiti.co.jp/graph/kouji/0202gesuido/0202gesuido.htm 검색일 2007.7.20

상시키는 계획적인 개축(改築)·갱신(更新)을 행하기 위한 '리프레쉬 대책', 하수
도 시설의 통폐합이나 원거리의 감시제어 시스템의 도입 등을 진행시켜 간소하고
효율적인 사업 운영을 행하기 위한 '사업의 효율화', 지진 재해에 강한 하수도를
구축해, 내진성의 향상 등을 꾀하기 위한 '지진 대책'도 진행시켜 나가고 있었다.
또한 이러한 주된 사업으로서는, 요도가와 이북의 근본적인 침수 대책으로서
1991년부터 착수하고 있는 '요도의 대방수로'(淀の大放水路)나, 임해부 8곳의 하
수처리장의 오니 중 7곳을 3개의 지하 하수관을 통해 한군데 모아 집중 처리하는
'마이시마 슬러지 센터'(舞州スラッジセンター)의 건설 등, 쾌적하고 깨끗한 물관
리가 체계적으로 이루어지고 있었다.

이러한 제도와 실천을 통해 양호한 수질환경의 창출을 지속적으로 관리하고, 또
한 시민들에게 물과 관련된 환경을 일깨워주기 위해 '하수도과학관'을 설치 운영
하고 있었다. 오사카시의 하수도사업은, 1994년에 100주년을 맞이해 하수도과학

관의 건설을 비롯하여 여러 기념사업을 실시하였다. 특히 1995년 4월에 문을 연 하수도과학관을 통해 오사카시는, 초등학생을 비롯하여 일반 시민에 이르기까지 물에 대한 인식과 환경을 잘 갖추고, 적극적으로 홍보하고 있었다. 오사카시에서는, 앞으로도 앞에서 언급한 5개년 계획에 따라 착실한 사업을 전개하고, 시내의 양호하고 깨끗한 수질환경의 창출·개선에 노력해 간다는 것이 기본 입장이었다.

3-4. 깨끗한 물을 통한 산업발전과 비즈니스

오사카 사람들이 평소 의식하지 않고 사용하고 있는 '물'은 비와호나 댐에 저장되었다가, 강으로부터 취수되어 정수장으로 옮겨져 정수되고, 이것이 각 가정에 도착한다. 또, 사용해 더러워진 물은, 하수관을 통해서 하수처리장에 옮겨져 깨끗한 물로 바뀌어 강이나 바다로 흐르게 한다. 요도가와수계(淀川水系) 물환경 정보시스템에서는 주소 등의 위치를 입력케 함으로써, 거기에 도착

그림 2-11 마이시마 슬러지 센터의 조감도

해 있는 수도가 어디를 수원으로 해 어떠한 경로에서 도달하는지, 또 사용한 후의 하수는 어떠한 경로에서 바다나 강까지 흐르고 있는지를, 요도가와 수계에 살고 있거나 혹은 요도가와 수계의 물을 사용한 모든 시민들에게, 스스로 조사하고 관심을 갖도록 유도하고 있다. 이러한 정보는 오사카시에만 한정하지 않고 효고현이나 시가현, 교토부, 나라현, 미에현까지 수리용권역으로 확대해 실시하고 있었다.

오사카의 수돗물은 고도의 수돗물 정수기술을 통해 세계에 자랑할 만한 최첨단

고도정수 처리시스템을 도입하여, 깨끗한 물을 만들어 내고 있다. 즉 시민들이 안전하고 맛있는 수돗물을 마실 수 있도록 ISO인증을 취득한 수질검사 체제를 갖추고 있다.

오사카의 정수장의 수원은 3군데로, 요도가와강은 70%가 비와호(琵琶湖)의 물이고, 나머지 30%는 미에현에서 흘러나오는 기즈가와(木律川)강과 교토부에서 흘러오는 가츠라가와(桂川)강이다. 1970년대 경제성장과 산업이 발달하던 시대에 들어 오사카의 수돗물에서 냄새가 난다는 수질오염에 대한 문제가 대두되자, 오사카는 전국 최초로 1982년부터 새로운 정수처리 기술개발을 시작하였다. 그리하여 1998년에 이르러 3군데의 정수장 모두 고도정수처리한 물을 통수시키는데 성공했다.

이러한 정수처리기술의 발달 가운데 획기적인 것은 오존처리와 입상활성탄 처리라는 2가지 기술이었다. 오사카시 수도부 수질관리센터 핫토리 가즈오(服部和夫) 소장은 "이전에 응고침전, 모래 여과처리와 더불어 오존처리를 함으로써 물속에 포함된 냄새의 원인인 유기물을 분해했습니다. 그 후 분해물과 미완전 분해물을 입상활성탄 구멍에 밀봉시킴으로써 냄새와 수질을 대폭 개선했습니다. 오존처리는 강한 살균효과도 기대할 수 있습니다." 그는 또한 "각 정수장은 ISO17025 인정을 취득할 정도로 엄격한 수질검사 체제를 철저히 갖추어서 안전성을 더욱 향상시키고 있습니다. 그중에서도 특이한 것은 요도가의 상류 쪽에 사는 잉어들이 수질에 이상이 생겼을 경우, 하류 쪽으로 도망가는 기피습성을 이용한 것이며, '유기 센서' 는 물에 포함된 유기물을 연속으로 자동측정하는 장치입니다."[7] 라고 말하였다.

이렇듯 오사카의 수돗물의 정수기술은 지금 세계적이라고 한다. 그리하여 수도꼭지를 틀면 언제든지 안전하고 맛있는 물을 마실 수 있다고 자랑한다. 오사카부에서 발행한 〈활기찬 오사카〉 제4호에 실린 내용 중에 이러한 효과로 "오사카부의 수돗물은 후생노동성의 '맛있는 물 연구회' 가 정리한 맛있는 물의 수질요건을 거의 만족하게 해, 시민들을 대상으로 벌인 조사에서도 시판되는 미네랄 워터에 뒤지지 않는다는 평가를 얻고 있습니다. 이 시스템은 세계적으로도 주목을 받아 한국 등에서 매년 많은 사람들이 연수차 방문하고 있습니다. 오사카에서는 수도 는 물론, 화장실 세면대나 욕실에서도 수도꼭지를 틀면 언제든지 고도로 정수처 리된 물이 나옵니다. 오사카에 오시면 안심하고 수돗물을 드시길 바랍니다."[8]라

그림 2-12 깨끗한 물로 만든 아사히 맥주 스이타 공장의 술통
사진출처http://www.pref.osaka.jp/koho/brand/04/ko/special/facility.html

그림 2-12 '월드캔컬렉션' 등 다양한 캔맥주
사진출처http://www.pref.osaka.jp/koho/brand/04/ko/special/facility.html

고 말한다.

이처럼 오사카시 깨끗한 물만들기는 곧 양질의 생수산업이나 아름다운 자연가 꾸기에도 영향을 주고 있다. 이러한 환경을 살려 술이나 맥주, 음료수 등 독자적인 음료를 개발하는 산업이 많이 있으며, 깨끗한 물이 오사카의 산업을 선도하고 있 다. 아시히맥주회사는 오사카부大阪府) 스이타시(吹田市)의 양질의 풍부한 물과 편리한 교통을 이용하여 맥주공장을 건설하였는데, 이곳이 1891년 일본인이 최초 로 건설한 '아사히맥주' 이다. 아사히 맥주는 지금도 '슈퍼 드라이' 등 세계적으로 인기있는 맥주를 제조하고 있다. 또한, 오사카에는 산토리의 창업자가 전국을 두 루 다닌 뒤 일본 최초의 위스키 증류소 건설지로 선택한 곳이 바로 오사카부 미시

마군 시마모토초 야마자키(大阪府三島郡島本町山崎)이다. 위스키는 물맛이 품질을 결정하는데, 1924년 준공 이래 야마자키 증류소에서는 위스키를 빚을 때 생수를 사용하고 있으며, 이곳에서 싱글 몰트 위스키 '야마자키' 와 같은 명주가 탄생하였다. 이 외에도 일본술인 고슈운, 이사카주조장 등 13곳이 깨끗한 물을 통해 술을 만드는 주식회사이며, 매실주나 포도주를 생산하는 회사도 많이 있다. ❿

　이곳의 깨끗한 물의 이미지는 다도에서도 찾을 수 있다. 교토에 가까운 야마자키는 자연경관이 수려한 장소이고 명수 '리큐노미즈'(離宮の水)가 솟아나는 고장으로도 알려져 다도가인 센노리큐(千利休)도 이 물로 차를 끓였다고 한다. ⓫ 이러한 깨끗한 물을 통한 산업의 발전은 음식의 발전과 맛의 변화에도 많은 영향을 주었다. 이곳 오사카의 음식은 일본에서 가장 싸고 맛있는 곳으로 유명하다. 이러한 맛의 비결은 곧 물맛이 좋은 것과도 관계가 있다.

4. 생태환경, 문화, 역사의 공간만들기

4-1. 살아있는 생태환경 만들기와 보존

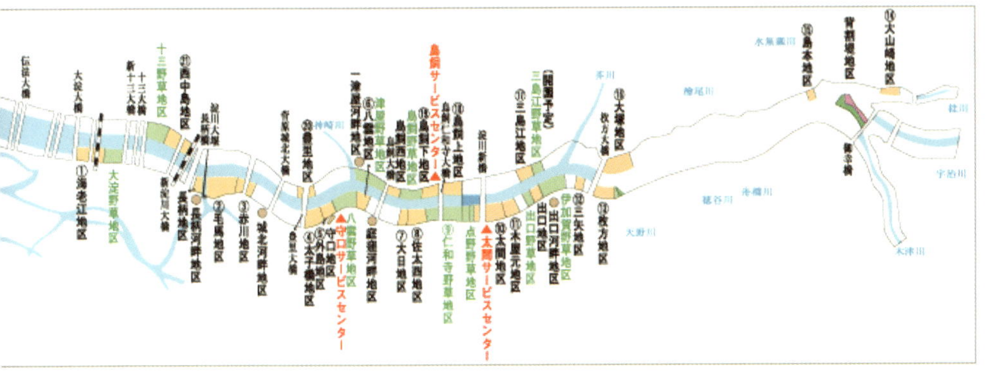

그림 2-14 요도가와강 하천공원 공사지도 자료출처 http://www.yodogawa.kkr.mlit.go.jp/enjoy/navi/guide.html2007.6.30

일본인들의 생태환경 살리기는 먼저 필자가 찾았던 '요도가와하천사무소'에서 그들의 의식과 관심을 직접 느낄 수 있었다. 요도가와하천사무소에서는 요도가와의 환경정비를 통해, 홍수로부터 사람들을 지키기 위해 제방을 만들거나 물이 잘 흐르도록 하며, 지역주민이 자주 이용할 수 있도록 하천 부지에 공원을 만드는데 힘쓰고 있었다. 이들은 요도가와강의 변화가 풍부한 지형이나 여러 종류의 생물이 살았던 예전과 같은 모습을 통해 모든 생물이 요도가와에 돌아올 수 있도록 건설이나 생태환경에 이르기까지 돕고 있었다.

그림 2-15 히라가타시 강변 선착장 조성도, 2007.6.15 현지촬영

그들은 구체적으로 비와호 상류에서 하류(종단 방향)로, 육로에서 육지(횡단 방향)로 왕래가 용이하도록 강의 형태나 흐름을 조금씩 고치거나 강의 수위를 고쳐 강에 사는 생물이 살기 쉬운 환경을 만들고 있었다.

그들은 또 요도가와강에서 지금 어디에, 어떤 생물들이 생식하고 있는지를 제대로 파악하기 위해 모니터링도 계속해서 실시하고 있었다.

이곳에서는 "요도가와강 · 아쿠타가와(芥川)강의 다양한 생태계를 지키자!"라는 캠페인을 통해 지역을 따라 요도가와강으로 흘러 들어가 아쿠타가와강에 생식하는 어류를 중심으로 한 생물과, 아쿠타가와(요도가와)에로의 흥미 · 관심을 불러 일으켜, 앞으로 아쿠타가와(요도가와) 강의 생태환경 살리기에 대한 방법을 찾아내는 계기로 활용

그림 2-16 요도가와강 생태환경 살리기 영역
자료출처http://www.river-ranger.jp/index.php2007.6.30

하고 있다. ⓫ 이곳에서는 유치원생으로부터 일반 시민에 이르기까지 '강을 살리는' 일이 '인간이 사는' 일로 연결된다는 것을, 체험을 통해서 함께 배우고 생각하도록 하고 있다. 이 행사는 연간 테마별로 몇 차례의 시리즈로 개최하도록 예정되어 있으며, 4회째에서는, 아쿠타가와의 중류역에서의 자연관찰을 통해 실제로 아쿠타가와강에 들어가, 물고기나 수생생물을 잡아 관찰하고, 흐르는 물의 온도를 피부로 느끼면서, 지역의 강인 아쿠타가와가 보이는 여러 모습을 전문가와 함께 행사를 일체화시키고 있었다.

요도가와강의 살아있는 생태환경 만들기와 보존의 중요성은 '하천레인저자연관찰회'에서 찾아볼 수 있었다. 요도가와의 하류 유역은 대도시의 중심부에 인접하고 있음에도 불구하고, 142 종류에 미치는 들새가 관찰되고 있는 귀중한 자연의

그림2-17 물에서 먹이를 찾는 백로
자료출처http://www.river-ranger.jp/dtl/ns_0000000056.html 2007.7.30

그림 2-18 들새를 관찰하는 사람들
자료출처http://www.river-ranger.jp/dtl/ns_0000000056.html 2007.7.30

보고라고 할 수 있다. 이 지역에는 지난 2년 동안 10여종의 들새가 새롭게 관찰되었는데, 여기에는 멸종 위기에 있는 종류나 희소종의 조류도 관찰되고 있다고 한다. 이러한 조류 등이 멸종되지 않고 차세대에 귀중한 자연자원이 될 수 있도록 그 환경을 만들어 주고, 특히 요도가와강의 하류 쪽에 들새나 식물을 중심으로 한 자연환경 만들어 주기와, 또 관찰을 통해서 요도가와강의 환경을 풍요롭게 만들어 주는 행사도 시행하고 있었다. 행사비는 모두 무료이며, 어른은 물론이고, 특히 차

세대를 담당하는 초등학생이나 중학생, 부모와 자식, 가족의 참여를 유도하고 있
었다. 그리고 '하천레인저자연관찰회'에서는 '주니어 하천 레인저 양성강좌'를
따로 설치하여 교육에 임하고 있었다.[12]

'가츠라가와강 주니어 하천 레인저교류회'(桂川ジュニア河川レンジャー交流
會)에서는 2007년 7월 초에 교토시립 우타노 초등학교와 가즈노 초등학교 4학년
아동과 선생님이 각 학교 근처에 흐르
는 '산보 데라카와'와 '덴신가와강'
에 직접 가서 강의 모습이나 환경, 강
의 소중함 등을 직접 체험하고, 환경
에 대한 관찰을 계획하고 있었다.[13]

그림 2-19 히라가타시 강변 선착장 건설현장, 2007.6.15 현지촬영

이러한 요도가와강과 하천의 생태
환경을 유지하고 보존하는 일은 국가
나 지방자치단체의 행정에 의존하는
관리, 치수 · 방재의 문제, 강과 인간과의 관계 변화, 강을 살리는 환경학습이나 주
민활동의 관심을 배경으로, 지금까지 행정중심의 강의 관리나 정비로부터 시민과
정부가 일체가 되어 강을 지키고, 유지하기 위해 많은 노력을 기울이고 있었다. 이
러한 노력은 일본이 지진이나 풍수해의 영향이 심한 나라이다 보니 수방활동(水
防活動)이나, 집단피난활동 등의 방재추진을 도모하는 활동으로부터, 강의 관리
를 지원하는 활동, 강의 환경보전을 도모하는 활동, 강의 역사 · 문화를 보급하고
계발하는 활동, 강이나 하천정비에 참여하고 지원하는 활동 등 다양하게 이루어
지고 있었다. 이것은 주로 요도가와강 하천 레인저 활동을 통해 이루어지고 있었
다.

이러한 요도가와강의 생물들이 자라는 데 기여한 것은 흐르는 물을 통제하는
'수제(水制, Wand)였다. 수제는 메이지의 초기 오사카만으로부터 요도가와를 통

해 교토까지 증기선이 통과할 수가 있도록, 요도가와강 깊이를 유지해 주고, 흐르는 물의 속도를 억제하며, 이곳에 다양한 생물이나 습지가 생기도록 수제를 쌓기 시작하였다고 한다. 이 수제 주변에 토사나 모래가 쌓여, 그 위에 물가를 좋아하는

그림 2-20 요도가와강 수제의 모습

그림 2-21 요도가와강 수제의 모습

나무나 풀이 우거지고 하천부지의 작은 연못인 Wand가 완성되었다. 이 Wand에는 요도가와 주류와 연결되어 있고, 또한 물의 흐름이 약하기 때문에, 다양한 희소인 조류나 생물, 식물을 볼 수 있다. 이것은 요도가와강 전체에 약 45개가 설치되어 있고, 환경이 조금씩 다르기 때문에, 하나하나에 개성적인 생물의 소우주가 되고 있다고 한다. 이러한 생태적인 환경만들기도 환경을 지키는 것 못지않게 중요한 역할이라 할 수 있다.

4-2. 주운(舟運)의 문화와 역사

일본에서의 주운 운송은 우리나라나 중국의 경우와는 사뭇 다른 현상이다. 우리지역인 영산강운하의 건설계획은 맑은 물을 만들어 생태환경의 복원과 문화와 역사, 관광, 레저자원으로 만들려는 계획과 더불어 주운능력을 획기적으로 계획하여 성장의 동력을 삼으려는 데 있다. 최근 중국의 경우 항주 등에서는 옛 운하를 복원하여 이와 관련한 산업의 발전과 관광, 레저까지 이어지는 상황에 있다.

그림 2-22 에도시대(1603~1867)의 舟運
자료출처:히라가타전시관출판 잡지

그림 2-23 요도가와강을 운항하는 증기여객선
자료출처:히라가타전시 관출관잡지

그림 2-24 긴급용하천부지도로정비구간 표시구역

그러나 일본의 요도가와강을 비롯하여 강이나 하천에 배를 띄우려는 것은 대량의 화물선 등이 왕래하는 물류차원이 아니었다. 일본의 배를 통한 주운수송은 지진이나 재해 등과 관련한 부차적인 교통 정책의 일환이었다. 지금 히라가타시를 비롯한 요도가와강의 치수관리에 대한 대대적인 보수공사가 진행되고 있으며, 이러한 시책은 지진 재해 시 교토·오사카를 연결하는 하천 부지 도로를 정비해, 주요 간선도로와 연결코자 한 것이었다. 그리하여 하천부지 도로가에 선착장을 마련해 지진 재해 등의 수상 교통에 대해서도 대응하고자 한 것이었다.

요도가와하천사무소에서는 요도가와 하천 개보수를 통해 하천부지를 살려, 긴키지방의 사람들에게 풍부한 자연 환경을 이용할 수 있도록 하고, 동시에 자연관찰이나 아웃도어 활동 등, 다양한 레크리에이션 공간을 제공토록 정비를 아울러

실시하고 있었다. 이와 더불어 하천이나 공원조성에 있어 환경관련 시설물 설치
와 장애인 시설물 등도 갖추고 있었다.

4-3. 물 문화, 역사체험의 현장과 교육, 그리고 실천

필자가 오사카로부터 비와호에 이르는 지역을 다니면서 히라가타시에 있는 요
도가와전시관, 오사카시의 하수도과학관, 살아있는 지구관, 8곳의 오폐수처리장
과 이곳을 한곳으로 모아 완전 재처리하는 '마이시마슬러지센터' 등을 방문하여,
물과 환경을 문화와 어떻게 결부지어 시
민들의 삶을 높이고 있는가를 알아보는
것도 탐사의 목적 가운데 하나였다.

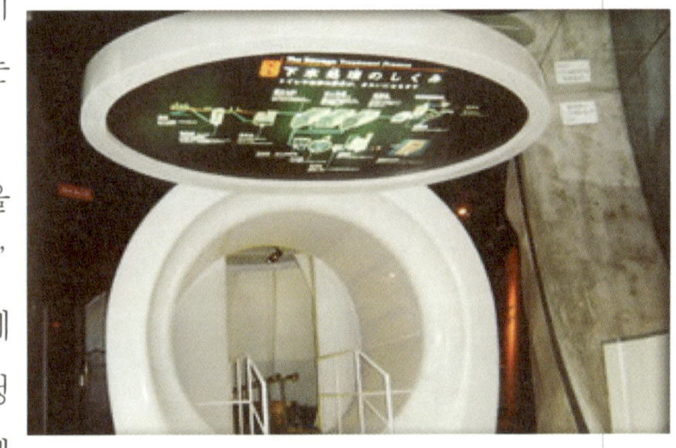

먼저 '하수도과학관' 에서는 "빗물을
배수하여 도시를 침수로부터 지킨다."
"화장실의 세정수, 가정이나 상점, 공장에
서 사용한 물 등을 모아 도시의 환경을 청
결하게 유지한다." "모아놓은 하수를 깨
끗하게 처리해 강이나 바다에로 되돌려,

그림 2-25 하수처리 시설을 통과하며 교육을 받도록
하고 있는 모형도 사진

수질환경을 깨끗하게 한다."는 3가지 큰 역할에 따른 하수도의 근본 목적을 실현
하는 교육의 장소로 이용하고 있었다. 하수도과
학관은 이 3개의 역할을 가능한 한 많은 사람들
에게 알리기 위해 1995년에 개설되었다고 한다.

이곳에서는 견학자가 '오수' 가 된 정도, 침사
지(沈砂池), 침전지, 반응조(反應槽), 침등지(沈
澄池)와 하수처리장의 주된 오수처리시설의 모
형 등을 빠져나가면서 오수처리구조를 배우도

그림 2-26 나니와 대방수로의 모형도

록 하고 있었다. 그리고 이곳에서는 나니와 대방수로(なにわ大放水路) 건설에 사용된 쉴드(shield) 머신의 실물크기 모형을 중심으로, 침수방지를 하는 나니와 대방수로의 역할과 그 건설에 활약한 실드(shield) 공법의 특색도 소개하고 있다. 이곳에서는 이외에도 물과 하수, 오염, 식물과 인간관계 등을 총체적으로 배우고 읽힐 수 있도록 다양한 기구나 영상물, 수경재배현장까지 마련하여 교육과 체험을 동시에 하고 있었다.

요도가와자료관(淀川資料館)은 요도가와강 주운(舟運)의 역사와 문화, 관광, 레저, 생태환경에 이르기까지 영상자료뿐만 아니라 이곳을 찾는 사람들이 하루 종일 살펴보아도 부족할 정도의 많은 정보들을 갖추고 있었다. 이곳에서는 요도가

그림 2-27 요도가와전시관의 환경관련 자료들 그림 2-28 요도가와자료관의 역사와 생활관련 자료들

와의 강바닥으로부터는 많은 밥공기의 출토가 내포하는 의미도 상당부분 강조하고 있었다. 요도가와의 역사를 알 수 있는 자료 가운데 독특한 것은 그림 2-22의 안도 히로시게의 그림에서 볼 수 있듯이, 당시 이곳을 왕래하는 배들은 밥이나 술 등을 팔았는데, 식사의 요금은 먹는 밥공기로 계산을 했다고 한다. 그런데 약삭빠른 손님들은 배주인을 속이기 위해 강에 버린 일이 종종 있었다고 한다. 준설공사를 하면서 당시 강바닥에 버려진 밥공기나 술대접을 많이 건져 냈으며, 이것을 통해 당시의 서민들의 생활상을 유추하고, 강의 역사와 문화에 대해 소개하고 있었

다. 요도가와자료관에는 이처럼 몇 백 년 전의 서민들의 일상생활과 요도가와의 문화를 보여주는 자료나 회화, 당시의 도구, 모형 등의 환경을 총체적으로 영상이나 도서를 통해 보여주고 있었다.

필자가 찾는 곳 중에 또 하나는 '살아있는 지구관' 이라는 테마 장소였다. 이곳은 물을 이용한 식물과 자연, 곤충, 인간의 생활과 관련된 모든 것들이 전시되어 있고, 또 학습할 수 있도록 마련된 곳이었다. 이 곳 옆에는 공원이 있고, 식물원도 있어 많은 시민들이 이용할 수 있도록 만들어진 장소였다.

이외에도 가장 인상깊은 곳은 8곳의 오폐수처리장 가운데 7곳의 오폐수처리를 한곳으로 모아 완전 재처리를 한 '마이시마슬러지센터' (舞洲スラッジセンター)였다. 이곳은 오사카만에서 조금 떨어진 섬에 쓰레기를 매립하여 자연녹지공원으로 만들고, 여기에 놀이시설이나 에니지 관련시설 등 협오시설이라 기피하는 시설을 모두 배치해 두었는데, 필자가 보기에 자연낙원과 같은 곳이었다. 그림2-11에서 보듯이 이곳은 하수오니를 용해 처리하는 오니집중처리장으로서, 건물이나 굴뚝 등의 건물외관 디자인은, 환경보호 예술가로서 세계적으로 저명한 오스트리아의 후리덴스라이히 · 훈데르트바서 씨가 담당하였으며, 외벽이나 옥상에 나무들을 심어 자연과의 조화를 꾀하였다. 이곳은 전체적으로 '기술과 에콜로지와 예술의 조화' 를 나타내고 있었다. 이곳은 시설을 방문하는 다수의 견학자가 하수도에 대한 이해를 넓힐 수 있도록 견학설비를 모두 갖추고 있었고, 실내에서 직접 쓰레기 오니처리를 볼 수 있도록 설치되어 있으며, 여기에서는 독특한 디자인의 인트런스 홀이나, 산책길, 시냇물소리, 정자, 벤치 등을 배치하여 일반인에게 개방하고 있었다. 이곳 외에도 8곳의 각 생활하수처리장에서는 각각의 독특한 꽃과 식물 등을 심어 위화감을 줄이고, 교육과 체험의 장소로 이용될 수 있도록 개방하고 있는 점이 인상적이었다.

4-4. 관광과 레저생활을 통한 활력

필자가 방문한 도심한 복판에 있는 도톰보리가와강은 지금 관광과 레저생활에
알맞은 새로운 하천정비 사업을 하고 있었다. 종래의 시가지가 단조롭다는 느낌

그림 2-29 종래의 보톰보리가와 강의 모습

그림 2-30 미래의 도톰보리가와 강의 모습

을 주고 시내의 화려한 이미지에 부합하지 못한 점 등이 제기되어 완전히 새로운
강의 이미지로 탈바꿈시키기 위해 대대적인 공사를 하고 있었다. 이곳은 젊은이

그림 2-31 요도가와강의 공원모습
자료출처http://www.yodogawa.kkr.mlit.go.jp/activity/use/
park/newpark.html2007.6.30

나 남녀노소를 불문하고 한신프로팀이 우
승시에 모두가 강물에 뛰어들어 활기차고
역동적인 오사카의 이미지를 보여주는 곳
이며, 따라서 도톰보리가와강은 오사카의
매력이 집중되는 곳이기도 하다.

한편 요도가와강 주변 고수부지나 공원
들은 하천운동공원시설 등을 잘 갖추고 있
었다. 이 시설들은 주로 야구장, 테니스코
트, 축구장, 육상트랙, 족구장, 게이트볼 경
기장, 취사시설, 바베큐 장소 등 주말이나
휴일에 모든 시민이나 주민이 이용할 수 있

도록 편의시설을 갖추고 있었다.[14]

　요도가와 하천 공원은 국민 생활에 있어서의 여가 시간의 증대, 레크리에이션 수요의 다양화 등을 배경으로 1972년에 사업화한 국영공원이다. 여기에는 자연지구[15], 시설 광장 지구[16], 야생초 광장 지구[17] 경관보존 지구[18] 등 4 종류의 지구구분을 설정한 기본계획에 근거해 정비를 진행하고 있었다. 현재는, 오사카만 요도가와 가와구치 유역에서 교토부의 우지가와, 가츠라가와, 기즈가와강이 합류한 지역까지 연장 30여km에 이르며, 4개의 서비스센터·레스트센터를 포함한 39개 지구, 약 230ha를 개원해, 연간 이용자수는 최근에 500만명 전후로 추산되고 있다.[19]

　요도가와 하천 공원에서는, 대도시안의 귀중한 열린광장, 물과 초록의 네트워크의 골격 만들기로서 '인간과 자연과의 만남'을 기본적인 방침으로 정비를 진행시키고 있었다. 또, 요도가와 하천 공원의 앞으로의 본연의 목적에 부합하도록 치수 사업을 진행하고 있으며, 아울러 잔디광장이나 스타디움의 정비가 아울러 진행되고 있었다. 이러한 계획은 2004년 7월 '요도가와 하천 공원 기본계획 개정 위원회' 설치를 통해 체계적으로 운영되고 있었다.

5. 맺는 말

　필자가 확인한 바 오사카는 요도가와강을 비롯한 몇 개 강의 풍부한 물을 통해 세계적인 물의 도시라는 이미지를 구축하고 있었고, 물을 가까이 느낄 수 있었으며, 물이 가져다 준 풍요로움을 통해 시민들의 삶을 조화롭게 만들고 있음을 느꼈다. 도심부를 감싸 도는 물의 회랑이 도시의 건축양식과 잘 조화를 이루고 있었고, 거기에 수로와 개성있는 수변공간은 활기차고 운치있는 도시의 이미지를 더욱 돋보이게 만들고 있었다. 이러한 물의 미적가치는 우리가 이미 확인한 것처럼 도시의 역사, 문화, 산업, 관광에 이르기까지 영향을 주고 있었고, 이것은 오사카시를 벗어난 농촌마을에까지 적절히 조화를 이루며, 관계를 형성하고 있었다.

오사카는 요도가와강과 운하, 숲, 하천이 어우러진 생태적 환경조성과 실천에 많은 관심을 쏟고 있었다. 그들은 오사카성과 숲, 공원이 잘 어우러진 도시미학뿐만 아니라 생태적 환경이 잘 조화를 이루도록 끊임없이 노력하고 있었다. 여기에 시민들의 삶의 질 향상은 깨끗한 물관리와 치수대책과 관계가 있었다. 깨끗한 물관리는 초등학생뿐만 아니라 일반 시민들의 생활화까지 이어지도록 하수도과학관이나 요도가와전시관, 각종 전시관과 슬러지센터 등 총체적으로 수질오염과 쓰레기를 줄이기 위한 전략이나 정책과도 연결된 것이었다. 이렇게 깨끗한 물은 곧 산업의 발전이나 비즈니스로 나타나는 것을 볼 수 있었다.

이러한 깨끗한 물의 이미지는 생태환경, 문화, 역사가 살아있는 공간만들기로 이어지고 있었고, 살아있는 생태환경 만들기를 위해 정부는 물론 각 자치단체가 시민들과 하나되어 보존과 유지를 위해 노력하고 있었다. 이러한 흔적들은 이미 과거 요도가와강의 주운(舟運)의 문화나 역사와도 관련이 있었다. 우리는 강이나 운하가 물 문화, 역사체험의 현장에서 어떻게 교육되고 실천되고 있는지, 게다가 관광산업과 레저생활을 통한 시민들의 활력에 강한 영향을 주고 있음도 아울러 알 수 있었다.

이제 우리의 영산강운하 만들기의 프로젝트에 있어서도 이것이 단지 물류수송 등 주운(舟運)개념이라는 1차적인 인식의 차원을 넘어 우리의 역사와 전통, 환경과 생태, 문화와 관광, 레저를 통한 삶의 활력을 불어넣는 새로운 프로젝트가 되지 않으면 안 되는 기획과 의지가 있어야 한다고 생각한다. 그리하여 우리의 지역발전의 성장동력을 마련하는 것 이외에도 깨끗한 영산강을 만들어 역사와 문화, 전통과 정신, 관광 레저 산업 등 총체적인 차원에서 접근이 이루어져야 하며, 이에 대한 인식의 대전환이 먼저 요청된다고 하겠다.

註 ....

① 오사카의 덴진마츠리는 학문의 신인 스가와라노미치자네(菅原道眞 845-903)를 섬기는 오사카 덴만구(天滿宮) 신사의 행사로, 선상마츠리이다. 951년 신사의 경내 강가에서 가미보코(창과 도끼 구실을 하는 무기)를 강에 띠워 그 가미보코가 도착한 곳에 제단을 마련하여 사령을 안치하고 목욕재계한 것이 기원이 되었다. 현재는 매년 7월 24~25일 도지마강과 오가와(大川)를 거슬러 올라가는 100여척의 화려한 배들이 후나도교(船渡御)를 행한다. 배에서는 수상제(水上祭)인 장엄한 제사가 시작되고 전통예능이나 음악을 상연한다.

② 와타베 가즈지(渡部一二), 『寫眞集 水路の造形美』-水の惠みをうける日本の原風景を求めて-, 東海大學出版會, 2006, p.35

③ 와타베 가즈지(渡部一二), 『生きている水路-そのズ造形と魅力』, 東京大學出版會, 2003, pp.21~68 참조

④ 秋庭隆, 『日本地名大百科』, 小學館, 1996, pp.1203~4 참조

⑤ http://agua.jpn.org/yodo/kyuyodo/kyuyodo.html 참조. 검색일 2007.6.20

⑥ http://www.jiti.co.jp/graph/kouji/0202gesuido/0202gesuido.htm 검색일 20 07.7.20

⑦ 2007.3발행 〈활기찬 오사카 제4호〉, 자료출처 http://www.pref.osaka.jp/koho/brand/04/ko/special/technology.html

⑧ 위의 인용 신문과 동일

⑩ 위의 신문 참조.

⑪ 위의 신문 참조.

⑪ http://www.river-ranger.jp/dtl/ns-0000000057.html 검색일 2007.6.30

⑫ http://www.river-ranger.jp/dtl/ns_0000000056.html 검색일 2007.6.30

⑬ http://www.river-ranger.jp/dtl/ns_0000000055.html 검색일 2007.6.30

⑭ 요도가와강 하천공원시설에 관한 각 지역의 시설물이나 통계에 관한 일람은
　http://www.yodogawa.kkr.mlit.go.jp/enjoy/navi/guide.html을 참고 바람.

⑮ 하천 부지 특유의 양호한 자연환경 · 생태계를 보전 · 육성해 나가는 지구이다. 여기에서는 자연관찰을 위한 시설이나,
　풍경을 전망하기 위한 시설을 정비해, 간접적인 레크리에이션 이용을 할 수 있도록 하고 있다.

⑯ 동적 · 정적 이용을 적극적으로 꾀하기 위해 스포츠 · 레크리에이션 시설 외에, 인간과 자연의 관계나, 지역 고유의 문화를 학습하기 위한 문화 교양 시설 등을 마련하는 지구이다. 하천 부지의 공간 스케일과 친수성, 연못이나 하천의 교통 체계 등을 고려해 정비를 진행시키고 있다.

⑰ 사계절의 야생초나 습성식물을 적극적으로 재배하고, 지형에 완만한 기복을 갖게 하거나 연못 등을 정비하는 곳으로, 자연 속에서 놀며 배울 수가 있는 공간이다. 이 지구는, 자연지구와 시설광장지구의 사이에 위치하는 곳으로, 시설광장지구 이용의 영향을 자연 지구에 미치지 않게 하는 역할을 갖고 있다.

⑱ 요도가와 상류유역의 역사 · 문화 · 자연경관과 결합된 양호한 하천 경관을 보전, 육성하는 지구이다. 여기에는, 주변의 경관과 조화를 취할 수 있도록 수경시설, 휴양 시설, 산책길 등을 정비해, 정적 이용을 꾀하고 있다.

⑲ http://www.yodogawa.kkr.mlit.go.jp/activity/use/park/kokuei.html
검색일 2007.6.30, http://www.yodogawa.kkr.mlit.go.jp/activity/use/park/skypark.html 검색일 2007.6.30

참고문헌

1. 渡部一二, 『生きている水路-その又造形と魅力』, 東京大學出版會, 2003.

2. 渡部一二, 『寫眞集 水路の造形美』-水の惠みをうける日本の原風景を求めて-, 東海大學出版會, 2006

3. 2007.3발행, 〈활기찬 오사카 제4호〉, 자료출처 http://www.pref.osaka.jp/koho/brand/04/ko/special/technology.html

4. 高橋裕, 〈河川を愛するということ〉-川から見た日本と地球-, 山海堂(株), 2000

5. 島谷幸宏, 『河川環境の保全と復元』-多自然型川づくりの實際-, 鹿島出版社, 2000

6. 日本河川協會, 『河川文化』-河川文化を語る會講演集(その20), 第一資料印刷(株), 2006

7. 嘉田由紀子外著, 『日本の水文化』-水をいかした暮らしとまちづくり-, ミネルヴァ書房, 2001

8. 身近な水環境研究會編, 『都市の中に生きた水邊を』, 信山社, 1996

9. 「自然と共生した流域圈・都市の再生」實行委員會編著, 『自然と共生した流域圈・都市の再生』, 山海堂, 2005

10. 福田文治, 『初步から學ぶ水處理技術』, 工業調査會, 2003

11. 橋本淳司, 『水問題の重要性に氣づいていない日本人』, 共同印刷(株), 2007

12. 都築俊文・伊藤八十男・上田祥久共著, 『水と水質汚染』, 三共出版, 2003

http://www.yodogawa.kkr.mlit.go.jp/activity/use/park/kokuei.html 검색일 2007.6.30

http://www.yodogawa.kkr.mlit.go.jp/activity/use/park/skypark.html 검색일 2007.6.30

http://www.yodogawa.kkr.mlit.go.jp/enjoy/navi/guide.html 검색일 2007.6.30

http://www.river-ranger.jp/dtl/ns_0000000055.html 검색일 2007.6.30

http://agua.jpn.org/yodo/kyuyodo/kyuyodo.html 검색일 2007.6.20

http://www.jiti.co.jp/graph/kouji/0202gesuido/0202gesuido.htm 검색일 2007.7.20

http://www.river-ranger.jp/dtl/ns_0000000057.html 검색일 2007.6.30

제 **3** 장

중국의 삼협댐과 경제 · 문화 · 생태환경적 영향

이병담 | 김갑렬

제3장 중국의 삼협댐과 경제 · 문화 · 생태환경적 영향

1. 시작하며 : 중국의 운하와 강

현재 영산강은 여러 측면에서 많은 문제를 안고 있다. 이 문제들은 영산강에만 있는 것이 아니며, 우리나라 모든 하천이나 강이 동일한 상황이라 할 수 있다. 여기에서 우리가 문제라고 인식한 것은 단지 강이나 하천이 갖추고 있어야 할 기능적인 측면뿐만 아니라 경제 · 생태환경 · 사회 · 문화 · 역사 등 총체적으로 우리 인간생활에 심각한 영향을 초래하고 있는 상황들이다. 그러기에, 이 문제를 중국의 상황을 통해 앞으로 영산강운하의 조성과 해법에 참고하고자 하는 차원에서 다루었다.

우리 호남의 젖줄이라고 공공연히 말하고 있는 영산강에 대한 생태환경이나 문화, 역사 등에 대한 구체적인 조사나 연구는 매우 부족한 상황에 놓여 있다. 이런 상황에서 앞으로 영산강운하라는 큰 틀에서의 성장의 동력을 줄기로 삼아 영산강이 본래 강의 기능뿐만 아니라 자연과 우리의 삶에 도움이 되는 방향으로 연구와 조사가 이루어져야 하는 것은 말할 필요도 없다. 따라서 이에 대한 참고는 영산강 자체에서가 아니라 중국의 운하나 강에서 그 문제를 찾아 대안을 마련하는 것도 필요하리라 생각한다.

아름다운 영산강운하 만들기에 대한 이러한 인식과 방향찾기라는 목적으로 본 연구팀에서는 경항대운하(京杭大運河)의 기착지인 항주(杭州)운하를 먼저 탐사하였다. 우리가 항주운하를 둘러본 것은 장강의 삼협댐과 가까운 지리적 위치에 있을 뿐만 아니라, 최근 중국이 운하를 복원시켜 관광, 레저뿐만 아니라 주운(舟運)으로써 중국성장의 동력을 삼으려는 국가비전에 있어 놓칠 수 없는 지역이었기 때문이다.

중국운하는 지형적인 상황을 고려하여 동서남북의 교통을 원활하게 소통시켜, 인적·물적자원의 교류를 활발하게 하기 위한 인공수로이다. 중국의 운하는 BC 5세기 오왕 부차(吳王夫差)가 장강과 회하(淮河) 사이를 뚫은 한구로서, 이를 회남(淮南)운하라 하는데, 이것이 오늘날 운하구간과 동일한 토대가 된 오랜 역사를 지니고 있다.

2,500년의 역사를 지닌 중국의 경항대운하는 1,794㎞의 인공수로로서, 화북지방과 강남지방을 연결한 교통, 정치, 경제, 사회, 문화, 군사, 농업 등 다방면에 많은 중추적 기능을 담당한 수로였다. 이 운하는 북경으로부터 항주에 이르기까지 화북성, 산동성, 강소성, 절강성을 관통하고, 해하(海河), 황하(黃河), 회하(淮河), 장강(長江), 전당강(錢塘江) 등 5개의 하천이나 강을 연결한 것이었다. 그리고 운송을 용이하게 하도록 고도차이가 심한 각 지역의 수위를 조절하기 위해 13개의 항구를 건설하고, 21개의 갑문을 만들었다.

경항대운하는 오래 시간을 거치면서 중국의 정치, 경제, 문화적 통일과 강남북의 교류를 촉진시킨 역할을 하였다. 특히 명나라 때의 정치, 경제, 문화적 발전과 청나라 때의 발전에도 이 운하의 역할은 지대하였다. 그러나 청말기에 이르러 바다를 통한 해운의 발달과 근대문명, 즉 철도와 육상운송의 발달로 내륙의 운하는 점점 쇠퇴하였으며, 그 후 중화민국이 남경을 수도로 삼은 뒤에는 그 경향이 더욱 심해져서 운송로가 많이 매몰되기도 하였다.

그러나 신중국 건국 후 농업과 경제발전의 중요성이 부각되어, 내륙하천과 운하에 대한 복구공사가 활발히 진행되어 북경 좌안문(左安門) 밖에는 4,000톤 바지선의 접안이 가능하고, 북경에서 항주까지 역시 2,000톤에서 4,000톤의 선박이 왕래할 수 있도록 정비하고 있다. 특히 최근에는 항주를 비롯한 각 지역들은 운하를 물류수송뿐만 아니라 관광, 레저로써 그 기능과 가치를 활용하도록 정비를 서두르고 있다.

이러한 경향으로 최근 중국 강소성 교통부는 경항대운하의 수로 개조를 위해 앞으로 5년간 100억 위안(약 1조 3천억원)을 투자할 예정이라고 발표하였다. 강소성 경항대운하의 길이는 683km로서, 장강(長江)을 중심으로 소북운하(蘇北運河)와 소남운하(蘇南運河)로 구분된다. 현재 경항대운하 중에서 강소성쪽 운하는 물류수송의 입지적 조건이 제일 좋고, 인근에 대도시가 인접해 있어 가장 많은 선박이 접안하며, 따라서 운항가치가 가장 큰 황금수로이다.

강소성은 또한 강소성경항대운하를 수상운송고속도로로 만들기 위해 공사기간 중 85억 위안을 투자, 3급 수준의 소남운하의 189km를 보수하고, 소북운하 중 115km 수로에 대한 개조공사를 동시에 실시할 예정이라고 하였다. 강소성은 또한 2008년까지 소북운하 404km의 수로 전체를 2급 수준의 수로로 새롭게 건설할 것이며, 이외에도 12.6억 위안을 투자하여 조하, 사양(泗暘), 유로간(劉老澗)의 갑문을 지속적으로 건설할 것이라고 밝혔다.

이러한 중국의 수천 년에 이르는 운하의 활용과 이용은 근래 들어 완공을 앞둔 삼협댐의 대공사로 이어지고 있음을 알 수 있다. 그러나 이 글은 삼협댐과 관련된 글이기에 운하를 비롯한 글들은 차후에 지면을 할애하기로 한다.

이 글에서는 중국의 삼협댐과 관련한 경제·문화·생태환경적 영향 관계를 통하여 영산강운하의 기본원칙이나 전략, 방향을 수립하고, 구체적인 경제성장의 동력이나, 문화·역사의 복원과 생태환경의 영향관계 등에 대한 제반문제를 분석하여, 앞으로 영산강운하의 운영전략과 생태환경에 이르기까지 이론적 토대를 제공하는 데 목적을 두고자 한다.

2. 장강(長江)의 풍부한 물, 자연의 미와 조화

그림 3-2 여름 황톳물로 변한 장강과 도시(2007.7.15 현지촬영)

2-1. 황톳물에 비친 두개의 중국

장강은 본래 중국인들이 부른 명칭이며, 서구인들이 장강을 양쯔강이라 불러 표기에 있어 상당한 혼란을 초래하였다. 중국인들은 장강을 어머니의 강이라고 부른다. 그것은 바로 황하강과 더불어 중국의 심장을 가로지르는 문명의 발생지였기 때문이다.

중국문명의 시작은 물로부터 비롯된다. 물은 인간의 생명수이자 대지와 자연을 적시는 생명의 원동력이었다. 장강을 흐르는 물의 포효는 용틀임과도 일치한다. 우리가 방문한 여름철 장강의 모습은 끝도 없이 세차게 흐르는 황톳물이었다. 이 용틀임은 도도하게 흐르고 있었고, 때로는 모든 것을 집어삼키는 듯한 모습으로, 이곳에서 단오절 때는 애국시인 굴원(屈原)❶을 기념하여 용주(龍舟)경기가 열리며, '종자' 라는 음식을 던지는 풍습이 행해지고 있다.

눈에 비친 황톳물인 장강에는 예부터 내려오는 전설이나 이상적인 환상만 담겨

있는 것은 아니었다. 우리가 직면한 장강물에는 환경오염의 심각성이 그대로 용해되어 삼협댐, 무한, 남경, 상해로 이어지고 있었다. 우리 일행이 머문 황가공주호의 갑판위에 중국여행객들이 함부로 피우다가 버린 담배꽁초며, 손에 쥐고 있는 쓰레기들은 그대로 장강으로 버려지고 있었다. 그들의 환경의식이나 인식은 전혀 찾아볼 수 없어, 장강의 위대함이 순식간에 쓰레기의 담수호처럼 느껴지기도 했다.

더구나 이 황토물의 장강에는 상류의 대도시에서 흘러내려오는 생활오폐수뿐만 아니라, 급속한 경제발전에 따른 무분별한 경제개발로 인해 증가된 생활쓰레기와 여름철 집중호우로 인해 한꺼번에 쏟아져 내려오는 황톳물이 뒤범벅이가 된 것은 말할 필요도 없었다. 세계산업의 생산기지가 된 중국에서 폐수나 매연은 아시아를 위협하는 단계에 이르렀다. 한국 대기오염의 20~40%가 중국으로부터 밀려온 것이라고 하는데 실제로 이보다 더 심각한 것은 말할 것도 없었다. 게다가 삼협댐의 건설로 잦은 안개가 발생하여 구름의 이동을 차단하다 보니, 사막화가 가속화되고, 일부지역에는 집중호우가 빈발하여 환경재앙의 징후가 뚜렷이 나타나고 있었다. 이러한 현상은 우리가 떠난 지 이틀 후 중경(重慶)에 100년 만에 엄청난 비가 내렸다는 기사를 무한에서 상해로 가는 비행기에서 읽었다. 그리고 장강 삼협의 유람선을 타고 내려오는 동안 안개구름은 인근도시의 스모그와 더불어 상쾌한 기분보다는 불쾌한 정도의 느낌이 간혹 들곤 하였다. 한 예로 3200만 인구의 중경시에서 쏟아내는 자동차 배기가스, 각종 공장의 오염물질, 전체 전력의 80%를 차지하는 화력발전으로 인한 유해배기가스 등이 대기중에 포함되어 산성비로 강하하여 이곳 장강의 황톳물에 섞여 있는 것을 생각하니, 우리가 어릴 적 시골에서 보고 자란 깨끗한 황톳물과는 전혀 다른 모습이라는 생각이 들었다. 우리가 이곳에서 본 장강의 황톳물이 단순하게 황톳물이라고만 생각해서는 안 될 것 같은 생각이 지금도 뇌리에 생생하다.

2-2. 인간과 자연의 투쟁과 조화

1972년 로마클럽 '성장의 한계' 라는 제1차보고서에서 환경과 개발에 관한 우려와 함께 '지속가능한 발전' 이라는 용어가 최초로 사용되었다. 이후 2002년 남아공화국에서 '세계지속가능발전 정상회의' 가 열려 환경과 개발에 대한 논의가 확산되었다. 매년 발표되는 세계물에 대한 보고서에는, 지구상에서 식용수로써 깨끗한 물을 쓰지 못하는 세계인구가 20%에 가까운 11억명이며, 기본적인 하수처리 시설이 없이 생활하고 있는 인구도 26억명에 이른다고 한다. 이들 인구의 절반이상이 중국과 인도에 거주하고 있다.[2]

이러한 국가 중 중국의 경우 담수능력은 풍부하지만, 관리부실이나 환경인식이나 마인드가 부족하여 오히려 오염을 가속화시키고 있는 것이 현실이다.

장강의 오염도 심각하려니와 장강에서 바라본 도시나 농촌의 모습은 대동소이한 느낌이었다. 갈수록 줄어드는 녹색지역은 물론 사막화 등으로 황폐한 국토가 갈수록 늘어나고 있다. 중국에서 폐기물처리에 따른 피해액이 1백84억 위안 규모이며, 수질오염에 대한 피해액은 1,748억 위안이나 되며, 중국의 강과 호수 70%가

오염되었다고 한다. 더구나 무분별한 댐 건설로 인해 강은 오염되고 있으며, 벌목이나 난개발로 중국 175개 주요 강 중 오직 47.5%만이 식용수가 가능하며, 적정 음용수 부족으로 다양한 질병이 발생하고 있다고 한다. 한해 환경오염에 대한 피해액은 중국 국민총생산의 3.7%라고 한다. 이러한 액수가 믿을만한 것인지는 따져보아야 하지만, 중국인들의 환경에 대한 인식부족이나 난개발적 의식으로는 최악의 재앙을 면할 길이 없다는 생각이다. 이러한 피해는 장강에서도 예외가 아니었고, 중국 동부연안의 개발로, 서해안 피해가 가속화되고 있고, 여기에 서해연안의 도시의 확산으로 인해 그 피해가 중첩되고 있는 실정이었다.

중국고대로부터 황제나 최고지도자에게 주어진 국가 최대과제는 치산치수(治山治水) 정책이었다. 중국의 요순시대부터 치산치수를 잘하는 나라는 흥하고, 못하는 나라는 망한다는 말이 있는데, 이것이 오늘날에도 그대로 적용되는 듯하다. 다행히 중국정부나 각 성(省)에서는 다양한 캠페인과 더불어 환경에 대한 각성과 실천을 서두르고 있었다. 우리가 본 장강삼협에서는 장강의 물살이 세차게 흐르기 때문에 환경폐기물이나 부유하는 쓰레기 등은 찾아볼 수 없었고, 신농계로 들어가는 입구로부터 깨끗한 강을 만들기 위해 여러 척의 배들이 쓰레기를 걷어내는 작업을 하고 있었다.

물은 스스로 자정과 정화능력을 지니고 있다고 한다. 적은 양의 오염물질이나 자연적인 오염은 수질오염에 크게 영향을 주지 않으며, 정상적인 것이라고 한다. 그러나 방사성폐기물이나 수은, 카드뮴 등 중금속, 도시하수 및 축산오폐수 등은 물의 자정능력을 현저히 떨어뜨려 인류에게 심각한 재앙이 될 수 있다. 우리가 살펴본 장강삼협의 화려한 경관이나 문화유산의 아름다움에 정신이 팔려있는 사이에, 눈에 보이지 않는 오염된 장강의 황톳물에 감추어진 이중성이 실로 우리의 여행을 어둡게 하고 있었다. 이러한 물과 환경에 대한 인식이나 가치는 앞으로 영산강운하에 있어 수질을 얼마만큼 깨끗하게 만들고 가꾸어야 하는지에 대한 본보기가 되어야 할 것으로 생각한다.

2-3. 세 개의 협곡- 문화와 역사, 생태환경

우리 일행은 중경시 조천문에 새벽에 도착했다. 항주에서 출발예정이었던 국내

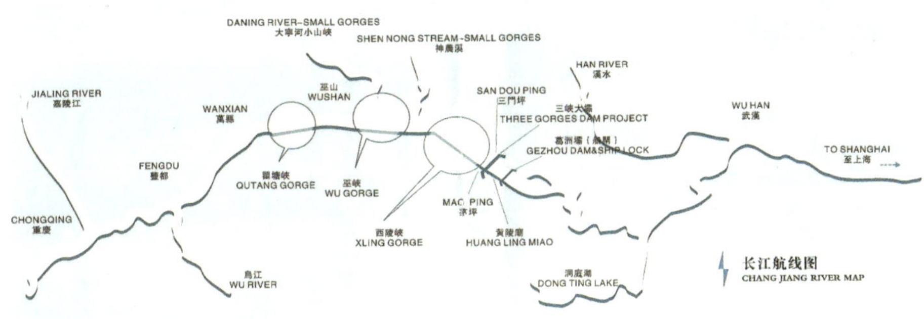

그림 3-4 장강삼협의 지도

선이 2시간이나 연착되어 새벽1시 30분에야 중경의 조천문에 정박해 있는 5성급 초호화유람선인 황가공주호에 도착할 수 있었다. 이 배는 등소평의 딸 소유로, 3척 가운데 그 한척인데, 독일에서 외국인의 기준에 맞춰 제작된 것이라고 한다. 수용인원은 400명 정도 되는 크루즈유람선이었다. 중국정부는 1997년부터 국제기준에 맞춰 유람선을 2~5성급으로 분류해 서비스를 향상시켰다고 한다. 우리가 승선한 황가공주호를 비롯해 이곳 장강에서 유람선의 사고는 전무하다고 한다. 유람선의 분위기는 대체로 조용하였으며, 이곳 장강에는 많은 유람선과 화물들이 수없이 왕래하고 있었다.

우리가 여행하는 동안 3차례의 비행기 연착 중 2시간 이상 연착으로 상당히 정신적인 피로가 누적된 상태였다. 잠을 자는 듯 마는 듯 장강을 보고자 한 들뜬 마음에 새벽 중경해안은 스모그와 안개가 뒤섞여 있었다. 황토색 장강물의 꿈틀대는 모습을 보면서, 내가 지금까지 알고 있었던 중국역사의 역동성과 끈끈함이 새

삼 새롭게 느껴져 왔다.

1. 구당협(瞿塘峽, 쥐탕샤)

장강의 흐름 속에 취해 있다 보니 어느 덧 산수화에서나 봄직한 신기로운 봉우리와 깎아지른 듯한 절벽이 줄을 잇는 장강삼협(長江三峽) 중 제1협곡인 구당협(瞿塘峽)의 경관이 우리의 시선을 완전히 사로잡고 있었다. 아직 아침 6시가 조금 지난 이른 시간인데도 선상위에는 안개가 자욱하게 끼어 봉우리들이 약간 멀게 느껴지기는 했지만, 이 자연이 선사한 아름다움에 취해 여기저기에서 카메라의 움직임과 더불어 탄성이 울려 퍼져왔다. 중경에서 의창의 삼협댐에 이르기까지 3박 4일의 크루즈 유람선의 일정을 두고 출발 전부터 따분할 거라던 우리의 예상은 이곳 구당협의 아름다움에 완전히 잠식되어 버리고 말았다.

그림 3-5 중국의 역사를 담고 있는 백제성(출처: 장강삼협, 장강출판사 발행)

장강삼협은 세 개의 협곡인, 구당협 · 무협(巫峽, 우샤) · 서릉협(西陵峽, 시링샤)으로 이루어져 있다. 구당협은 명승고적이 아주 많이 집중되어 있으며, 협곡 입구위에는 봉절고성(奉節古城)이 있고, 협곡내부 북쪽 바위 산위에는 문화유산과 삼국지의 역사가 깃들어 있는 백제성 등이 있다. 백제성은 서한 말 촉왕이 된 공손술이 이곳에서 흰 용을 보고 자신의 호를 백제로 하여, 성 이름을 백제성이

그림 3-6 구당협의 협곡(2007.7.17 현지촬영)

라 불렀다고 한다. 또한 이곳 백제성은 장강을 세 번이나 유람하며 시를 남긴 이태백이 '이른 아침 백제성을 떠나며(早發白帝城)' 라는 시구의 명소로도 유명하다.

백제성은 또한 유비가 임종한 장소이기도 하다. 유비는 221년 촉한을 세우고 황제가 되었는데, 그는 형주에서 조조와 손권의 협공으로 사망한 의형제였던 관우의 복수를 위해 오나라 정벌을 지시하였다. 그러나 유비의 군대는 호북성 이도에서 오나라 장수 육손에게 대패하였다. 쫓기던 유비는 결국 223년 4월 이곳 백제성에서 화병으로 죽으면서 제갈공명에게 "내 아들이 똑똑하면 도와주고 그가 무능하면 당신이 왕이 되시오."라며 아들 유선의 후사를 부탁하였다고 한다.

이곳은 또한 장비의 묘도 있다. 장비는 의형제인 관우의 죽음에 분개하면서 부하

그림 3-7 무협의 경관(2007.7.17 현지촬영)

들에게 사흘 안에 3만명의 군대와 3천벌의 베옷, 하얀 깃발을 준비시켰다. 그러나 장비의 부하인 범강과 장달은 이러한 명령을 사흘 안에 해내리란 불가능하다고 생각하고, 또 불같은 장비의 성격을 아는지라 장비가 잠들어 있는 틈을 타 그의 목을 잘라 장강에 버렸다. 장비의 머리는 이곳 어부의 그물에 걸려 중경시 운량현에 모셔졌다고 한다. 이 장강에 담긴 전설과 역사는 삼국지에 실려 있으며, 의창을 비롯한 이곳은 삼국지 120회 중 90회의 무대로도 유명하다.

2. 무협(巫峽, 우샤)

구당협의 협곡을 지나고 다음 날 아침햇살에 비친 화려하고 수려한 무협의 장관

이 펼쳐졌다. 무협은 삼협 중에서 가장 길고 화폭으로 겹겹이 둘러싸인 듯한 산수화 같은 경치라 가히 말할 수 있는 곳이었다. 이곳 무협은 삼협 중에서 심유계곡이 펼쳐져 있고 수려한데, 그 길이가 무려 중경시 무산현의 대녕하 어구에서 동쪽에 있는 호북성 파동현의 관도 어구에 이르는 40km의 길이로 소위 대협이라고 부른다. 무협은 또한 귀신의 협곡이라 부르는데, 협곡이 깊고 굽이굽이 돌고 돌아 안개구름 속에서 그 심오한 변화가 무쌍하게 나타나기 때문이었다. 가도 가도 끝없이 펼쳐지는 기묘한 모양의 봉우리는 사방으로 펼쳐져 있고, 12봉 중 가장 유명하다는 신녀봉(神女峰)에 이르러 가히 장강삼협의 매력은 최고조에 이른 듯하였다. 전설에 의하면 신녀봉은 옥황상제의 23번째 딸인 선녀 요희가 양자강에 내려와 백성들을 위해 강을 다스리다 신녀봉 바위로 변했다는 전설의 봉우리이다. 초나라 양왕은 신녀를 만나기 위해 이곳을 찾아왔지만 구름과 안개 때문에 결국 못보고 꿈에서만 사모했다고 한다. 이를 가리켜 운우지정(雲雨之情)이라고 한다.

우리는 무협의 협곡을 지나 신농계(神農溪, 선농시)에 이르렀다. 신농계는 파동현 장강(長江)북안의 오래된 한 지류에 속하는데, 총 길이 약 60여 킬로미터로 고대 파인(巴人)의 거주지이면서 호북(湖北)성 최서부의 토가족(土家族) 거주지이기도 하다. 신농계 양변에 있는 기이한 협곡은 마치 하늘과 맞닿아 있는 듯한 절경과 더불어 연자천동굴(燕子阡溶洞) 같은 신비한 볼거리가 있었고, 원주민들이 직접 노를 젓고, 계곡에 이르러 직접 배를 끄는 풍습 등은 이곳을 더욱더 유명한 곳으로 만들고 있다. 고대 중의학자인 신농씨가 이곳에서 약초를 구하고 백성들의 병을 치료한 데서 이곳 지명이 유래하였는데, 주민들이 직접 노를 저으며, 계곡에 이르는 동안 현재 135m의 수위가 앞으로 40m 더 잠긴다는 이야기를 듣고, 이 아름다운 경치도 함께 매몰될 것을 생각하니, 절로 안타까움이 배어 나왔다.

3. 서릉협(西陵峽, 시링샤)

서릉협은 주변에 깎아지른 듯한 날카로운 절벽과 계곡안에 또 다른 계곡들이 연이어 있고 여울속에 여울과 같았다. 물살은 상당히 센 편이나 40여미터나 수위가 올라간 지금은 예전보다 훨씬 못하다고 한다. 서릉협은 장강삼협의 동쪽 끝에 위치해 있으며, 이곳은 호북성의 자귀현의 향계하구에서 의창시의 남진관에 이르는 총 75㎞의 구간이다. 서릉협은 역사적으로 신탄공령탕 등 이름난 험탄(險灘)들이 이 협곡에 있었으나 지금은 모두 사라졌다고 한다.

우리가 협곡을 따라 여행한지 삼일 째 되는 날 서릉협을 지나자, 의창시에 인접한 삼협댐이 곧장 나타났다. 이곳 장강삼협은 삼협댐의 2단계 공사가 완료되어 수위가 135m로 유지되고 있었으며, 앞으로 2009년 3단계 공사가 완료되면 175m로 수위가 높아진다고 한다. 따라서 우리가 지금까지 본 장강삼협 하상부는 역사의 물결 속으로 잠기게 될 것이다.

우리 일행이 다녀본 장강삼협의 풍광이나 역사, 문화적인 흔적들은 상당부분 손상된 상태였다. 일부 문화유적지가 높은 곳에 위치해 있었으나, 백제성을 비롯한 유적들은 이미 수

그림 3-9 서릉협의 정경(출처 : 신삼협우편엽서 중에서)

몰된 상태였고, 그에 따라 백제성의 기와 한 장에 이르기까지 그대로 옮겨져 복원되고 있다고 하나, 얼마나 옛 모습을 보일지 궁금하기도 하다. 그러나 역사나 문화적인 자취의 아쉬움 속에 또 다른 아쉬운 것은 이곳을 찾는 중국여행객들의 무질서한 의식과 행동, 환경에 대한 무지였다. 바로 7 · 80년대 우리의 무질서한 상황과 어쩌면 흡사하다는 생각이 들었다. 유람선 안이나 유람선 밖에서 보인 행동들은 담배꽁초며 쓰레기를 함부로 버리는 것이 그들의 현실적인 인식이고 판단기준이었다. 이러한 인식과 판단기준은 전적으로 제고되어야만 하며 의식의 대전환이

있지 않으면 안 된다.

3. 삼협댐 건설과 경제적 효과와 영향

3-1. 삼협댐 건설 개요

중국은 '제10차 5개년계획'으로 '칭창철도건설'[3]과 '남수북조'(南水北調)[4], '서기동수'(西氣東輸)[5], '서전동송'(西電東送)[6] 등의 프로젝트를 중점 추진항목으로 설정하여 실행하고 있다. 이 가운데 남수북조와 서전동송의 프로젝트는 삼협(三峽)댐 대공사와 관련되어 있다. 이 공사는 1992년 4월 3일 전국인민대표회의에서 정식 승인되어, 2009년의 완공을 앞두고 있다.

삼협댐의 추진은 신해혁명의 주역인 손문(孫文)이 1919년에 주창한 이래, 1944년 미국 차관 방식으로 국민당 정부가 추진하였다가, 다시 공산당 정권이 들어서면서 모택동이 1954년 3만 여 명의 사상자와 1,888만 여명의 이재민을 낸 대홍수로 인해 소련 전문가를 초빙하여 구체적으로 검토하기 시작하였다. 이후 1984년 등소평에 의해 삼협댐 건설에 필요한 조사와 연구가 진행되었다가, 수리(水利)

그림 3-10 5단계 선박통행용 갑문(좌)과 세 번째 갑문(우)

전문가인 이붕(李鵬)수상에 의해 정식으로 추진되기 시작했고, 1992년 강택민-이붕 체제하에서 삼협댐 사업이 국가적인 사업으로 전인대에서 통과되어 1994년부터 공사가 시작되었다.

삼협댐은 중국 호북성 이창시에 위치해 있으며, 건설은 중국 '삼협댐개발총공사'(CTGBC)가 맡고 있다. 이 공사는 230억달러의 건설비용이 들었으며, 130만 명의 이주민을 새로운 거주지로 옮겼다. 건설에 투입된 연인원은 25,000명이며, 97년 11월에 강의 우안으로 유수전환을 함으로써 댐건설 1단계를 마무리하였고, 2단계로 수로중간에 있는 483m인 여수로와 644m의 왼쪽 발전소가 들어설 자리에 콘크리트 타설을 끝내고 발전을 하고 있다. 그리고 좌측 호안에 5단계로 된 1만톤급 선박 2척이 댐을 넘나들 수 있는 영구적인 갑문식 수로를 마쳤으며, 3천톤급 이하는 리프트식으로 건설을 마치고, 이곳에 선박의 왕래를 돕고 있다. 이제 3단계 공사가 2009년에 마무리되면 세계 최대의 수력발전 및 홍수조절 댐으로써 중국의 대프로젝트의 완성을 보게 된다.

3-2. 주운능력과 경제효과

삼협댐 건설 전부터 문제로 제기된 환경과 생태계 파괴라는 많은 반대와 논란에 도 불구하고 중국 정부가 삼협댐 건 설을 강행하고 있 는 이유는, 첫째 장강유역의 홍수 방지, 둘째 엄청 난 양의 전력생산 에 따른 경제적 이익, 셋째 장강

그림 3-11 장강삼협을 왕래하는 화물선(2007.7.16 현지촬영)

의 유속감소로 인한 주운능력 향상, 넷째 환경개선 등 유무형의 효과 때문이었다.

삼협댐은 2009년 삼협댐이 완공되었을 시, 장강을 따라 길이 660km, 평균 너비 1.1km, 총면적 632㎢, 총저수량 390억 톤에 달하는 거대한 물을 담게 된다. 이 담

수용량의 확보에 따라 주운능력과 경제적인 효과가 지대하다는 것이 일반적인 중론이었다. 먼저 우리가 장강삼협과 삼협댐을 방문하였을 때, 135m 높이의 수위였으며, 완공 시 175m의 수위가 높아질 경우 거대한 물의 담수로 인해 우리가 목격했듯이 장강 유속이 예전보다 10분의 1로 느려져 선박들의 에너지 소비가 현재보다 30% 이상 절감되는 효과가 있다는 것이다. 둘째, 수위가 높아짐에 따라 주운능력은 현저히 개선되어, 중경에서 1만 톤급 선박이 운항해 고속도로 4~6개에 버금가는 물류 혁명을 가져온다고 한다. 삼협댐의 갑문은 두 종류로 건설되었다. 3천 톤급 이하의 선박은 리프트로 통과하도록 하였고, 3천톤급 이상은 5개의 갑문으로 통과하도록 하였는데, 하나의 갑문은 20m씩 낙차를 가지도록 설계되었다. 배가 이 갑문을 통과하는 데는 모두 3시간 정도 걸린다. 셋째, 장강삼협과 삼협댐 일대를 중국의 최대의 관광지로 부각시켜, 유무형의 개발이득 효과를 극대화시킬 수 있다는 것이다. 특히 삼협댐의 연간 개발 이익은 200억 위안(3조 2000억원)으로 추산된다는 보고도 있다. 넷째, 이러한

그림 3-13 삼협댐 갑문안으로 들어오는 화물선과 유람선(2007.7.17 현지촬영)

경제적 효과는 홍수조절을 통해 장강하류 내륙 지역의 산업의 발전과 농업생산의 확대로 이어져 의식주산업 등에 이르는 효과를 기대할 수 있다는 것이다. 장강이 범람하였을 경우 예전에는 호남, 호북, 상서, 안휘, 절강, 강소성 등에 대규모의 피해가 몇년 마다 반복되어 내륙지방의 경제발전을 더디게 만든 요인이 되기도 하였다. 댐의 건설은 이러한 범람을 막고, 여기에서 생기는 전력을 통해 산업발전을

가속화시키는 역할까지 그 경제적 효과는 지대하다고 볼 수 있다.

3-3. 수력발전과 서전동송(西電東送)

삼협댐은 2천 8백만㎥의 콘크리트와 46만톤의 철근이 사용된 세계에서 규모가 제일 큰 콘크리트 구조물로, 높이 185m(60층 빌딩의 높이), 길이 2.3km, 너비 135m, 최고 수위 175m의 댐이다. 삼협댐 하루의 발전량은 우리나라 전체 발전용량의 $\frac{1}{3}$, 일반적인 원전 18개의 발전 용량인 1820만kW의 전기를 생산한다. 거기에 댐이 완성되면 847억kW의 발전량을 갖게 된다. 이는 중국 전체 전기사용량의 1/10에 해당하는 양이다.

앞에서 간단히 서술했듯이, 장강 상류의 삼협댐이 완공되는 2009년에는 모두 26기의 700MW 터빈발전기에서 1,820만kW의 전력을 생산함으로써 세계 최대의 수력발전소로 자리매김하게 될 뿐만 아니라, 전체 수력발전량의 35%를 차지하게 된

다. 여기에서 생산된 전력을 반경 1,000km지역에 공급하여 중국내륙지방이나 서부 해안지역의 급속한 발전에 비해 낙후되어 있던 중국 중부지방의 발전에도 견인차 역할을 하게 되어, 급속한 경제발전에 따른 만성적 전력부족 현상이 해결되게 될 것으로 보인다.

3-4. 홍수조절기능과 영향

삼협댐의 엄청난 저수용량이 주운능력을 통한 경제적 효과와 대규모의 전력생산으로 산업발전의 견인차 역할 등을 하는 이점 이외에도 삼협댐의 가장 중요한 기능 중의 하나는 바로 홍수조절 능력이라 할 수 있다. 옛부터 중국의 역사는 장강치수의 역사라 해도 과언이 아닐 정도로 홍수의 피해가 극심하였다. 장강이 범람하지 않고, 홍수 없이 1년 농사만 잘되면 중국이 먹고 산다고 할 만큼 장강이 중국경제에 주는 영향은 엄청난 규모이다. 하나의 예로 2007년 7월 장강이 범람하고 삼협댐 하류에 있는 호남성의 동정호(洞庭湖)가 범람하자, 그동안 동정호가 매말라 서식하고 있던 20억 마리의 들쥐가 한꺼번에 뭍으로 올라가 농촌마을과 자연생태계에 엄청난 피해를 주었던 사실도 그 한 예라 할 수 있다.

그림 3-14 중국호남성 한 마을을 습격한 쥐떼들
출처확인http://www.dailyseop. com/section/arti-cleview.aspx?at _id=60045 검색일 2007.7.26.

이러한 홍수피해는 대체로 10년을 주기로 빈발했는데, 삼협댐의 건설은 장강의 홍수를 100년 단위로 늦추는 효과가 있는 것으로 전해지고 있다. 그동안 장강의 홍수피해 가운데 1931년의 홍수 때 14만 5천명이 사망했으며, 1935년에는 14만 2천명, 1954년에는 3만 3천명이 사망하였으며 1천 8백88만명의 수재민이 발생했다. 따라서 삼협댐공사의 최우선 목적은 경제발

전에 있는 것이 아니라 양자강 유역의 수많은 인민들을 홍수와 죽음의 위협에서 구하기 위한 것이라 할 수 있다.

3-5. 환경오염개선 효과

현재 중국은 산업화가 가속화되면서 오염 피해가 심각하다. 그 중에 화력발전에 따른 석탄 등의 대기오염의 피해도 상당하다고 볼 수 있다. 그러나 삼협댐이 2009년 수력발전을 시작하면 연간 4천만~5천만톤의 석탄 소비가 절감되면서 2만톤의 이산화황과 1만톤의 이산화탄소 감소효과가 나타나 환경 개선에도 크게 기여할 것이라는 전망이다. 실제로 삼협댐의 건설은 847억kWh 전력을 생산토록 설계되었는데, 이미 2004년도에 333.8억kWh의 전력을 생산해 호북, 호남, 하남, 중경을 포함한 화중전력망에 82.6kWh, 상해, 절강, 강소성을 포함한 화동전력망에 169.9억kWh, 광동성을 포함한 화남전력망에 81.6억kWh의 전력을 공급하였다. 그리고 2005년도에는 470억kWh의 전력을 생산하여 공급하였다. 이러한 대규모의 수력발전량은 이전의 화력 발전량에 비해 놀라운 변화이며, 대기오염을 현저히 줄이는 결과를 가져왔다.

또 다른 하나는 중경에서 삼협댐까지 660km의 길이뿐만 아니라 삼협댐이 있는 의창에서 상해에까지 해상운송에 따른 물류수단이 용이해 짐으로써, 육상운송에 따른 각종 공해와 대기가스의 오염을 현저히 줄일 수 있다는 점이다. 우리가 실제로 본 장강의 운송능력은 유속의 완만함과 평균 75m 이상의 깊이와 1.1km폭의 조건을 갖고 있어 무한한 가능성을 느꼈다. 이곳에 중대형의 화물선과 바지선의 왕래가 활발하였으며, 중대형의 크루즈 유람선에 이르기까지 주변의 풍경과 잘 어울리는 조화를 이루고 있었다. 이러한 대기오염의 개선과 더불어 물류비용의 개선은 중국의 발전을 가속화시킬 수 있는 좋은 조건이었다.

4. 삼협댐의 제반 문제점

〈남풍창〉(南風窓)이라는 지역발행 잡지에 「삼협댐을 고찰한다」라는 한 사회학자의 논문 기고에서, 삼협댐의 문제점으로,

1. 이주로 인한 환경과 사회문제

2. 댐의 저수로 인한 생태 및 환경파괴

3. 댐의 거대한 저수량으로 인한 중대한 위협

4. 홍수나 범람에 대한 유효성에 관한 의문

5. 댐건설에 따라 발생하는 교통의 방해

6. 댐건설에 의해 유발되는 여러 가지 지질재해

7. 문물, 고적의 파괴

8. 건설과정에서 발생하는 수뇌부 등 부패

9. 유사시 군사목표의 노출 가능성 등의 지적이 있었다.

이러한 제반 문제 중에서 몇 가지 문제를 언급해 보고자 한다.

4-1. 생태, 환경파괴의 문제와 현장

삼협댐 건설의 가장 중요한 목적은 홍수 방지이다. 395억㎥에 달하는 저수량과 홍수방지를 위해 221억5000㎥의 물을 가둘 수 있다. 댐을 위한 수몰면적은 632㎢로, 호북성, 중경시 등, 2개 도시 11개 현(縣), 116개 향진정(鄕鎭町)을 수몰시키고 130만명의 이주민을 소개시킨 공사이다.

그러나 홍수조절과 방지를 위한 삼협댐의 본래 건설 목적과는 달리 최근 몇 년간 호남성과 호북성, 동정호 등에 홍수가 빈발하였고, 장강의 중상류 지역인 사천성의 청도시가 물난리를 겪어 중국당국을 곤혹스럽게 만들었다. 2007년 7월 동정호의 범람도 그 중의 하나이다.

그림 3-17 삼협댐건설로 안개로 자욱한 해안도시(2007.7.16현지촬영)

이러한 범람과 홍수와 더불어 미국 항공우주국(NASA)이 지구자원탐사위성을 통해 중국 장강의 삼협댐 축조현장을 조사한 결과 주변 지역의 강수량과 온도에 큰 영향을 미치는 것으로 나타났으며, 226㎢에 걸친 지역의 강수량이 증가했고 지면 온도는 평균 0.4도 낮아졌다. 더욱이 삼협댐이 전면 가동되기 시작하면 온도와 강수량의 변화폭이 더 커질 것으로 분석됐다.❼

우리 협의회팀이 현지에서 확인한 결과, 장강삼협댐 유역은 지면의 온도가 2도 정도 낮아지고, 안개다발지역이 되었으며, 생태환경의 영향이 심하다는 현지의 분위기를 전해들을 수 있었다.

따라서 삼협댐은 환경전문가들의 우려대로 기후-환경의 변화, 수온 수질의 변화, 유속하강에 따른 토사침적 등 제반 문제를 낳고 있다. 이러한 문제와 관련하여 중국 정부는 먼저 호수 주변의 온도가 연평균 0.1∼0.2도 밖에 상승하지 않으며, 이는 오히려 식물성장에 도움을 주고 안개 일수도 2일 정도만 늘어날 것이라고 밝

했다. 또 장강 주변 희귀식물의 소멸 우려에 대해, 중국 전문가들은 희귀식물이 대부분 표고 3백m이상에 위치하기 때문에 큰 영향은 없을 것이라는 분석이었다. 가장 우려되는 토사퇴적문제에 대해 삼협개발총공사 부총경리 왕자주는 댐건설 이후 연간 5억3천만의 토사가 호수 내로 들어올 것이지만, 댐 하부에 23개의 토사처리장치를 통해 일정기간마다 이를 하류로 흘러보내도록 설계되어 있어, 향후 50년간 준설 없이도 토사문제를 처리할 수 있다고 말했다.

삼협댐 건설에 따른 문제 가운데 심각한 것은 장강의 수질오염과 더불어 생태환경의 파괴를 들 수 있다. 장강 삼협댐의 무분별한 계획과 시행으로 인해 수몰지역의 오폐수에 대한 처리없이 담수하다보니, 장강의 오염이 심해졌으며, 중경시를 비롯한 오폐수의 처리율이 현저히 낮아 장강을 더욱 오염시키고 있는 것으로 나타났다. 그러나 중국의 환경부서는 삼협댐의 수질보호를 위해 일상적으로 수질오염방지활동을 계몽·지도하고 있으며, 하수처리와 쓰레기처리장의 증설을 통해 장강을 2급수까지 정화한다는 계획을 갖고 시행하고 있다고 한다.

이러한 중국의 오염은 결국 황해로 흘러들어 염분과 평균온도에 영향을 미쳐 어족자원의 고갈과 한반도에까지 심각한 영향이 있지 않을까 생각한다. 이러한 중국의 환경오염에 대한 문제는 해류를 타고 우리의 서해안에 심각한 영향을 주고 있는 것이 현실이다. 눈에 보이는 환경오염이 심할 진데, 황사를 통해 날아오는 대기오염이나 황해로 흘러든 장강의 오염물질은 마냥 중국의 문제로 치부하기에는 늦는 것이 아닌가 하는 생각이다.

4-2. 이주로 인한 사회문제와 환경변화

본래 수몰 지역의 인구는 약 84만으로 추정하였으나 2007년 현지에서 확인한 결과 약 130만명이었다. 중국정부는 이미 2002년에 65만명을 이주시켰으며, 지금도 계속 이주시키고 있는 상황이었다.

중경시의 만주구는 삼협댐 건설에 따른 이주민의 정착촌 가운데 하나이다. 장강 프로젝트를 수행하면서, 중국정부가 고민한 문제의 하나는 이주민의 정착과 대책이었다. 중국정부는 중앙정부와 중경시에 이주 전담기구를 만들었으며 호북성과 중경시가 주된 이주 장소로 선정되었다. 1995년도에 중앙정부에서 이민 규정에 대한 보상과 규모, 토지, 인구수, 가족수를 조사했고 그 결과를 바탕으로 호북성과 중경시에 이주

그림 3-18 삼협댐 건설로 비대해진 중경시의 모습과 건설붐(2007.7.15 현지촬영)

민 정착에 대한 예산을 책정했다. 또한 이주예정지에 정부가 미리 집을 지어 모든 이주민에게 배상해 주었다고 한다.

중앙 정부의 이주민 정책에 따라 전체 이주민 가운데 약 10%가 만주구로 이주해 왔다고 한다. 이주민은 본래 농업에 종사했기 때문에 농업에 필요한 토지 등을 지원했으며, 이주민이 원하는 경우 상해나 복건성(福建省) 등 다른 지역으로의 정착도 지원했다고 한다. 만주구에 있는 이주민 정착촌도 학교, 아파트, 기업 등이 있으며 이주하기 전의 생활보다 생활환경이 개선되었다고 한다. 즉 원래 살던 지역과 새롭게 정착된 지역은 확연히 구분됐으며 이주지역이 더 좋다고 말했다.❽

우리가 확인한 결과, 중국정부는 이주민들에게 1가족 5인 기준으로 주택 제공과 한화 1,500만원의 지원금을 주었다고 한다. 과수원 등을 가진 사람은 한 그루에 5,000원씩 배상이 이루어졌는데, 순박한 산골 사람들이 갑자기 목돈을 쥐게 되자, 어떻게 쓸 줄을 몰라 일부는 도박 등으로 탕진하고, 그것도 모자라 중앙정부에 또 지원해 달라고 연일 데모를

한다는 것이었다. 그래서 중앙정부는 몇 차례의 시행착오로 인한 고육책으로 매달 일정액의 지원금의 형태로 바꾸었다고 한다.

삼협댐의 건설에 따라 정든 고향을 떠난 이주민들에게는 환경변화로 인해 심각한 정신적인 스트레스와, 도시생활에 적응하지 못해 많은 어려움이 있는 것으로 전해졌다. 생태환경의 변화가 갑작스럽게 이루어진 결과 물질적인 풍요는 잠시 이루어졌을지언정, 정신적인 가치와 삶의 문제는 값으로 환산할 수 없기 때문에 앞으로 더 살펴보아야 할 문제가 아닌가 싶다.

4-3. 생태, 어류자원의 환경변화와 파괴

장강 상류는 본래 중국 담수어종이 가장 풍부한 곳이며, 모두 2백 61종 중 토종어류는 1백 12종으로 42.9%를 차지하고 있다. 이 토종어류의 대부분이 장강 물길을 따라 번식하는데, 상류 지류에 널리 퍼져있는 자갈주(조약돌이 많은 삼각주)가 토종어류의 산란장이다. 번식기가 되면 토종물고기들은 자갈주에서 알을 낳는데, 어떤 알은 접착성이 있어 조약돌 사이에 끼거나 그 위에 붙어버린다. 열복어류(裂腹魚類)는 자갈주에서 모래를 파 구덩이를 만들어 그 안에서 산란한다. 장강에는 특이한 물고기들도 살고 있는데, 이들 가운데 원구동어(圓口銅魚), 원통문어(圓筒吻魚), 표류성란(漂流性卵) 등의 알을 낳으며, 그 알은 강물에 떠서 물길을 따라 흘러간다. 장강삼협댐 건설로 인해 장강은 물고기 생태환경에 큰 변화를 주고 있다. 이곳에 물고기들은 산란장을 잃어 버리거나 작아지고 있으며, 물고기 번식습성에 비교적 큰 위협이 되고 있다. 그것은 바로 태어나 자라는 통로가 막혀 버리고, 상류 치어(穉魚)와 물고기 알이 댐을 지나며 영향을 받기 때문이다. 수몰지 물살은 느려져, 물고기 먹이 종류와 수량에도 큰 변화가 일어나고 있다. 물고기 종류 구성이 달라진 것도 심각한 영향을 주고 있다. 수몰지 침수와 담수호 수위변화 축소로 인해 다양한 연안 생장환경과 토종물고기 서식지를 감소시킨 점도 커다란 영향이

되고 있다. ❾

　이처럼 삼협댐의 건설로 인해 생태환경조건과 어류환경에 커다란 변화가 일어났으며, 대혼란이 계속되고 있다. 이러한 변화상태는 향후 지속적인 논란의 중심이 될 것으로 보인다.

4-4. 문화재 및 기타 환경의 변화

　중국의 삼협댐은 문명의 발생지에 대한 근본적인 흐름을 바꿔놓을 것이며, 고대로부터 전해 내려오는 역사와 문화가 수몰되고 있는 상황에 놓여 있다. 백제성은 말할 것도 없고, 장강삼협 벼랑에 매어단 야인의 관아와 굴원의 고향과 미인 왕소군의 고향도 수몰되고 있다. 우리가 유람선 여행 첫날 들렀던 당나라 때부터 온천하의 귀신들이 집산 한다는 귀성의 70여개 절간인 풍도귀성(豊都鬼城)도 그렇고, 삼국지 무대의 30%도 수몰되고 있다. 그리고 두보, 이백, 백거이, 육유, 소식이 거쳐간 역사적인 현장도 더 이상 볼 수 없다. 수몰 대상지역 지하에 묻혀 있는 약 8백29점의 유물을 서둘러 발굴하여 이전하고 지상의 유물 4백53점도 이전하고 있으나, 아직도 발굴하지 못한 역사적 유적들은 영원히 소멸될 상황에 놓여 있다. 역사유물의 이전

그림 3-19 수몰된 위기에 처한 풍도귀성(현지촬영)

에 따른 비용도 그렇거니와 삼협댐의 건설로 인해 생기는 관광자원과 문화, 역사의 파괴는 그 가치를 매길 수 없을 정도이다.

　구당협과 무협, 서릉협의 빼어난 경관도 상당부분 물에 잠기어 옛 모습을 찾기란 어렵다. 더구나 신농계를 비롯한 장강유역의 유서 깊은 계곡이나 원주민 마을 등의 수몰은 이들의 생존권 뿐만 아니라 역사와 문화 자체에 대한 소멸이라 할 수

있다. 더구나 우리가 찾는 장강삼협의 풍광은 안개가 자욱하여 사전에 알고 갔던 절경과는 또 다른 모습이었다. 잦은 안개로 인해 오히려 집중호우와 천식 등의 질병을 유발하며, 농작물 등 생활환경에도 커다란 영향을 미치고 있었다.

맺는 말

우리가 살펴 본 장강삼협과 삼협댐은 홍수방지와 전력생산, 주운능력향상에 따른 경제적 효과와 환경오염 방지 등의 장점에도 불구하고, 그 피해가 적지 않게 나타난 것을 볼 수 있었다. 우리가 다녀간 상황에서 이미 135m까지 수위가 높아진 상태였으나, 앞으로 175m까지 수위가 상승했을 때 생기는 문제는 또 다른 문제를 낳을 수 있음을 직감할 수 있었다. 이 수위의 상승으로 인해 지난 5,000년 동안 장

그림 3-20 장강유역의 무분별한 도시건설과 환경파괴(2007.7.15 현지촬영)

강삼협의 협곡과 골짜기에서 장강과 운명을 함께 한 문화적 유산이나, 사람들의 터전과 삶 자체의 상실도 문제이려니와 구당협 등 협곡을 연해 있는 역사와 문화

적 가치는 값으로 매길 수 없다는 생각이었다.

장강 삼협댐의 공사는 우리나라의 대기와 황해바다에 직·간접적인 영향을 주고 있다. 황해로 흘러드는 80%의 장강 물의 유입 감소는 서해의 오염물질 증가, 유기물질 감소, 염분 농도 증가, 수온 상승 등으로 이어져 해양어류와 바다생태계 환경의 변화까지 심각한 영향이 우려되고 있다. 더구나 우리가 보기에도 장강의 높은 습도와 농무는 대류의 흐름을 차단시켜 한반도의 기후변화에까지 영향을 주지 않나 생각해 보았다. 이러한 영향으로 이미 중국내륙으로 흐르는 비구름대를 막아 장강의 강수량을 급증시켜 오히려 홍수의 위험성이 증가되고 있으며, 강수량이 절대적으로 부족한 산서성, 내몽고 등 서북부 지방의 강수량 부족을 가져와 사막화 현상이 빨라지고, 이것은 곧 우리 한반도에 황사현상까지 이어지는 악순환으로 이어지고 있다.

삼협댐의 대공사가 진행형이기 때문에 우리는 이에 대한 득실을 제대로 파악할 수 없을 것이다. 그러나 우리가 반면교사로 삼아야 할 것은 우리 영산강운하를 비롯한 호남운하와 한반도대운하 건설시 생길 수 있는 생태, 환경오염의 문제, 대기와 자연환경의 문제 등을 사전에 인지하고 철저한 준비 하에 건설을 해야 한다는 점이다.

그러나 중국 삼협댐의 건설이 우리 영산강과 다른 점은 몇 가지 들 수 있다.

첫째, 입지적인 조건이나 여건이 매우 다르다는 점이다. 여기에서 입지적인 조건이란, 장강삼협의 경우 이미 기존의 주운능력이 존재하며, 자연환경이 우수한 상태에서 삼협댐이 건설됨으로써 자연환경이나 생태계의 파괴를 가져온다는 점이다. 그러나 우리의 경우 특히 영산강은 거의 30년 가까이 준설을 하지 않고 폐쇄된 상태로 방치해 놓았기에 강은 이미 5급수 이하이며, 생태계가 완전히 파괴되었기에 준설이나 수질개선의 차원에서 운하가 필요하다는 점이다.

둘째, 삼협댐의 건설은 장강유역의 잦은 안개로 인해 대기오염이나 환경오염이 심각하나, 영산강운하의 건설은 강폭이 좁고 수심이 낮으며, 구간이 장강에 비해 짧기 때문에 똑같은 현상에 놓고 비교하기란 무리라는 점이다.

셋째, 장강삼협댐은 중국인들의 환경과 자연에 대한 인식과 마인드의 부족으로 인해 오염이 가속화되고 있지만, 우리의 경우 그와 반대로 대기나 환경오염을 줄이기 위해서도 운하건설은 필요하리라 생각한다.

넷째, 삼협댐의 건설은 기존의 수려한 자연과 역사, 문화를 파괴하나, 우리의 경우는 오히려 반대로 영산강을 복원시키는 것이 잊혀 진 문화와 역사에 대한 복원이며, 환경에 대한 참다운 이해를 돕는 사업이고, 따라서 자연과 환경 살리기가 가능하다는 분명한 차이가 존재한다.

註

❶ 굴원(屈原, B.C 343~277?) 중국 전국시대 초(楚)나라 애국시인으로 초나라의 영토가 진나라에 함락되어 조국이 어려운 상황에 처해 있을 때, 애영, 회사(懷沙) 등의 시편을 남겼다. 그는 뛰어난 재능으로 20대에 임금의 총애를 받았으나, 그의 재주를 시기하는 사람에 의해 모함을 받고 추방을 당하였다. 그는 여러 차례 정치적인 추방, 좌절과 모함을 받았다. 그는 자신이 옳고 세속이 그르다는 것을 밝히기 위해, 난사(亂辭: 최종 악장의 노래)에서, 죽어서 이 세상의 유(類: 법ㆍ모범)가 되고 자살로써 간(諫)하겠다는 결의를 밝히고, 실제로 창사(長沙)에 있는 멱라수(汨羅水)에 투신하여 62세로 일생을 마감하였다. 그의 작품은 한부(漢賦)에 영향을 주었고, 문학사에서뿐만 아니라 오늘날에도 높이 평가된다. 그때가 바로 5월 5일이었는데, 민중들은 물고기들의 굴원의 시체를 먹지 않도록 종자(찹쌀에 대추 등을 넣어 댓잎이나 갈잎에 싸서 쩌먹는 단옷날 음식의 일종)를 강에 뿌렸으며, 배를 저어 굴원의 시체를 찾아 나섰는데, 이것이 오늘날 용주경기의 기원이 되었다. 곽말약의 희곡인 '굴원'(1942)은 중일전쟁 당시의 정국(政局)을 풍자한 것으로도 유명하다.
❷ http://blog.naver.com/nbh1010/30002586302 검색일:2007.7.27
❸ 날으는 하늘차로 유명한 칭하이(靑海)성과 티벳을 잇는 철도건설.
❹ 장강의 남쪽 물을 북쪽으로 끌어오기 위한 수리사업.
❺ 서부 신장 타리무분지의 천연가스를 가스관을 통해 동쪽의 상해 일대로 수송하는 일.
❻ 서부지역의 전기를 동부연안으로 보내는 일.
❼ http://blog.naver.com/sjjeon001/10018498482(검색일2007.7.26)
❽ http://cice.kfem.or.kr/cgi/actlast.php?tb=Hissue&lc=001&dc=027&no=1486&cnt=479&pg=1&dp=1
❾ http://blog.daum.net/tibetology/10894400, 삼협댐 완공 2009년 되면 생태환경 지각변동 / 중국논단 2007.01.20 검색일 2007.7.26

제 **4** 장

영산강의 환경오염과 수질개선

김기식

_ 전북 익산 출생
_ 美 Clark大 3년 중퇴
_ 대한주택공사 근무, 美 A-one Const, 대표이사
_ Green Peace of Vancouver 환경단체 환경운동
_ 낙동강 수질개선 대책위원장, 환경보전연맹 사무총장 역임
_ 영산강뱃길살리기협의회 자문위원
_ 현재 한국환경기술개발원 원장

제4장 영산강의 환경오염과 수질개선

1. 시작하며

　우리나라는 물부족 국가이다. 물부족은 사람들의 생활이 나아지고, 사회가 발전하며, 기업이 성장함에 따라 생활용수(연중 49억톤)뿐만 아니라 공업용수(25억톤), 농업용수(151억톤) 등 물의 수요가 계속 증가하여 생긴 현상이다. 이러한 물부족은 지하수 고갈이나 강이나 하천의 수량에 대한 부족으로 이어졌다. 그 결과 하천의 수질오염을 증가시키고, 하천의 기능이 현저하게 줄어들어 생태계의 파괴로 나타나게 되었다. 여기에서 물부족은 몇 십년동안 준설치 않아 강바닥이 높아진데다, 요즈음처럼 아열대기후로 바뀌어지는 상황에서 갑자기 쏟아진 호우에 쉽게 범람하거나 생태계의 교란으로까지 나타나고 있다.

　여기에는 물부족이라는 자연적인 문제도 심각한 현상이려니와 인위적인 정책과 인식이 크게 작용해 왔다. 그동안 우리나라의 발전은 근현대 이후 육상운송이 주된 기능을 담당해 왔다. 따라서 자연스럽게 강이나 하천, 바다에 대한 인식이 무디어졌다. 그러한 인식은 자연환경에 대한 무관심을 낳아 대기나 수질 등 환경오염이 심각한 상황을 맞게 되었다. 특히 우리나라 4대강 중에 영산강의 오염도는 가장 심각한 상황을 초래하였다. 이러한 오염을 일으키는 원인은 무엇보다 생활하수와 산업폐수, 축

산폐수가 과다하게 강이나 하천으로의 유입된 것이 가장 큰 원인이다. 그 외에도 농약비료의 과다한 사용과 음식물 찌꺼기 등의 생활부산물 배출 등도 원인이 될 수 있다. 물이나 바닷물은 스스로 정화하는 능력을 가지고 있으나 오염 물질의 양이 자정능력 이상으로 유입되어 수질오염을 일으키기 때문에, 이에 대한 근본적인 원인에 대한 파악과 대책이 요구된다고 하겠다. 그러므로 영산강의 환경오염과 수질오염의 문제는 이미 생태계의 교란을 넘어 파괴지점에 이르렀으며, 근본적인 강의 준설과 같은 혁기적인 환경에 대한 인식의 전환이 없이는 불가능한 상황을 맞게 되었다. 이 글에서는 영산강유역의 환경과 수질현황을 살펴보고, 환경·수질오염의 문제들과 그에 대한 대책과 개선 등을 집중적으로 살펴볼 것이다. 따라서 영산강을 살리는 길은 환경과 생태계를 고려한 운하와 같은 대대적인 치료와 보완이 총체적으로 강을 살리는 길임을 대안으로 제시하고, 그에 대한 비용까지도 언급해 보고자 한다.

2. 영산강 유역의 환경과 수질현황

영산강은 예로부터 지금까지 광주·전남의 생활용수 및 농업·공업 등의 공급원이자 생활터전이었다. 현재 영산강 상류지역 중 광주와 전남을 중심으로 대도시가 쏟아낸 각종 생활하수와 오폐수, 인근 농축산 폐수 등으로 수질이 악화된 상태이다. 그리고 집중호우 시 폐기물투기와 폐수무단방류 및 난개발의 현상으로 집중호우 때 영산호 등에 유입된 쓰레기의 양은 상당히 많은 양에 이르고 있다. 영산강의 환경오염과 수질오염의 문제는 이미 생태계의 교란을 넘어 파괴지점에 이르렀다는 것이 전문가들의 일반적인 시각이다.

먼저 영산강유역 환경오염원의 현상 중에서 인구와 축산의 현황, 산업현황, 농공단지 오·폐수처리시설 현황을 살펴보면 다음과 같다.

〈표1〉 인구 및 축산현황

수역	인구(명)	사 육 두 수					
		계	한우	돼지	말	가금	기타
담양댐	3,262	19,103	1,034	3,181	1	10,300,931	31,533
본류 I	419,755	1,176,641	18,084	35,182	-	528,161	12,015
광주천	813,278	127,610	639	710	-	-	-
장성댐	14,093	37,196	4,213	16,614	-	800	15
황룡강	188,555	875,525	12,418	110,431	-	458,999	21,870
지석천	186,187	2,862,407	9,566	123,857	-	1,746,195	9,588
본류 II	441,101	2,565,986	8,580	97,332	-	2,047,159	19,602
고막원천	34,568	1,249,012	5,254	11,595	1	499,895	5,386
함평천	42,792	1,928,914	8,609	22,078	-	1,063,510	123
영산강하구언	159,455	5,818,036	47,212	1353,548	-	3,519,041	4,629

※ 자료 : 본 자료는 영산강유역환경청의 2007 년 인구 및 축산현황 자료 활용

〈표2〉 산업현황

수역	업소수 (종별)						배출량 (㎥/일)					
	계	1	2	3	4	5	계	1	2	3	4	5
소계	1,999	4	10	23	44	1,918	112,597	33,068	37,988	30,404	4,683	6,453
본류 I	110	-	-	-	5	105	15,537	7,962	900	5,705	441	529
본류 II	317	1	4	12	18	282	11,612	4,973	1,566	2,538	1,656	879
광주천	967	2	3	3	-	959	13,225	-	-	11,851	669	705
본류 III	94	-	-	-	1	93	430	-	-	253	-	177
황룡강	160	-	1	-	8	151	5,143	-	3,187	410	858	688
본류 IV	2	-	-	-	-	2	8	-	-	-	-	8
지석천	125	-	-	1	4	120	37,858	7,000	29,785	386	147	540
본류 V	68	1	1	4	1	61	4,975	2,692	-	1,622	335	326
고막원천	26	-	1	-	3	22	218	-	-	-	63	155
함평천	61	-	-	-	4	57	657	-	-	235	204	218
본류 VI	69	-	-	3	-	66	17,320	10,441	-	5,507	117	1,255

※ 자료 : 본 자료는 영산강유역환경청의 산업현황 자료 활용

〈표3〉 오염원별 오폐수 발생량

수 역	오폐수발생량(㎥/일)			1 인당 발생량(L/일/인)	단위면적당 발생량(㎥/일/㎢) 기타
	계	생활계	축산	101.4	7.4
담양댐	207.9	207.1	0.8	244.4	224.2
본류 I	65,961.5	65,425.4	536.2	287.9	3,009.4
광주천	207,011.9	207,010.1	1.8	110.6	12.8
장성댐	1,229.8	1,172.3	57.5	171.7	65.2
황룡강	28,434.0	27,806.6	627.4	181.6	52.9
지석천	32,042.1	30,771.0	1,271.2	155.9	316.4
본류 II	60,199.4	59,277.4	921.9	197.4	32.8
고막원천	6,175.1	5,978.0	197.1	405.7	85.9
함평천	9,110.9	8,736.5	374.4	212.3	42.0

※ 자료 : 본 자료는 영산강유역환경청의 2003 년 오염원 조사 보고서(통계집) 자료 활용

〈표4〉 농공단지 오ㆍ폐수처리시설 현황

시.도	시설명	처리방식	시설용량 (㎥/일)	사업비 (백만원)	준공일	방류하천
광주(1)	광주소촌	장기폭기법	600	513	'93. 6	원소천→황룡강→영산강
전남(5)	담양금성	〃	750	764	'94.12	금성천→영산강
전남(5)	영암신북	표준활성오니법	1,300	708	'91. 5	삼포천→영산강
전남(5)	장성동화	회전원판법	200	231	'90.12	동화천→황룡강→영산강
전남(5)	함평학교	장기폭기법	400	350	'91. 2	학교천→영산강
전남(5)	화순동면	표준활성오니법	1,200	1,154	'95. 1	화순천→지석천→영산강

※ 자료 : 본 자료는 영산강유역환경청의 농공단지 오폐수처리시설현황 자료 활용

이러한 인구와 축산, 산업, 농공단지 오ㆍ폐수처리시설 현황 등을 통해 광주와 전남의 댐이나 하천에서 영산강으로 유입된 생활, 산업, 공장 등의 오폐수는 상당한 양에 이르고 있다. 이 오폐수 등이 영산강으로 얼마나 많은 양이 유입되어 각종 오염원을 일으키는지 아래의 〈표5, 6, 7〉에서 찾아볼 수 있다.

〈표5〉 수질오염도 하천수 오염도(BOD)

[단위 : ㎎/ℓ]

수계	지 점	등급	'97	'98	'99	'00	'01	'02	'03	'04	'05	'06
영산강	담양	I	1.6	1.6	1.7	1.4	0.8	0.8	1	1.2	1.5	1.4
	우치	I	2.5	2.3	2.7	3.1	2.8	2.4	2	2.6	2.4	2.4
	광주 1	II	4.5	3.8	4.1	4.6	4.3	3.9	3	4.1	3.5	2.9
	광주 2	III	14.7	10.8	7.4	8.1	8.5	7.5	6.9	10.5	12.2	10.6
	광산	II	9.6	8.5	6.5	8.3	9.3	6.4	6	8.7	7.9	7
	나주	II	7.2	5.9	6.8	6.5	6.2	5.6	4.8	6.1	5.3	4.8
	영산포	II	8.3	4.9	5.1	6.8	7.8	5.5	4.8	5.6	5.7	6.7
	함평	II	6.1	5.5	4.8	5.8	5.9	5.0	3.8	6.1	4.5	4.2
	무안 1	II	3.9	3.5	4.4	4.7	5.1	4.0	3	3.8	4.1	3.7
	무안 2	II	2.2	2.0	2.1	1.7	1.9	1.9	1.9	2	1.8	2.3
	광주천 1	II	4.8	3.0	3.9	3.6	2.0	1.3	0.9	1.9	1.6	1.1
	광주천 2	IV	22.9	11.1	3.9	8.6	10.6	11.6	7.1	12.1	11.3	14.7

※ 자료 : 본 자료는 영산강유역환경청의 수질오염도 하천수 오염도(BOD)현황 자료 활용

〈표6〉 호소수 오염도(COD)

[단위 : ㎎/ℓ]

수계	지점	등급	'97	'98	'99	'00	'01	'02	'03	'04	'05	'06
영산강	영산호 1	II	5.9	5.9	5.6	5.9	6.2	5.8	6	5.2	4.8	4.7
	영산호 2	II	5.7	5.7	6.1	6.2	6.3	5.7	6	5	5	4.6
	영산호 3	II	6.2	5.9	6.2	6.3	6.7	5.8	6.3	5.3	5.4	4.6
	담양댐 1	I	3.4	3.3	3.7	4.2	3.6	2.7	3.1	2.5	2.7	1.8
	담양댐 2	I	3.5	3.4	3.8	4.8	3.5	2.5	3.1	2.6	2.3	1.9
	장성댐 1	I	4.4	4.7	4.6	5.0	4.0	3.7	4.1	2.8	2.6	2.4
	장성댐 2	I	4.6	4.3	4.9	5.0	4.0	3.4	3.8	3	3.5	2.4
	광주댐 1	I	4.4	4.3	4.2	5.6	4.4	3.5	3.9	3.5	3.7	2.9
	광주댐 2	I	4.4	4.2	4.2	5.6	4.4	3.6	3.9	3.4	3.4	3.1
	나주댐 1	I	4.8	5.1	5.2	5.4	4.4	3.7	4.2	3.7	3.5	3
	나주댐 2	I	4.8	5.5	5.2	5.2	4.5	3.7	4.3	3.8	3.8	2.8

※ 자료 : 본 자료는 영산강유역환경청의 수질오염도 호소수 오염도(COD)현황 자료 활용

〈표7〉 공단배수 오염도(BOD)

[단위 : ㎎/ℓ]

지 점	'93	'94	'95	'96	'97	'98	'99	'00	'01	'02
본촌산단	147.5	141.2	67.8	123.2	196.8	90.1	157.8	130.7	152.3	142.6
하남산단 I	35.8	38.9	41.5	38.8	30.7	20.4	26.7	29.4	34.1	36.6
하남산단 II	-	-	-	-	-	-	-	-	-	7.3
하남산단 III	-	-	-	-	-	-	-	-	-	21.5
나주산단	82.2	124.9	50.4	40.7	67.2	61.5	102.7	120.5	120.2	128.0
송암산단	26.5	29.0	29.8	23.5	31.9	24.0	22.1	26.2	38.1	46.8
소촌산단	-	34.5	37.6	100.9	53.6	50.3	40.5	28.4	77.9	10.4
목포산단	47.0	54.9	49.6	22.4	33.7	26.3	17.1	28.1	30.8	-
평동산단	-	-	-	-	-	-	-	-	-	4.7
대불산단	-	-	-	-	-	-	-	-	-	14.8

※ 자료 : 본 자료는 영산강유역환경청의 공단배수오염도(BOD)현황 자료 활용

3. 영산강의 환경오염과 문제들

3-1. 폐기물 투기에 따른 오염

우리가 생활하는 가운데 필요한 물질을 다 사용하거나 또는 산업이나 공업 활동에 더 이상 필요하지 않게 된 물질을 폐기물이라 한다. 폐기물은 우리가 생활하거나 산업활동 하는 가운데 발생하는데, 이를 테면 비닐이나 페트병, 고철이나 폐유 등 각종 쓰레기라 할 수 있다. 폐기물의 분류체계를 보면 생활폐기물과 사업장폐기물로 나눌 수 있는데, 생활폐기물은 음식, 채소류, 종이류, 플라스틱류, 목재류, 고무피혁류 등에서 발생한다. 사업장폐기물은 생활폐기물과 유사한 것들과 폐콘크리트, 폐석면, 폐목재, 폐유리 등의 건성폐기물과, 폐유, 폐산, 중금속 함유 폐기물 등의 지정폐기물로 나누어진다. 이 가운데 우리나라 국민 1인당 생활쓰레기의 양은 일평생 55톤에 이른다.

세계적인 폐기물 오염사건은 러브캐널(Love Canal) 사건으로, 1983년 미국정부가 나이아가라 폭포부근에 운하와 발전소 계획을 세웠는데, 1982년 러브(Love)회사가 계획을 추진하던 중 도산하여 사업수행이 중단되었다. 이후 1940년대 이 웅덩이에 인근 화학공장에서 나오는 폐기물을 버리는 장소가 되어 각종 폐기물만 22,000톤이 매립되었다. 이후 도시가 확대되고 복개된 운하와 인근에 주택이 들어서자, 학생들이 폐기물에서 나온 액체에 화상을 입거나 신장질환, 천식 등 만성적 질환을 겪기도 했다. 이 사건은 유해 산업폐기물의 무분별한 방치와 매몰로 수십억 달러의 손실과 정신박약, 심장 및 신장질환, 간질증세 등 심각한 영향을 준 환경오염사건이라 할 수 있다.

이 폐기물 사건처럼 영산강에 버려지는 폐기물의 양은 상당하다. 특히 영산강 오염의 주범격인 생활폐기물의 많은 양은 위생매립장이 건설되기 이전에 하천을 폐기물의 투기장처럼 인식하였고, 지금도 영산강유역에 많은 비위생매립지가 그대로 방치되어 있어 큰 환경문제로 드러나고 있다.

광주광역시 광산구 신창동 일원 그리고 북구 동림동 일원, 광주천변의 서구 유덕동 등지의 강변이나 하천변에는 30~40m 깊이로 오래전에 투기한 폐기물에서 발생한 침출수가 그대로 영산강으로 흘러들어 환경·수질오염을 가중시키고 있다. 따라서 영산강에 유입된 폐기물의 처리도 시급하며, 지금도 유입되는 폐기물에 대한 근본적인 대책이 없이는 영산강의 환경이나 수질의 개선은 기대하기 어려운 실정이다.

3-2. 오폐수과다 유입에 따른 생태계 변화

영산강 유역에는 하루 680톤의 오·폐수가 발생하고 있다. 그 중 생활하수가 85%정도이고, 산업폐수·축산폐수 등이 그 뒤를 잇고 있다. 오염도를 보면 BOD 부하량은 생활하수가 28%, 축산폐수가 44%를 차지한다. 이러한 수치를 통해서 볼

때, 축산폐수와 생활하수의 적정한 처리가 영산강 수질개선의 최우선과제일 것이다. 특히 최근 들어 대도시를 흐르는 광주천의 오염부하가 상당히 감소한 것은 광주시의 하수 종말처리장 가동으로 생활하수를 정화시켜 방류함으로 조금은 나아지고 있는 실정이다. 그렇지만

그림 4-2 영산강으로 유입되는 하천의 심각한 환경오염 출처: 영산강유역환경청

아직도 광산구 인근의 황룡강유역의 작은 면 단위 지역과 마을들이 배출하는 생활하수나 축산폐수가 처리되지 못하고 방류되어 오염의 큰 문제로 대두되고 있다. 축산폐수는 배출량에 비해 오염도가 높아 영산강 오염 및 수질에 매우 큰 영향을 미치는 것으로 나타나고 있다.

축산폐수의 적정처리가 불가능한 이유를 살펴보면 대부분 도농복합지역인 광주·전남일원의 축산농가가 허가대상 및 신고대상으로 방류수 기준이 BOD $50\sim150$㎎/l로 높은 편으로써 영산강의 하천수질에 영향을 크게 미치고 있다. 뿐만 아니라 영산강 유역에서 발생하는 많은 양의 비점오염원(도로, 농

그림 4-3 하수도를 통해 강을 오염시키는 현장
(현지직접촬영2006.2.25)

123

지, 습지)에서 37% 정도의 오염물질이 유입되고 있어 비점오염원 관리도 매우 중요한 부분이다.

3-3. 생활하수가 물 환경에 미치는 영향

생활하수가 물에 미치는 주된 오염의 원인은 합성세제의 과다한 사용이라 할 수 있다. 합성세제와 관련한 국내의 규제 관련 법규는 제조·사용·환경 중 배출 시

〈표8〉 합성세제 관련 주요 국내 법령

법 규	관 련 품 목	규 제 내 용	소관부서
공산품 품질관리법	화학제품분야(세제류)	◦공산품에 대한 품질표시, 품질검사 및 품질관리실시를 통해 소비자를 보호하기 위해 제정	공업 진흥청
공업표준화법	의류용 주방용 합성세제, 화장 고형비누	◦공산품 품질을 규정하기 위한 목적으로 원료와 제품에 관하여 한국공업규격과 각종 시험방법이 정해짐	공업 진흥청
공중위생법	과일, 채소, 식기 등의 세척제 (주방용세제)	◦'위생용품제조업'으로 규정됨(법 제 2 조 ①항)	보건복지부
약사법	샴푸, 린스, 목욕용품 등 화장품류와 치약, 구강청정제 등 의약부외품류	◦법 제 2 조 ⑦항에 의거 '의약부외품'으로 규정 ◦법 제 2 조 ⑧항에 의거 '화장품'의 규정에 근거 마련	보건복지부
먹는물 기준	세제(음이온계면활성제)	◦먹는 물 법에 의한 '먹는물의 수질기준 등에 관한 규칙'-음이온계면활성제 0.55㎎/ℓ 이하	환경부
환경정책기본법	음이온계면활성제	◦환경기준(하천, 호소) 중 사람의 건강보호 항목으로 설정 -음이온계면활성제 0.55㎎/ℓ 이하	환경부
수질환경보전법	음이온계면활성제	◦법 제 2 조 2 와 시행규칙 별표 1 에 의거 '세제'가 수질오염물질로 지정됨 ◦배출허용기준-음이온계면활성제 355㎎/ℓ 이하. 가, 나, 특례지역 5㎎/ℓ 이하	환경부
자원과 절약, 재활용 촉진에 관한 법률	세제류 일반	◦법 제 15 조 포장폐기물 등의 발생억제를 위한 권고 및 조치명령	환경부

험방법 등을 규정한 다수의 법령이 시행되고, 특히 환경보호분야에는 환경정책기본법, 수질환경보전법, 자원의 절약과 재활용 촉진에 관한 법률이 다음과 같이 제정되어 있다.

합성세제는 계면활성제, 빌더, 표백제 및 보조성분의 4가지 범주로 분류되어 각각의 성분들이 서로 보조작용을 하거나 다른 성분의 효과를 상승시키는 등 상호 독립적이면서 유기적 기능을 수행한다. 계면활성제의 구비조건은 우수한 세정특성, 취급의 편리성, 경제성, 원료의 수급용이성, 인체 안정성, 환경안정성 등이 있다. 최근에는 환경 및 안정성 측면의 조건에서 독성의 최소화, 우수한 피부적응성, 우수한 생분해성, 낮은 어독성 등이 포함되어 있다. 계면활성제의 종류로는 음이온계면활성제, 양이온계면활성제, 비이온계면활성제 그리고 양성계면활성제 등이 있다.

그림 4-4 가정의 합성세제 등 일상화 장면

현재 사용되는 합성세제는 무인화, 농축화가 이루어지는 등 큰 변화를 거쳐 시판·사용되고 있는 일반 합성세제와 농축형 합성세제로 구분되며, 오염부하원 단위와 1회 세탁시의 부하량을 비교하면 다음과 같다.

〈표9〉 세제의 부하원단위 및 오염부하량

세정제명	부 하 원 단 위			1 회 세탁 시 부하량		
세정제명	BOD 농도(㎎/㎏)	COD 농도(㎎/㎏)	질소농도(㎎/㎏)	1 회표준사용량	BOD 부하량	COD 부하량
합성세제	132,000	48,000	330	40g	5.3g	1.92g
합성세제(농축형)	95,000	94,000	280	25g	2.4g	2.35g

※ 자료출처 : 松重一夫 등, 1990

이처럼 계면활성제의 독성이 수생식물이나 인간에 미치는 영향은 매우 크다고 볼 수 있다. 특히 식물 중에서 수목과 야채, 화채류는 합성세제 혹은 ABS(LAS)에 대하여 비교적 강하고, BOD10㎎/ℓ 이상의 농도에서 토양재배로 영향이 나타나는 경우는 없다. 그러나 벼의 발아, 발근에는 BOD100㎎/ℓ 를 투여할 때 영향이 거의 보이지 않으나, 장기간 연속적으로 접촉시키면 BOD5㎎/l 정도에서 벼의 뿌리 중량, 줄기 등의 생육에 커다란 영향을 미치는 것으로 나타나고 있다.

그리고 음이온계면활성제의 농도가 높아지면 상수처리공장에 많은 문제점이 생길 수 있다. 그것은 바로 기포막에 계면활성제 성분 농축으로 산소전달계수가 작아져 효율이 저하되며, 응집과정에 계면활성제의 유화분산작용으로 수중플록의 형성을 방해한다. 또 침전과정에서 계면활성제의 농도가 0.55㎎/l 이상으로 점차 증가할수록 탁도제거율이 감소하고, 여과과정에서 필터 클로깅(Filter Clogging) 등의 원인으로 수두손실을 증가시켜 여과지 폐쇄시간을 단축한다. 이러한 영향으로 산업의 수처리 기계의 부식이 초래된다.

3-4. 환경인식과 의식부족에 따른 영향

수많은 국가정책 가운데 환경정책은 가장 정치적 영향을 많은 받는 정책이라 할 수 있다. 광범위하게 분산된 일반 국민의 이익과 집중된 기업의 이익 사이에서 또는 환경과 개발이라는 정책 목표 사이에 균형을 취해야 하는 고도의 정책적 판단이 요구된다.

이제 우리나라의 환경은 많은 시민단체들의 환경문제에 대한 민간운동의 저항과 반대 속에 관심을 끌기 시작하였다. 국민들의 적극적인 참여와 관심은 환경관련 법령과 제도의 입안 및 수립과정에 많은 영향을 끼쳐왔다. 지금까지는 환경분야가 정부의 독점적 영역으로 이해되어 왔고, 민간의 참여는 많은 전문성과 새로운 패러다임이 정착되는 과정에 기여해 왔다. 환경문제의 가장 중요한 핵심은 실천이다. 시간적으로나 공간적으로 예측할 수 없이 발생하는 환경문제는 저항이 아닌 모든 사람이 공감하는 실천운동이 가장 근본적이며 빠른 효과를 기대할 것이다.

지금까지 없던 문제가 갑자기 오늘 생겨나기도 하고, 어제까지 괜찮던 공장이 큰 문제를 일으키는 경우를 보더라도 먼 장래에는 엄청난 재앙과 사회적 비용을 초래하는 것이 환경문제이다. 단순히 구호로 그치는 수준을 넘어 이제는 모두가 환경에 대한 관심과 오염예방을 위해 실천을 게을리 해서는 안 된다. 기업은 환경오염 배출행위를 중단하고, 보다 많은 시설개선을 통해 끊임없이 노력하여야 한다. 가정에서의 음식물쓰레기는 물론 폐기물의 감량이 이루어지도록 줄이는 자세가 곧 우리의 환경을 살리며 영산강을 살리는 행동이다.

4. 영산강 수질오염의 문제

4-1. 수질오염원(녹조현상, 하천의 부영양화, 생활하수 등)

영산강유역 중 수질이 가장 나쁜 지역은 나주지점이다. 이곳은 수질이 BOD6.5 mg/ l 로써 전국 5대강 중 가장 악화된 상태이며, 연도별 차이를 살펴볼 때 수질이 나아지지 않고 있다. 여기에 광주시를 가로지르는 광주천의 오염부하가 늘고 있고, 대규모 택지공사와 인구유입에 따른 풍영정천의 오염부하가 계속 늘고 있어, 다른 강 유역처럼 환경기초시설이 확충되지 않는 한 영산강의 수질오염은 당분간 지속될 것이다. 특히 영산강유역은 농지에 공급하는 농업용수의 중요한 공급원이자 녹조(綠藻)나 남조류의 발생 원인이 되는 봄철 비료 또는 퇴비사용으로 인한 질소, 인의 증가로 또 다른 수질오염원이 되고 있다. 따라서 여기에서는 녹조와 남조류

그림 4-5 영산강을 오염시키는 생활쓰레기 투기(현지직접촬영 2005.3.31)

에 대해 살펴보지 않을 수 없다.

실제 녹조현상(Green Tide)이라는 말은 1996년 우리나라에서 처음 사용된 말로, 연안의 해수가 붉게 변하는 적조현상과 비교하여 물색이 녹색으로 변하는 데에서 유래한다. 녹조현상을 일으키는 원인 조류들은 대부분 남조류이다. 녹조현상도 HAB(Hamful Algal Bloom-유해조류의 대발생)의 한 형태로 부영양화된 수역에서 종다양성이 깨어지고 1종 또는 적은 수의 남조류가 우점하여 대량증식하는 현상이다. 이런 현상이 일어나면 그 수역의 생태계가 파괴되며, 사회적·경제적·환경적인 측면에서 많은 문제를 유발하게 된다.

녹조현상의 영향은 착색 또는 스컴형성이나 죽은 물고기 등으로 인한 시각적인 불쾌감을 주고, 레크레이션 활동을 저해한다. 또 공중위생상의 문제점도 대두되고 있다. 남조류 독소에 의한 인체 및 가축에의 건강상의 손실이나 악취발생으로 인한 불쾌감을 유발하기도 한다. 그리고 생태계의 파괴로 인한 토종동물이 사멸하거나 서식처가 이동되고, 개체군 변화 등이 동반된다. 여기에 농업용수나 산업용수 부족에 따른 경제적 손실도 크며, 동식물의 건강에 심각한 영향을 주기도 한다. 그리고 남조류의 독소발생이나 악취생성, 상수처리과정 중의 여과지폐쇄, 응집침전 저해, 과다염소처리로 인한 THM(Trihalomethane)생성 등 상수원에 미치는 영향이 심각하다고 볼 수 있다.

우리나라는 1970년대 산업화 이후 배출오염원의 증가로 인하여 국내의 많은 호수와 하천들이 오염되었고, 조류의 대량발생 등의 부영양화현상도 빈번히 발생하여 큰 사회문제가 되고 있다. 최근 들어 상수원으로 이용되는 일부 호수에서의 남조류의 대량발생으로 인해 정수상의 문제가 발생되고 있다.

부영양화는 일반적으로 수계생태계에서 질소, 인, 혹은 실리콘, 칼륨, 칼슘, 철이나 망간 같은 식물 영양 증가로 인한 발생 결과라 할 수 있다. 영산강의 영산호는 현재 30년 동안 호수로 존재하여, 그동안 생활하수나 축산의 오폐수 등의 축적으로 인하여 부영양화가 심각한 상태에 있다. 영산호를 비롯한 영산강의 수질상태는 적은 양의 물부족에 따른 영양상태와도 직결된다. 이와 관련된 내용은 다음 절에서 보기로 한다.

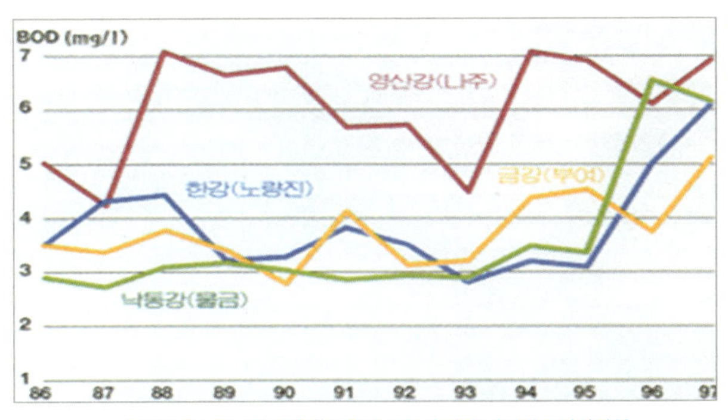

그림 4-6 우리나라 4대강의 오염도 추이 자료:영산강유역환경청

4-2. 수량의 부족에 따른 오염 관련성

현재 영산강은 다른 4대강인 한강, 낙동강, 금강에 비해 유로연장이 짧고 면적이 좁으며, 오염원이 영산강 중상류에 밀집해 있어 수질오염이 심각하며, 수질관리에도 상당한 문제를 유발하고 있다. 이러한 환경여건은 2000년 정부합동으로 실시한 '영산강수계물관리종합대책' 에 다음과 같이 나타나고 있다.

〈표10〉 영산강유역을 포함한 4대강 환경여건 비교

구 분	영산강	한강	낙동강	금강
유역면적(㎢)	3,371	26,018	23,817	9,810
유로연장(㎞)	136.0	481.7	521.5	395.9
평균강수량(㎜)	1,400	1,268	1,166	1,269
인구(만명)	173	1,924	663	298
가축(만두)	119	74	279	104
배출시설(개소)	1,478	13,129	6,758	3,144
하수처리율(%)	78.7	82.9	61.5	32.3
인구 및 산업	상류집중	하류집중	중류집중	중류집중
수자원(억톤/년)	44	330	277	126
산림면적비율	66.9	72.2	69.9	65.3
임목축적도(㎥/ha)	36.4	56.8	40.8	41.8

<표10> 영산강은 유로연장 136km, 유역면적 3,371㎢, 평균유량 70cm/s, 단위유량당 BOD배출량은 34.3g/㎥로써 한강보다 7배의 BOD배출량이 많아 오염부하가 상대적으로 많다. 그리고 하천유지용수는 11%로써 다른 강에 비해 수질오염이 취약한 상태이다.

영산강상류의 댐이 건설되어 하천에 방류하는 유지용수가 5대강 유역 중 가장 적은 521만톤이다. 또 1일 하천 의무방류량 27,648㎥은 하천의 수질개선과 하천기능 유지의 필수조건인 수량확보에 훨씬 미치지 못하여 수질오염을 가속화시키고 있다. 따라서 물부족에 따른 영산강의 수질오염은 당연한 결과이며, 물부족을 해결하기 위한 대책이 시급한 상황이라 하겠다.

4-3. 하수종말처리시설 부족에 따른 오염의 증가

영산강유역 면적은 3,371㎢, 유역연장 136km로써 광주광역시를 통과하고 있는

그림 4-6 갈수기의 황룡강의 오염침출수 현장(현장직접촬영2005.4.1)

거리가 36.1km이다. 이곳에서 영산강유역 시민들이 사용하고 있는 생활하수 및 축산폐수의 배출량 또한 가장 많은 지역에 속한다. 따라서 하천유지용수 부족으로 하천의 자정능력을 이미 상실하여 광주광역시의 생활하수, 공업폐수, 축산폐

수 등의 오폐수 처리시설 확대 및 하수종말처리장 건설이 영산강 수질개선에 꼭 필요한 상황이라 할 수 있다.

광주광역시의 하수처리 능력은 1일 72만㎥으로, 광주하수종말처리장에서 1단계 30만㎥을 증설하여 2단계 30만㎥를 합한 총 60만㎥ 그리고 송대하수종말처리장에서 12만㎥ 등을 처리한 총 72만㎥을 처리하고 있다. 그리고 현재 광주하수종말처리장에 3단계 20만㎥을 증설할 것을 목표로 추진하고 있으나 아직도 하수처리량이 발생량에 비해 미치지 못하고 있는 실정이다.

광주광역시 하수종말처리시설은 인근에 있는 오폐수의 처리시설에서 이송한 방류수의 양과, 자체하수처리장 방류수질 기준강화에 대비한 고도처리시설을 통하여 영산강수계종합처리대책에 따르는 환경기초시설 설치가 되도록 하여야 한다. 2007년 4월 영산강유역환경청이 발표한 영산강수계 목표수질 및 평가수질을 살펴보면 다음과 같다.

〈표11〉 영산강 수계 목표수질 설정현황

수계명	구간명	설 정 지 점	설정권자	목표수질 (㎎/ℓ)	평가수질(㎎/ℓ) (04/05/06)
영산강	영본 A	전남과 광주광역시 경계지점 (담양군과 광주광역시 북구 경계지점)	환경부장관	2.1	3.0 (3.4/2.9/2.7)
	영본 B	광주광역시와 전남 경계지점 (광주광역시 남구와 나주시 경계지점)	환경부장관	5.6	8.2 (9.0/8.4/7.1)
	영본 C	광주광역시 남구와 나주시 경계점부터 고막원천 합류점까지	전남도지사	5.2	6.7 (7.8/6.8/5.4)
	영본 D	고막원천 합류점부터 함평천 합류후 함평 엄다 영흥까지	전남도지사	5.2	5.5 (5.9/5.9/4.5)
	영본 E	함평천 합류후 함평 엄다 영흥 이후부터 영산강하구언까지	전남도지사	2.4	2.3 (2.3/2.3/2.4)
	황룡 A	전남과 광주광역시 경계지점 (장성군과 광주광역시 광산구 경계지점)	환경부장관	2.2	3.0 (3.8/2.9/2.3)
	지석 A	지석천 발원지부터 화순군과 나주시 경계지점까지	전남도지사	2.7	2.6 (3.1/2.5/2.2)

※ 2007.4월 영산강유역환경청(수질총량관리과) 발표 '수질오염총량관리 통계현황' 참조

지금 〈표11〉에서 보듯이 목표수질에 비해 평가수질은 현저하게 높게 나타나며, 이 목표수질에 이르는 대책이 무엇보다 필요한 상황이라 하겠다. 따라서 목표수질에 대한 개선의 효과는 운하와 같은 계획이 우선적으로 고려되어야 할 것이다.

광주광역시의 경우와 마찬가지로 전라남도의 경우 하수처리장 28개소, 환경기초시설 84개소를 확충하였으나, 영산강유역의 경우 51.1%의 하수처리율을 보여 전국 평균 65.9%에 훨씬 미치지 못하고 있으며, 영산강오염의 주된 원인이 되고 있다.

5. 환경 및 수질개선을 위한 대책

5-1. 오폐수처리시설과 하수종말처리시설 확충

영산강유역에 오폐수발생량은 과거 발생추세로 보아 2007년에는 1일 100만톤으로 추정되고 있다. 2005년에는 하수처리장 150개소, 하수관거 1,495km, 산업폐수처리장 1개소, 축산폐수처리장 5개소 등을 추가하여 건설할 계획이었으나, 현재 계획량에 미치지 못한 상황이다.

〈표12〉 영산강수계 환경기초시설 설치계획

(단위 : 억원)

구 분	사업량 (개소)	투 자 계 획		
		소계	영산강상류	영산강하류
합 계	156	15,021	7,090	2,980
◦생활하수처리	150	13,155	6,810	2,608
-하수처리장	21	5,916	3,658	700
-고도처리	(20)	3,200	1,550	860
-마을하수도	129	313	130	87
-하수관거	1,495	3,385	1,274	884
-분뇨처리	-	341	198	77
◦축산폐수처리시설	5	408	-	177
◦산업폐수처리시설	1	195	-	195
◦하천.호소정화	119	1,263	280	-

※ 자료출처 : 전라남도 수질보전과

이 〈표12〉에서 보는 바와 같이 정부는 영산강유역 지방자치단체장에게 하수도 정비 기본계획을 수립토록 하였으며, 읍·면·동 소재지 이상의 지역은 하수처리 시설을 설치하도록 하였고, 면단위 이하의 자연부락에 대한 생활하수처리는 공동 처리 방식으로 전환하고, 지방자치 단체에서 설치·관리토록 하였다. 하수처리비 용은 하수도 요금에 준하는 수준으로 주민들에게 부과 징수하도록 하였다.

또 하수처리장 방류수 기준을 강화하여 2004년부터 BOD10㎎/ *l* 로 적용하도록 하였다. 산업폐수오염원에 관리대책은 2004년부터 영산강수계, 황룡강수계, 지석 천수계에 청정지역 배출기준을 적용하고, 현재 '나' 지역은 '가' 지역으로 상향조 정되어 배출기준이 엄격하게 관리되도록 하였다.

이와 같은 하수처리와 관련한 법령의 준수와 더불어 축산폐수배출구조를 분뇨, 분리수거하도록 저장조 설치와 축산폐수공공처리장, 액비 제조시설을 중심으로 처리체계를 확립하는 것이 필요하다. 뿐만 아니라 축산폐수에 대해 COD기준을 설정 적용하고, 질소 및 인에 배출기준을 200% 이상 강화하여야만 효과가 나타날 것이다. 향후 축산분뇨 자원화를 위하여 퇴비제조시설 및 수분조절제 가공시설 등을 늘려 자원순환형 축산분뇨처리시설 을 확충하는 것도 효과적인 방안이다. 그 동안 관리되어 왔던 점오염원과 달리 비 점오염원에 대한 유입관리 대책수립이 절실하며, 그 방안으로는 수량이 적은 건 천의 경우 저류지를 확보, 비점오염물질

그림 4–8 강으로 유입되는 오탁수 장면 현지직접촬영

을 침전처리하여 영산강으로 유입되도록 하여야 한다. 농경지역에서는 화학비료 사용량을 줄여 질소와 인의 배출을 억제하도록 습지정화시설을 두어여 할 것이 다. 광산폐수, 목재폐수, 화학폐수 등이 영산강에 유입될 가능성이 있는 지역에는

침전조 또는 침사지 등을 확보하여 오염물질이 유입되지 않도록 하는 것도 필요하다. 특히 영산강변에 많이 산재한 비위생쓰레기 매립지는 빠른 시일 내에 정비하여야 할 것이며, 침출수의 발생으로 인한 영산강 오염부하를 줄일 수 있는 대책을 강구하여야 한다. 그리고 2007년부터 시행하는 오염물질총량 관리제도를 통하여 연차적으로 평균수질이 1등급을 유지할 수 있도록 점오염원의 총량관리대상 규제를 검토하고, 단계적으로 확대 실시하여야 할 것이다. 또한 비점오염원에 대해서는 단계적으로 환경관리에 포함되어야 한다. 또 산림에 수원함량 기능을 강화하여 지천과 본류의 효율적인 수질관리에 기여하도록 수원함량림을 육성, 발전시켜야 할 것이다.

5-2. 기업의 오염예방 대책과 수립방안 마련

수질오염물질을 줄이는 최선의 방법은 오염물질이 생성되기 전에 처음 단계부터 오염발생원을 없애는 일이다. 미국의 경우 각 산업체에서는 화학물질 환경배

그림 4-8 용전강변공사현장의 폐기물 노출 모습(현장직접촬영 2006.3.5)

출량 보고제도를 시행하며, 효율을 증진시키고 환경영향을 적게 하여 배출량을 줄이는 방법으로 이윤창출을 늘리고 있다. 이러한 공정을 유입물질의 최소화, 부산물 재사용, 독성 유입물질 억제 등을 통해 기업이 야기시킬 수 있는 환경오염방지에 실제로 기여할 수 있다. 따라서 생산계획과 순서를 정할 때 환경에 대한 오염이 적은 원료를 사용하며, 폐수발생 시 정화 가능한 설비를 갖출 수 있는지 등을 잘 판단하여 공정과 장비가 환경오염방지에 기여할 수 있도록 하여야 한다. 물을 많이 사용하는 기업은 무방류 시스템을 채택한 중수처리기법을 많이 활용하도록 한다.

또한 환경오염을 악화시키는 기업이나 산업은 원천적으로 환경오염을 고려하여 입지선택에 신경을 써야 한다. 오늘날 기업들은 물류가 용이하거나 용수가 용이한 지역을 선택하는 경우가 있다. 앞으로 운하나 강의 준설을 통해 일어날 수 있는 입지선택이나 선정과 관련하여 가장 효과적인 수변지역확대 지정은 호소경계 500m이내 지역과 지천발원지까지 양안 500m 이내 지역에 수질보전을 위하여 환경부장관이 수변구역을 확대, 지정고시하여 오염원 입지를 제한하는 정책도 필요할 것이다. 수변구역 중 음식점, 숙박시설, 공동주택, 콘도미니엄, 목욕탕, 축사 등의 설치를 제한하고, 가축의 방목행위도 제한하며, 배출수 기준을 강화하여 수변관리에 만전을 기하는 지혜도 필요하다.

5-3. 생활하수 및 세제사용의 친환경세제 이용 전환

우리나라는 1995년부터 전국적으로 종량제를 실시하고 있다. 광주역시의 2003년 생활폐기물 발생 및 처리현황을 보면 아래와 같다. 서울시의 경우 1994년 15,000톤으로 1인당 1.42kg이었으며, 1995년 14,000톤으로 1인당 1.33kg이었다. 이에 비해 광주시의 경우 2003년 경우 1인당 1.49kg으로 서울보다 더 높은 수치를 보여주고 있다.

〈표13〉 광주시 2003년 생활폐기물발생및처리현황

(단위 : 명, 대, ㎢, %)

구 분		계	동 구	서 구	남 구	북 구	광산구
행정 구역	면 적	501.36	48.86	46.74	61.06	121.81	222.89
	인 구(A)	1,400,683	117,059	314,319	216,417	463,518	289,370
	면 적	501.36	48.86	46.74	61.06	121.81	222.89
	인 구(B)	1,400,683	117,059	314,319	216,417	463,518	289,370
청소인구율(B/A)		100	100	100	100	100	100
발생량 (톤/일)	계	1,487.9	190.4	296.6	210.3	488.8	301.8
	일반쓰레기	1,142.0	164.9	224.3	153.2	367.1	232.5
	음식물·채소류	345.9	25.5	72.3	57.1	121.7	69.3
1인1일발생량(㎏)		1.06	1.62	0.94	0.97	1.05	1.04
처리량 (톤/일)	계	1,487.9	190.4	296.6	210.3	488.8	301.8
	매 립	707.3	118.6	82.7	96.6	282.3	127.1
	소 각	228.0	2.7	96.1	37.3	28.9	63.0
	재 활 용	552.6	69.1	117.8	76.4	177.6	111.7

※ 광주광역시 환경녹지국 자료 참조.

　　생활하수나 폐기물은 활용여하에 따라 귀중한 재생자원이 될 수 있다. 생활하수를 중수로도 재활용하여 화장실이나 공원 등의 물활용으로 이용이 가능하며, 신문지로 만든 재생노트나 우유책으로 만든 휴지나 종이박스 등은 폐기물 재활용의 좋은 예라 할 수 있다. 그러므로 생활하수나 폐기물의 발생을 방지하는 가장 좋은 방법은 낭비를 줄이거나 절약으로 쓰레기의 발생자체를 줄이는 노력과, 철저한 분리수거로 재사용하거나 재활용 자원을 늘려가는 것도 좋은 방법이라 할 수 있다. 특히 음식쓰레기의 재활용으로 퇴비나 자원을 퇴비가스로 활용하는 것, 위생적 매립 및 소각시에 열 이용도 가능하다.

5-4. 환경 및 수질개선에 대한 시민의식 제고

　　환경위기, 환경오염을 극복하기 위해서는 정부와 국민의 절대적인 노력이 필요한 시기이다. 과거 정부시절에는 개발과 성장 정책에만 온통 관심이 쏠렸고, 환경문제는 늘 뒷전이었다. 그러나 최근에 일어나고 있는 환경문제 심각성을 느낀 정부나 국민은 환경보전을 위한 다양한 정책을 만들고 환경을 보존하기 위해 노력하고 있다. 환경보전을 위해 영산강유역의 광주시나 전라남도 또는 각 자치단체의 역할이나 노력이 매우 중요한 시점에 와 있다.

또한 환경보전은 기업의 자세에도 매우 중요하다. 과거와 같이 기업이 이윤추구에만 급급하다면 환경은 계속 오염될 수밖에 없다. 이제는 기업도 환경을 먼저 고려하는 기업경영쇄신에 전력을 기울여야 한다. 그러나 무엇보다도 우리 사회의 중요한 구성원인 국민의 역할이 중요하다. 시민의식이 깨어있을 때 지방자치단체나 정부도 바른 정책을 펼 것이며, 기업 또한 환경친화적인 경영을 펼칠 것이다. 이제는 우리 국민 모두가 깨어있는 환경의 감시자 파수꾼으로써 게을리 하지 말아야 하며, 일상생활에서 늘 환경을 생각하는 행동과 실천을 통해 환경보전을 이루어야 한다.

그림 4-10 지석강변쓰레기 매립 현장 직접촬영

5-5. 영산강 준설을 통한 오염원의 제거와 준설기술, 방법

영산강은 영산강하구언둑 건설 이래 30년 가까이 담수호로써 농업용수 확보 등 일부의 기능을 담당해 왔다. 그리하여 영산강상류지역에서 유입된 토사는 물론이고 온갖 생활하수, 축산오폐수 등 쓰레기로 몸살을 앓고 있다. 특히 하구언둑에 가까운 드넓은 영산호는 몇 미터씩 쌓인 쓰레기 퇴적층으로 남아 콘크리트처럼 단단히 굳어있는 상태이다. 그리하여 부영양화는 물론이고, 녹조 또는 남조류의 생성과 규조류의 수화발생, 식물성 플랑크톤의 개체수 증가, 물속의 현탁물질량의 증가, 외부유입 유기물질의 부식물질생성이 지속되고 있다. 여기에 수면용존산소 농도저하로 물고기 집단 폐사 등이 자주 발생한다. 이러한 원인을 제거하기 위하여 영양물질유입의 억제나 하수처리장 증설, 고도처리 등을 통하여 영양염 유입 차단을 이루어야 한다. 또 수중식물의 영양원이 되는 질소와 인을 제거하는 수생 식물의 식재가 이루어져야 하며, 수역주변의 축산공장, 위락시설 배출수 감시를 통하여 영양물질 오염물에 배출을 사전에 감소시켜 수체에 유기물 및 영양염류를 방지하여야 하며, 특히 영양염류가 농축되어 있는 저질토에 대한 준설이 시급하다고 하겠다.

저질토는 많은 합성수지, 중금속, 규사 등 물보다 만 배 내지 십만 배의 인이 녹아 축척되어 있으므로 이를 준설하여 호소내의 인을 제거하여야 저질토의 영양염류가 농축되어 생물상의 미치는 영향과 수질의 오염을 절대적으로 개선할 수 있다. 특히 영산강의 퇴적오니를 준설할 때 몇 가지 과정에 따라 준설이 이루어져야 한다. 먼저 차곡차곡 퇴적된 오염물질을 성층이라 하는데, 이 겹겹이 쌓여 굳어져 있는 성층파괴를 위해 깊은 오염물속에 폭기(워터젯 분사방식)를 활용하여 강제 흡입방식으로 지상으로 끌어올리는 방식을 사용하고 있다. 거기에 산소 또는 공기를 불어넣어 저질토로부터 인 또는 여러 유해물질이 녹아나오는 환원물질의 정화기술이 활용되어 오염을 원상으로 회복시키는 효과로 사용하고 있다. 이러한 준설의 기술이나 방법은 퇴적오니의 준설 시 퇴적오니의 탁도를 줄임과 동시에 인근지역에 오염물질의 확대를 막아주어 또 다른 환경오염을 방지한다.

이러한 준설의 효과와 더불어 수면에 운행하는 유람선이나 화물선, 크루즈선, 고깃배 등 스크류를 사용하는 동력선의 활발한 운행으로 호소에 강제폭기나 산소 공기 등의 공급이 이루어져 물의 영양염류 농도를 저하시키며, 따라서 수질정화에 탁월한 효과를 이룰 수 있다. 이러한 노력과 더불어 수초와 부착조류를 적정하게 성장을 억제하고, 수질오염을 제지하여 개선시키면 그 효과는 더욱 크게 나타날 것이다. 그리고 갈대숲을 보전하고, 질경이, 옥잠화 등과 같은 수질개선 식물을 강변에 식재하면 경관의 시각적 효과를 극대화할 뿐만 아니라 수질개선에 더욱 기여할 것이다.

5-6. 수자원 부족해결 및 환경·수질오염 제거를 위한 운하건설 효과, 사업비 산정

그림 4-11 강변의 쓰레기투기와 오탁수, 녹조현장

영산강상류에 담양댐, 장성댐, 광주댐, 나주댐 등 4대 댐이 건설된 이후 하천 유지수량이 현저히 감소됨으로써 수질관리에 큰 부담이 되고 있다. 이 시점에서 영산강본류에 운하와 관련하여 하천유지수 관리용 3개 정도의 댐을 건설함으로써 갈수기에 대비한 수자원 이용관리가 용이하다고 할 수 있다.

1996년 전라남도의 영산강수질개선종합대책에 따르면, 영산강의 목표수질을 달성하기 위해 영산강상류에서만 28.9㎥/sec의 하천유지수량이 확보되어야 하는 것으로 나타났다. 여기에서는 또한 환경기초시설만이 아닌 하천직접정화방식 등을 통해 각 유입 지천별로 BOD 오염배출량을 20~40% 정도 삭감하고, 10.80㎥/sec 만을 추가로 공급하면 전체 구간의 목표수질을 달성할 수 있을 것으로 분석한 바 있다. 이처럼 전라남도의 댐건설을 통한 수질개선과 환경오염을 줄이려는 대책에서도 나타나듯이, 지금 적정량의 하천유지수량의 확보가 무엇보다 필요한 상황에 놓여 있다. 이러한 문제 해결은 영산강 운하의 건설 시, 운하 본래의 기능과 역할을 담당하기 위해 제시한 3개 댐의 건설이 획기적인 대안이라 할 수 있다.

3개 댐의 건설은 바로 갈수기에 조정댐으로서의 풍부한 수량 확보와 동시에 환경오염을 줄이는 기능을 유지함과 동시에 농업용 저수지 숭상을 통한 확보에도 기여하게 될 것이다. 이러한 운하를 통한 댐건설은 또한 상류의 댐건설이나 지하댐 건설과 같은 과다한 비용의 증가도 막을 수 있다. 여기에서 운하용 댐은 단지 물류를 위한 댐전용이 아닌 환경오염이나 수질개선, 수량확보, 어류 등의 생태계 확보에도 긍정적인 효과를 줄 것으로 보인다.

우리지역에서는 2007년 4월경 갈수기에 주암댐 등을 비롯한 여러 댐들이 유량의 부족으로 인해 며칠만 비가 안 왔어도 저수지가 완전히 고갈되어 먹는 물조차 부족한 상황을 맞이하였다. 이것은 앞으로 도래할 수 있는 심각한 물부족의 현상이라 할 수 있다. 이를 대비해서도 댐건설은 필요하며, 갈수기에 유량의 부족은 제1, 2, 3댐 간의 공급유지수를 통해서 해결할 수 있을 것이다. 이러한 운하건설은 무엇보다 먼저 환경과 수질오염에 대한 제고가 선행되어야 한다. 한반도대운하연구회와 공동으로 조사한 영산강운하 건설시 환경ㆍ수질오염에 대한 개선 비용은 개략 2조 2천억원 정도로 추산하고 있다. 여기에 드는 사업비 선정은 다음과 같다.

<표14> 환경ㆍ수질개선 사업비 산정

구 분	내 용	공사비(억원)
환경기초시설 설치	°댐상류지역 마을하수도 설치 °처리장의 고도처리 개선 °하수관거 정비(광주,나주,함평,영암,무안)등	12,000
비점오염원 저감시설 설치	°도시지역 비점오염원 저감시설 설치 °초기우수 저류 및 처리시설	2,000
자연형하천 정화사업	°습지조성 등 하천수 정화시설 설치 °영산강 상류댐 승고로 유지유량 확보	5,100
댐내시설 설치사업	°인공섬, 폭기시설, 녹조제거시설 설치	600
퇴적물 준설	°L50㎞, W200m, H2.0m 준설	2,300
개략 사업비		22,000

〈표14〉에서 보듯이 영산강의 환경·수질개선에 대한 사업비는 다른 주운수로나 댐건설, 항만시설 비용에 비해 현저하게 높게 산출하고 있는 것도, 그만큼 영산강의 환경오염과 수질오염이 크다는 것을 반증해 준다. 환경·수질오염의 개선은 표피적인 준설이나 개선만으로 안되며, 운하와 같은 대사업을 통해 총체적으로 이루어져야 한다. 현재 진행하고 있는 광주인근 하천의 표피적 땜질식의 준설과 같은 사업은 몇 년 지나고 나면 또 다시 계속 시행해야 하는 문제점을 안고 있다. 여기에 그치지 않고 하천 깊숙이 잠복되어 있는 오염의 근원도 제거하고, 환경기초 시설이나 비점오염원 저감설치, 하류의 퇴적물 준설 등 총체적인 작업이 선행되어야 30년 동안 오염된 근원을 바로 잡을 수 있다. 그러나 이러한 사업비 선정 이외에도 가장 시급한 문제는 광주시나 나주시 등 오폐수처리시설과 하수종말처리시설 등의 확충을 통해 100% 처리시켜 더 이상 영산강이 오염되지 않도록 행정적인 지원과 노력이 있어야 할 것이다.

6. 맺는 말

지금까지 이 글에서는 영산강유역의 환경과 수질현황에 대한 일반적인 상황에 따라 영산강이 환경오염과 수질오염에 처할 수밖에 없는 여러 문제들을 고찰해 보았다. 영산강의 환경오염이나 수질오염은 근본적으로 영산강상류의 대도시를 중심으로 전개되는 생활오폐수 및 축산, 산업오폐수의 과다한 유입, 거기에 오폐수처리시설이나 하수종말처리시설의 부족이 가장 중요한 원인이라 할 수 있다. 이 뿐만 아니라 대도시와 농촌 할 것 없이 과다하게 사용하고 있는 합성세제 등과 같은 과다한 사용이 음이온계면활성제의 농도를 높여 수질오염뿐만 아니라 자연과 인간, 산업에 이르기까지 치명적인 영향을 주고 있다. 이러한 것들과 아울러 모두 환경인식과 의식부족에 따른 영향도 무시할 수 없다.

이 글에서는 영산강의 수질오염의 문제로, 수질오염원이라 할 수 있는 녹조현상, 하천의 부영양화, 생활하수 등을 중심으로 근본적인 원인을 살펴보았다. 그리고, 물부족으로 인한 오염 관련성으로서 4대강과 영산강을 비교하여 그 한계도 살펴보았다. 이러한 환경여건에 '영산강수계물관리종합대책' 에 근거하여 물부족에 따른 영산강 수질오염 현황과 물부족을 해결하기 위한 대책을 제시해 보았다. 환경 및 수질개선을 위한 대책으로는 먼저 현저하게 부족한 오폐수처리시설과 하수종말처리시설 확충이 시급한 문제임을 지적해 보았다. 그리고 수질오염물질을 줄이는 최선의 방법 가운데 오염발생 원인의 하나인 기업의 오염예방 대책과 수립방안 마련, 생활하수 및 세제사용의 친환경세제 이용 전환을 들어 보았다. 이것은 또한 환경 및 수질개선에 대한 시민의식 제고가 있어야 하며, 환경위기, 환경오염을 극복하기 위해서는 정부와 자치단체, 기업이나 국민 모두의 절대적인 노력이 필요한 것임을 확인하였다.

그러나 영산강의 환경오염과 수질개선에 대한 근본적인 대책은 국가나 국민의 의식만으로는 안 되며, 무엇보다도 영산강 준설을 통한 오염원의 제거가 선행되어야 한다. 영산강은 현재 부영양화는 물론이고, 녹조 또는 남조류의 생성과 규조류의 수화발생, 식물성 플랑크톤의 개체수 증가, 물속의 현탁물질량의 증가, 외부유입 유기물질의 부식물질생성이 지속되어 물고기 집단 폐사는 물론이고 농사도 지을 수 없으며, 공업용수 사용도 어려운 처지에 놓여 있다. 이러한 심각한 상황에서 영산강운하 건설을 통한 획기적인 준설이나 환경오염원의 제거 등 수질개선이 가장 효과적인 방법임을 알 수 있었다. 샌드펌프(sand pump)나 폭기(워터젯 분사방식)를 활용한 강제흡입방식 등 준설의 방법이나 기술은 현대의 고도기술에 따라 또 다른 환경오염을 줄이는 대책이 될 수 있다. 여기에 수면에 운행하는 유람선이나 화물선, 크루즈선, 고깃배 등 스크류를 사용하는 동력선의 활발한 운행, 수변

식물이나 수중식물, 갈대숲, 질경이, 옥잠화 등 생태적인 환경마련이 이루어지면 그 효과는 극대화될 수 있음을 알 수 있었다.

이 노력 이외에도 수자원 부족해결 및 수질오염 제거를 위한 운하건설이 효과적인 대안이 될 수 있음을 알 수 있었다. 상시적인 물자원 확보를 위해 운하를 통한 3개 댐의 건설은 갈수기 조정댐으로서 역할을 통해 풍부한 수량 확보, 생활용수 및 농·공업 등 산업활동에도 이바지함을 알 수 있었다. 그리고 운하를 통한 댐건설은 상류의 댐건설, 지하댐 건설과 같은 다른 사회간접시설 건설의 비용을 막을 수 있고 환경오염이나 수질개선, 수량확보, 어류 등의 생태계 복원 등 총체적으로 기여하는 획기적인 대안이 될 수 있음도 확인하였다. 여기에 덧붙여 환경·수질오염개선에 대한 개략적인 비용은 다른 분야의 비용보다 높은 2조 2천억원으로, 오염의 근본적인 해결에 대한 의지의 결과이며, 그만큼 영산강이 오염되었음을 알려주는 척도라 할 수 있다.

참고문헌

1. 김범철외4인(1995), 「국내호수에서의 남조류 독소발생」, 한국수질보전학회, 1995년도 학술연구발표회요지집.

2. 김승환외2인(1983), 「국산합성세제의 생분해에 관한 연구」, 『국립공업시험원 연구보고 33』 제2집.

3. 김종일(2001), 「영산강의 오늘과 내일 ; 지속가능한 생태전략21」, 남도의 젖줄, 영산강의 오늘과 내일 민, 관, 전문가 공동토론회, 광주·목포환경운동연합주최, pp.5~25 참조.

4. 김주태(2001), 「광주광역시 물관리 현황 및 영산강수질 보전대책」, 남도의 젖줄, 영산강의 오늘과 내일 민, 관, 전문가 공동토론회, 광주·목포환경운동연합주최, pp.79~ 참조.

5. 김학균(1995), 「해양오염의 심각성과 해양보전 대책」, 서해중부 연안의 해양환경 및 생태, 충남대학교

6. 대한화장품공업협회(1991), 「삼푸와 비누에 의한 수질오염과 안정성에 관한 연구」

7. 도갑수·전인자(1985), 「합성세제 함유 폐수처리에 관한 연구」, 한국폐기물학회지21

8. 아·태환경-경영연구원(1994), 「합성세제의 환경영향 및 안정성 평가를 위한 조사연구」 pp.155~227.

9. 영산강유역환경청 홈페이지 http://yeongsan.me.go.kr/ 검색일 2007.9.15

10. 이병인외2인(1991), 「합성세제로 인한 수질오염에 관한 고찰」, 밀양전문대학논문집25, pp.183~193

11. 이정일, 환경이야기 에코피아, pp.261~317

12. 이윤(1995), 「해양오염의 미생물학적 제어」, 생물화공·해양생물공학 93, p.31. 39

13. 임영묵(2001), 「전라도의 영산강 살리기 정책」, 남도의 젖줄, 영산강의 오늘과 내일 민, 관, 전문가 공동토론회, 광주·목포환경운동연합주최, pp.45~62 참조.

14. 해양수산부 자료 검색 검색일2007.9.15

15. 환경부(2007), 「수질현황자료」 검색. 검색일 2007.9.15

16. 松重一夫(1990), 「세제부하원 단위 및 오염부하량 조사발표」.

17. Thienemann, A.(1925), Die Binnengewasser Mitteleuropas, Strttagart.

18. U.S.E.P.A.(1976), Water Quality Criteria Research of the U.S. Enviromnental Protection Agency, Procedings of an EPA sponsoredsymposium, EPA-600/3-76-079

제 5 장

영산강 뱃길, 환경 · 생태 운하로 복원구상

신종호
_ 경기 양평 출생
_ 고려대학교 토목공학과 졸업
_ 한국과학기술원(KAIST) 공학석사
_ 영국 Imperial College, University of London Ph.D
_ 기술고등고시합격, 서울시청 근무
_ 영산강뱃길살리기협의회 자문위원
_ 현재 건국대학교 토목공학과 교수

제5장 영산강 뱃길, 환경 · 생태 운하로 복원구상

1. 시작하며

바다를 접하고 있는 많은 국가들이 일찍부터 해상을 이용한 교류와 교역에 눈뜨고, 무역과 이를 기초로 한 내륙산업의 발전을 토대로 오늘날의 선진국가로 성장해 왔다. 이들 국가의 성장 기반시설을 좀 더 깊게 들여다보면 바다의 해로와 운하를 통해 내륙도시와 잘 연결시켜 정비하고 있다는 사실을 확인할 수 있다. 라인강에 접해있는 대부분의 서유럽 국가나 영국이 이러한 사례의 대표적인 예가 될 것이다.

비록 산업혁명시대 초기의 주요 인적 · 물적 이동수단인 배가 철도로 상당부분 대체되긴 하였지만, 이들 유럽 선진국에서는 주운이 여전히 철도와 도로에 맞먹는 대표 수송수단으로서 건재해 있다. 적시성과 저비용을 만족하는 운송수단으로서 결코 포기할 수 없는 매력이 있기 때문이다.

내륙운하의 발달은 해안중심의 발전을 육지 내부로 끌어들였다는 국토계획 측면을 간과할 수 없다. 발전과 성장을 위해서는 저비용 물류수단이 필수적이며, 이를 주운이 담당함으로써 해안도시에 대해 내륙도시가 경쟁력을 갖출 수 있게 된 것이다.

우리나라도 근대교통이 도입되기 전까지 자연지형을 이용한 주운이 중요한 역할을 하였다. 그러나 국가 간 무역에 있어 해상운송이 주요 교통수단이 되면서 해안의 항구도시를 중심으로 산업화가 진전되었고, 철도, 도로, 해운을 연계하여 이용할 수밖에 없는 내륙 산업지는 물류비용 측면에서 상대적으로 경쟁력이 떨어져 국토 균형발전의 제약이 되기도 하였다.

영산강유역은 내륙의 상당부분까지 조수간만에 의한 해수의 영향을 받던 곳으로, 과거에 뱃길로서 활용도가 높던 지역이었다. 그러나 영산강하구언의 건설과 무관심 수준에 가까운 하천관리 실태는 영산강의 환경가치는 물론 이용가치마저 외면하고 있는 실정이다.

이제 영산강 주변지역의 하천환경을 개선하여 지역주민의 삶의 질을 향상하고, 도로체증을 완화하며, 투자의 새로운 매력을 더함으로써 호남지역의 미래 성장동력의 기반개념으로서 영산강 뱃길 복원을 구체적으로 구상해 보고 실현가능 방안을 모색해 보고자 한다.

삼면이 바다라는 지정학적 위치에도 불구하고, 그간 우리가 드러내놓고 주장할 만한 해양 혹은 하천과 관련한 특별한 성취를 이룬 것은 거의 없다. 이제 국토계획 관점에서 영산강과 그 주변여건을 분석해 보고, 올바른 보존과 활용을 적극적으로 생각해 볼 때이다.

선진국의 운하는 이제 질 높은 국민생활을 위한 복합공간으로 복원되고 탈바꿈하고 있다. 맑은 물, 지역과 사람의 어울림, 자전거로 하천변을 질주하며 느끼는 상쾌함, 내륙에서 요트를 타고 바로 바다로 레저관광을 떠나는 가족들, 이러한 선진국의 모습에서 영산강 뱃길의 복원은 더 이상 '하느냐 마느냐'의 문제가 아니라 '어떻게'의 문제로 인식하는 것이 세계적 추세의 관점이다. 발전된 기술로 환경오염을 극복하고 보존과 이용을 최적 배분하는 공통분모를 찾는 일에 혁신적이고 창조적인 아이디어를 모으면, 우리 영산강의 옛 뱃길을 환경과 생태가 어우러진 현대식 운하로 복원할 수 있을 것이다.

2. 뱃길복원과 운하의 재발견

2-1. 운하시대

1825년 증기기관차가 발명되기 전까지 유럽을 지배한 운송수단은 수운(水運)이었다. 이 시대의 운하는 수로폭이 10~20m에 불과한 소단면(小斷面)이었지만 거미줄처럼 곳곳을 연결하여 인적, 물적 흐름을 가능하게 하였다. 주운을 이용한 운하의 효용성과 경제성은 자연하천에 의존하던 시대를 넘어, 산과 구릉을 터널로 연결하고, 갑문으로 고저차를 극복하며, 시대의 핵심교통수단으로 전성기를 구가하였다.

예로 1681년에 개통된 프랑스의 랑그독(Languedoc) 운하는 가론느(Garonne)강과 지중해를 연결하는 총연장 240km의 거대한 규모로서 터널을 155m나 포함하여 건설되었다. 이 운하의 건설은 그동안 운하건설에 장애가 되었던 지형문제 해소의 청신호가 되어 이후 터널과 갑문 등으로 고저차를 극복함으로써 지형문제를 적극적으로 해결할 수 있게 되었다.

영국에서도 아이리쉬(Irish)해와 브리스톨(Bristol)해협을 연결하는 2.65km의 터널을 포함하는 그랜드 트렁크 운하가 1977년 건설 완료됨으로서, 이 당시 버밍햄(Birmingham)부터 리버풀(Liverpool)까지의 화물운임을 육분의 일 수준으로 내려 바야흐로 운하의 전성시대를 누렸다.

그러나 운하 전성시대는 증기기관차가 발명되고 1830년대 들어 주요 철도노선이 개통됨으로써 스피드와 대량수송력에 힘입어 주운기능을 대체하게 되었다. 또한 도로교통과 차량수송능력의 확대는 이러한 추세를 가속화 시켰다. 이로 인해 내륙의 소규모 운하는 용도가 폐기되기에 이르렀다. 그리고 불과 몇 년 전까지만 해도 운하시대의 수로흔적으로만 방치되어 왔다.

하지만 모든 운하가 다 용도폐기 된 것은 아니었다. 주운의 특성인 적시성, 대량

수송, 저비용의 효과가 지속되는 큰 하천을 통한 주운은 오히려 내륙의 산업입지를 뒷받침해 주었고, 그에 힘입어 주운이 현재까지도 중요한 기반시설로서 기능하고 있다. 예로 라인강과 같은 대규모 수송이 가능한 주운수로는 여전히 경쟁력을 가지며 건재해 있고, 저비용, 저에너지 사용, 대량수송의 경쟁력에 힘입어 현재까지도 내륙으로 확장을 계속하고 있다.

2-2. 뱃길(운하) 복원과 이용의 세계적 추세

영국 런던에는 비록 크지 않지만 운하박물관(Canal Museum)이 있다. 과거 운하시대에 배와 관련된 사람들의 삶을 재현하려는 모습이 많이 눈에 띤다. 여기에서 운하와 관련된 어떤 새로운 경향을 볼 수 있다. 그동안 훼손되거나, 방치되었던 운하가 여기저기에서 경쟁적으로 복원되고 있다는 사실이다. 물론 주운을 위한 복원은 아니다. 그들은 그동안 폐기되었던 소운하를 생태 · 환경 공간, 관광시설, 바다로 나가는 진출입구(進出入口)로 활용하여 지역경제의 소생매체로 삼아 재도약을 꿈꾸고 있다.

그림 5-1 Huddersfield Canal의 복원 (http://www.penninewaterways.co.uk/huddersfield)

복원의 이유에 대해서는 영국에서 발간되는 'Canals & Rivers' 라는 매거진이 잘 설명해 주고 있다. 운하시대의 하천 생활이 생활레저의 한 형태로 급속히 복원되고 있다는 것이다. 이러한 사실은 국토의 하천공간의 활용이 단순히 주운논쟁에만 휘말리는 것은 바람직하지 않으며, 지역민의 삶의 질과 외부와의 소통을 개선하는 등 뱃길 복원의 현대적 의미 및 운하의 역할 재정립 판단에 상당한 참고가 될 수 있을 것이다.

그림 5-2 'Canals & Rivers' 표지, 선상의 여유

반면에 독일과 같이 라인강 유역에 속하는 국가들은 주운에 의한 물동량이 계속 증가함에 따라, 수계연결을 통한 운하 확장사업을 지속적으로 추진하고 있다.

이러한 상황을 종합하면 현대의 하천이용은 삶의 질 향상과 경제 활동의 두 가지 기능을 모두 포함하는 형태로 진화를 거듭하고 있는 중임을 알 수 있다. 소하천 및 소운하를 중심으로 한 지역민의 생활 레저 공간 그리고 대형선박 운항이 가능한 대규모 하천을 중심으로 한 주운기능의 확대가 바로 그것이다.

또 하나 발견되는 뱃길복원의 추세는 댐 건설로 단절된 수로의 연결이다. 과거의 댐 건설은 주운수로의 단절을 낳았다. 이를 복원하기 위한 유럽 여러 나라들의 노력도 많이 눈에 띈다. 일례로 체코슬로바키아는 블타바(Vltatva)강에 위치하는 Slapy Dam에 수로복원을 위한 60m×25m(LxB) 규모의 갑문 건설을 계획하고 상세설계에 들어갔다.

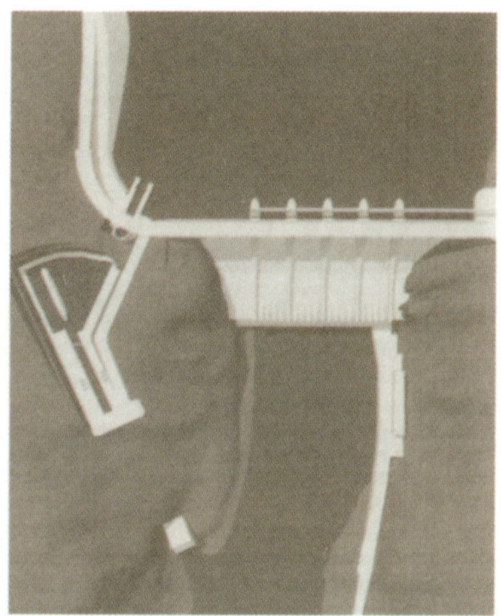

그림 5-3 체코 Slapy Dam 수로연결을 위한 갑문(lock)계획

2-3. 하천이용과 뱃길 복원

앞에서는 일찍이 수로문화가 발달했던 유럽을 대상으로 운하복원 추세와 수로 이용 현황을 몇 가지 사례를 통하여 살펴보았다. 이러한 현상들을 그대로 우리 현실에 적용하는 것은 여러 가지 여건상 용이하지 않을 것이다.

따라서 우리의 하천환경과 유럽의 경우를 비교해 보고, 보다 발전적인 대안을 모색해 보는 것이 일의 순서일 것이다. 강우특성을 보면 우리와 유럽은 차이가 있다. 유럽의 경우 연중 강우량이 월별로 큰 차이가 없다. 연중 일정한 강우는 수량을 일정하게 하여 운하시설의 운영에 도움이 되는 측면이 많다. 우리의 경우 강우 대부분이 8~10월에 집중되지만 최근의 경우 아열대성 기후로 바뀌어 상당한 가능성을 열어두고 있는 상황이다.

우리나라의 강우편중 특성은 홍수문제, 물 부족과 관련된 수자원문제와 하천환경오염문제 등을 야기한다. 이러한 물 부족문제와 홍수문제에 대한 대책으로 운하건설이 대안이 될 수 있다. 운하건설은 수심유지를 위해 보(댐)의 건설을 포함한다. 보 건설을 통해 저수용량을 늘리고 홍수제어능력을 향상시킬 수 있기 때문이다. 보를 막아 물을 고이게 하면 수질이 악화된다는 지적도 있다. 하지만 이 문제는 유입수에 대한 수질대책과 저류수의 적정 순환구조를 유지함으로써 얼마든지 기술적 대응이 가능하다.

전통적으로 우리나라는 하천이용에 적극적이지 않았다. 그렇다고 생태 · 환경적으로 보존을 잘해 온 것도 아니다. 유럽에서 일고 있는 운하 복원운동은 현대적 관점에서 운하기능이 얼마나 더 다양해질 수 있는지를 보여주고 있다. 그리고 방치에 대한 무관심을 관심으로 돌리는 어느 정도의 하천에 대한 편익추구를 배제할 수는 없다. 이용을 위한 최소한의 시설에 생태, 환경적 의미를 부함으로써 하천의 미래가치를 훼손시키지 않는 지속가능한 원리를 도입할 때 이용에 대한 관심을 통해 환경적으로 방치된 문제를 개선할 수 있다. 우리 삶의 질은 생태적 관점과 인간 중심적 관점의 절묘한 최적배분을 통해 향상시킬 수 있을 것이다.

3. 뱃길복원의 신경향과 현대적 의미

3-1. 현대의 운하

잘 정비된 숲, 정돈된 하천 그리고 그 위를 유유히 나아가는 배, 이것이 유럽 어디에서나 쉽게 눈에 띄는 운하의 모습이다. 유럽각국의 바다이용은 내륙하천으로부터 시작된다. 그들은 Canal Center에 전화를 걸어 통과시간을 예약한다. 그리고 집 앞 호수에 정박해 놓은 요트를 몰고 온 가족이 바다로 나가거나 다른 강줄기로 여행을 시작한다. 이것이 유럽인들의 운하를 이용한 일상적인 여가생활이다.

프랑스, 독일, 네덜란드 등 서유럽 국가는 모두 일반도로체계 만큼이나 잘 정비된 운하 항해도를 제공하고 있다. Canal Center 연락처, 운하폭, 정비상태 등 항해사가 항해 스케줄링을 할 수 있는 모든 정보를 제공한다.

운하건설은 하천경관을 보다 다이

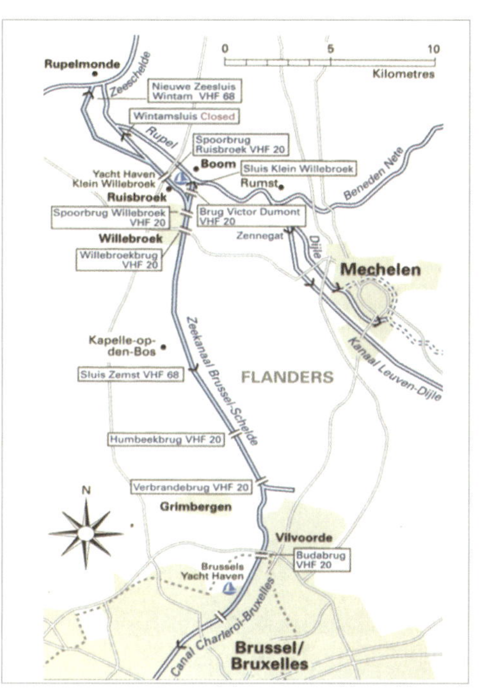

그림 5-4 전형적인 운하전경과 네덜란드 브뤼셀운하 노선도

나믹하게 변화시켜 준다. 제방, 혹은 고수부지의 자전거도로는 하천이 주는 건강을 위한 선물이다. 운하주변의 경관은 대표적인 파노라믹 뷰(panoramic view)를 제공한다. 운하는 주변지역의 관광지나 축제 등의 지역문화와 매우 밀접한 관계를 맺고 지역행사와 문화를 보다 풍부하게 해준다. 운하주변 20km 범위를 운하회랑(Canal corridor)이라 부르는 이유가 여기에 있다.

무엇보다도 운하가 주는 가치는 하천자연을 쉽고 편리하게 향유함에 있다. 라인강변 운하의 경우 하천주변 곳곳이 Biotop으로 보존 관리되고 있다. 이러한 관리가 가능한 것은 아이러니하게도 운하이용에 대한 반작용에서 출발한 것이 많다.

과거든 현대든 기능적으로 보면 운하는 뱃길이다. 과거에는 자연현황에 순응하여 하천이 허용하는 범위 내의 운항을 하였다면 현대의 지형적 한계를 극복하는 운하는 보다 적극적인 개념이 도입되고 있다.

현대의 운하는 뱃길 연안의 운하회랑(canal corridor)을 포함하여 지칭한다. 현대운하는 통과지역 주민들을 위한 쉼터이자, 활력을 주는 매개체이다. 라인강변의 시원한 자전거도로의 끊임없는 행렬과 나란히 운행하는 관광선 그리고 화물선은 하천자연과 편익추구가 어떻게 조화될 수 있는가를 보여준다.

이러한 현상들을 볼 때 어느 지역의 뱃길을 복원, 혹은 운하를 건설한다 함은, 생태·환경적 고려를 기본으로 하여 주변지역 문화, 산업 및 발전전략, 수자원 이용, 홍수관리, 주민이용 등에 대한 종합적 검토를 전제로 함을 인식할 필요가 있다.

3-2 운하시설, 지역의 랜드마크(landmark)

영산강 뱃길 복원의 구상에 앞서, 과연 세계적으로 운하가 어떻게 건설되고 운영되고 있는가를 살펴보는 것이 바람직 할 것이다. 운하는 기능적으로 배가 다니기 위한 시설이다. 이를 위해 첫째는 적정수심의 주운수로가 필요할 것이며, 두 번째로는 댐 등의 수위차를 극복하기 위한 수위극복시설로 갑문(lock), 리프트(lift) 등이 있으며 수백 년간에 걸쳐 지속적인 기술개발을 통해 경관측면에서도 상당히 개선되어 왔다.

가장 일반적인 형태의 수위차 극복시설은 갑문이며, 보통 그림 5-5와 같은 형태로 구성된다. 상, 하에 위치한 갑문을 순차적으로 조작함으로써 배가 이동할 수 있도록 수위를 조정하는 시설을 갑문이라 한다. 댐 상, 하의 수위차에 따른 수압에 대응하기 위하여 다양한 형태의 갑문형식이 고안되어 사용되고 있다. 현대의 갑문시설들은 지역의 명소이자 관광 포인트로 활용된다.

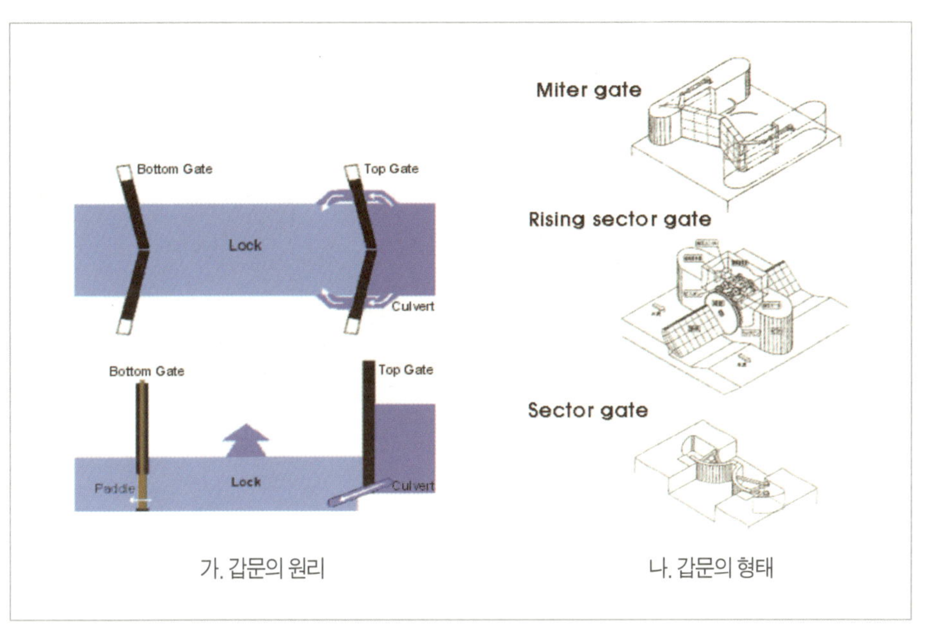

배를 함체에 실어서 고저차를 극복하는 방법도 전통적인 고저차 극복 방법 중의 하나이며, 기계기술의 발전과 함께 다양한 형태로 개발되어 왔다. 경사시설(inclined plane)과 보트 리프트(boat lift)가 대표적이며 그림 5-6 및 5-7과 같이 다양

한 형태로 발전해 왔다. 지형적으로 갑문 설치 공간 확보가 용이치 않거나 고도의
수위차 극복에 유용한 시설로 활용되고 있다.

가. Inclined Plane of Marne-Rhine Canal   나. Strépy-Thieu Boat Lift

　　각국은 운하와 관련된 시설을 지역의 랜드마크로 건설하고 있다. 대표적인 시
설은 영국의 포커크휠(Falkirk Wheel)로서 독특한 원리와 디자인으로 유명하다.
포커크휠은 지역의 명소이자, 세계적인 관광 포인트로 각광을 받고 있다. 오래된
운하에서 발견되는 낡은 모습이 현대의 운하에서는 더 이상 눈에 띄지 않는다. 이
제 모든 시설을 아이디어와 특화로 차별화함으로써 모든 상황을 기회로 활용하는
것이 세계적 추세이다.

가. Falkirk Wheel의 전면 전경과 후면 전경

나. (좌)회전 시 Caisson 수평유지, (우)Gear의 맞물림에 의한 수평유지

다. Gear로 연결되어 한쪽이 올라가면 한쪽은 내려가는 원리

그림 5-8 Falkirk Wheel (영국)

교량은 운하통과 시 상호 간섭되는 시설이다. 대하천의 경우 교량높이를 충분히 확보하여 선박운행에 무리가 없도록 하는 것이 일반적이다. 소규모 운하 또는 공간확보에 제약이 따르는 경우 들어올리는 교량(lifting bridge) 혹은, 회전하여 선박통행공간을 만들어 내는 교량(swing bridge) 등이 채택되는 데, 이 역시 지역명물로 의미가 부여될 수 있다.

가. Lfting Bridge

나. Swing Bridge

그림 5-9 교량통과시설 예

3-3. 뱃길복원 어떻게 할 것인가?

운하의 개념을 보다 근본적 관점에서 들여다보면 그것은 국토공간의 계획문제로 이해하는 것이 바람직할 것이다. 방치수준의 하천환경을 적극관리 개념으로 전환하되, 환경 및 생태적 관점이 최우선 고려가 되어야 할 것이다.

독일의 Gerber 교수가 1973년 제안한 운하건설에 따른 환경영향 최소화 기준은 다시 한 번 살펴볼 필요가 있다. 그에 따르면 1) 운하의 선형은 가급적 자연적 수로를 선택하며, 2) 사행하천이 운하로 분리되어 발생한 우각호는 그대로 두고, 3) 습지는 적절한 생태계가 생성되도록 한다. 4) 또한 삼각지, 섬 등은 자연에 가깝게 관리한다. 이와 같이 복원에 앞서 대상하천의 여건분석을 토대로 한 기초적인 합의야 말로 생태보전과 환경개선이 전제된 뱃길의 복원을 가능케 할 것이다.

이러한 조건을 실행하기 위하여 독일의 경우 총공사비의 20%내외를 환경개선에 투자하기도 하였다. 운하연안을 따라 생태계 보전을 위해 늪지, 습지, 호안, 돌섬, 모래톱 등을 조성하였고, 운하의 부영양화방지 및 저수 수질이 악화되지 않도록 하수처리장 건설 그리고 비점 오염원 관리대책 등이 함께 고려되었다.

영산강을 비롯한 우리국토의 하천문제를 들여다보자. 먼저 하천환경 측면에서는 규제로 인한 무관심 수준의 관리 및 퇴적오니로 인한 하천 수질오염문제가 부각된다. 물 관리 혹은 홍수관리 측면에서 보면 하천퇴적으로 담수량 감소와 홍수위험문제가 눈에 띤다. 하천이용 측면에서는 고비용 물류비 저감을 위한 대체 운송수로 부족, 그리고 하천변 생태공간의 적극적 보존 및 활용은 물론 하천을 이용한 관광, 문화, 레저할동도 아주 미흡한 실정임이 드러난다.

또한 국토균형발전 측면에서 보면 내륙산업 침체와 산업 · 관광 · 문화자원의 연계활용이 미흡하다. 이러한 현실을 인식하고 사안별 대안을 검토해 보면 수질환경개선, 준설과 수계연결, 생태보존, 수상이용, 담수량 증대, 주운도입 등의 활동이 모두 포함되는 하천환경정비 및 이용활성화 전략이 필요하다는 결론에 도달하게 된다.

하상준설, 효율적 물 관리, 안전한 홍수관리, 주운, 생태보존, 수변 및 수상활용, 지역발전 등의 관점에서 편익이 극대화되는 하천정비 방안은 단순하천정비 혹은 구간하천정비가 아닌 다목적 개념의 수로운하 건설임이 자명해 진다.

따라서 영산강 뱃길을 복원하는데 있어서는 1) 과거 뱃길을 비롯한 역사문화의 복원개념, 2) 환경의 개선과 생태의 보존, 3) 주변의 국토정비계획 및 지역경제 활성화, 4) 하천경관을 활용한 관광 및 레저 활동, 5) 홍수관리 및 수자원의 효율적 사용 등을 공통분모로 하는 종합적 방향설정이 요구되며, 이를 만족하는 환경·생태 개념을 담은 현대적 수로운하일 것이다.

4. 영산강 뱃길복원의 기본 틀

4-1. 영산강 뱃길복원 여건

뱃길 복원은 궁극적으로 다양하고 광범위한 하천 네트워크의 마스터플랜하에서 검토하는 것이 타당할 것이나, 여기서는 1차적으로 영산강 하구언에서 광주(광신대교)까지 이르는 약 84km구간을 대상으로 검토해 보기로 한다.

먼저, 영산강유역의 환경오염문제부터 살펴보자. 2006년 기준 환경부 수질전망 자료에 따르면 영산강 하천수질은 BOD가 II-VI(약간 좋음~매우 나쁨), SS가 III(보통), 대장균이 IV~VI(약간 나쁨~매우 나쁨)를 보였다. 주 오염원은 하수, 폐수, 축산 및 분뇨처리장 방류수, 미처리 오폐수, 비점오염원 등으로 보고되었다. 환경 측면에서 뱃길 복원이 현재의 오염문제를 심화시킬 수 있다는 지적이 있을 수 있다. 따라서 뱃길 복원은 이들 환경문제의 대책사업을 포함하여 종합적으로 추진하는 것이 타당할 것이다.

하천수의 근본적인 수질개선은 유입수의 오염제어에 있다고 할 수 있다. 댐 혹은 보건설 자체가 오염을 야기하는 것이 아니라 오염원의 유입이 원론적인 문제인 것이다. 따라서 운하건설이 오염을 초래하는 것이 아니고 오히려 운하건설로 오염을 통제하고 관리할 수 있다는 인식전환이 요구된다.

영산강 옛 모습찾기 사업 타당성 조사 보고서(2000, 전라남도)에 따르면 주운수로형성 시 주요 운송물품을 건설자재인 해사로 선정하고 전체수요의 40%를 주운에 의하는 것으로 전제하여 2011년 물동량 1,200천톤, 2021년 1,564천톤으로 예측하고 있다. 이러한 현황만 가지고 주운의 경제성을 논하기는 좀 미흡한 것 같다.

〈표1〉 해사물동량 예측

구 분	2001 년	2011 년	2021 년
해사공급량(천 ㎥)	1,140	1,714	2,235
주운전가 해사공급량(천 ㎥)	456	686	894
주운 물동량(천톤)	798	1,200	1,564

타이어, 자동차등 영산강 유역에서 생산되는 산업물동량의 저경비, 적시운송을 감안할 경우, 지역경제 활동의 채산성이 높아지고, 향후 투자활성화로 물류품목의 다양화가 예상된다. 따라서 운하가 건설될 경우 기피 내륙지역의 생산활동 증가 등을 종합적으로 고려하면 운하의 경제성은 지역발전계획과 상승작용을 일으키도록 유도하는 것이 바람직할 것이다.

운하시설의 운영은 유지용수를 필요로 한다. 유지용수량이 자연 유하량보다 크다면, 운영비가 많이 소요되는 시설적 대응이 필요하다. 그림 5-10는 영산강 마륵 수위표지점 유황분석결과를 보인 것이다. 저수시 19.5㎥/sec, 갈수시 16.1㎥/sec를 나타내고 있다. 이러한 규모의 유량은 년 중 대부분 운하운영이 가능한 수준인 것으로 예상된다.

수질오염원이 되는 요인제거 및 처리시설을 설치하여 영산강 수질환경을 근본

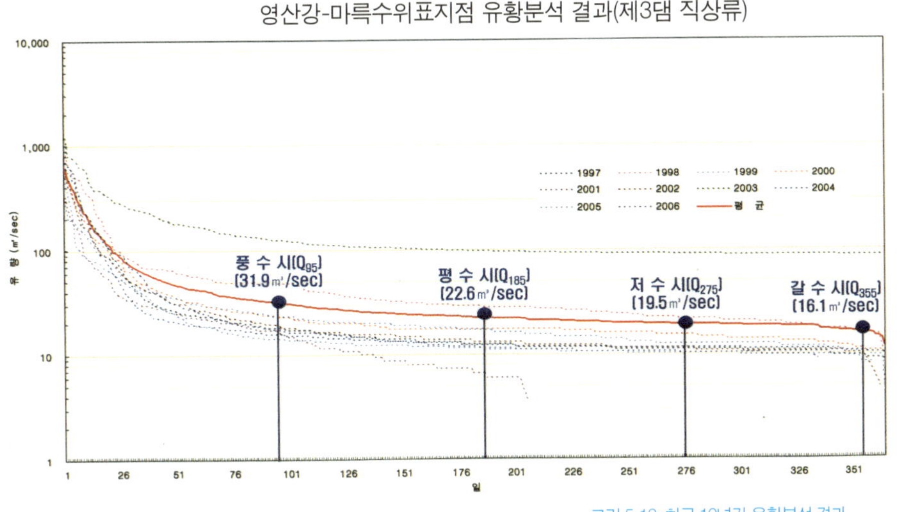

그림 5-10 최근 10년간 유황분석 결과

적으로 개선하는 개념을 담고, 운하 수로조성 혹은 댐 건설로 인한 기존의 생태계 교란이 최소화되고, 나아가 보존지역을 더욱 적극적으로 보존하여 생물개체의 다양성을 확보하며, 이로 인한 자연 정화기능을 증진시키는 방향인 환경사업의 일환으로 운하건설이 추진되는 것이 바람직할 것이다. 이러한 여건을 종합하면 영산강의 뱃길 복원의 모습은 '환경 · 생태형 수로운하'가 타당할 것이다.

4-2. 복원의 기본방향

뱃길 복원은 경제적 측면뿐 아니라 문화 · 관광 측면에도 상당한 변화를 초래할 것이다. 뱃길이 현대의 운하형태로 올바르게 복원되기 위해서는 환경 · 생태적 고려를 통한 지역발전을 도모하는 형태로 추진되어야 할 것이다. 이러한 관점에서 볼 때 영산강 뱃길을 현대적으로 복원하는 운하건설사업의 기본방향은, 1) 하천 환경개선을 통한 삶의 질 향상, 2) 관광 · 레저 · 문화 활동의 증진, 그리고 3) 지역 산업발전에 기여 등으로 설정하는 것이 바람직하다.

위의 기본방향을 전제로 운하의 수로, 시설 및 터미널 계획이 수립되어야 할 것이다. 환경측면, 물류발전과 지역 경제, 그리고 운하 컨텐츠는 이 책의 다른 장에서 보다 전문적으로 언급되므로 본 장에서는 수로와 시설 관점에서 영산강 뱃길을 현대의 운하로 복원하는 방안을 모색해 보고자 한다.

결론적으로 영산강 뱃길 복원의 기본개념은 '현대식 환경·생태 운하개념을 도입한 옛 뱃길 복원'이 적절한 것으로 보여진다. 영산강 뱃길 복원 마스터플랜은 전국토 하천 네트워크의 일부로서 궁극적으로 전국적, 인접국가간 해로 연결 개념으로 추진하는 것이 바람직 할

그림 5-11 영산강 뱃길 복원의 하천 및 해로연결 네트워크

것이다.

5. 영산강 뱃길의 환경·생태 운하로 복원구상

5-1. 뱃길의 기준

옛 뱃길을 현대적 운하로 복원함에 있어, 이 사업이 궁극적으로 환경을 저해하거나 우리 후손의 하천이용가치를 훼손해서는 안 될 것이다. 이런 측면에서 뱃길 복원의 효과는 지역주민의 삶의 질 향상과 연계되어야 하고, 이를 위해서는 뱃길

복원이 지역의 산업 발전전략과도 밀접하게 상관되어야 한다. 따라서 뱃길복원은 친환경, 지속가능 원리에 바탕을 두고 추진되어야 할 것이다.

뱃길복원, 즉 운하계획의 첫 단추는 주운의 목표를 설정하는 것이다. 영산강 복원의 기반은 방치되었던 영산강의 생태보전과 수질개선에 두는 것이 바람직할 것이다. 그를 바탕으로 주운목표로서 첫째는, 목포항과 영산강 하천 축을 따라 연안 도시 및 광주시를 연결하는 주운 축을 형성하여 호남권과 목포항을 연결하는 것이다. 이로서 이 구간의 저비용 물류 축을 제공하고 도로교통을 완화할 수 있다. 두 번째는, 뱃길 복원을 통해 친환경 문화, 관광, 레저 활동이 가능한 해양·하천 연계 수상문화공간을 제공하는 것이다.

산업과 연계한 주운계획은 운행선박의 규모선정에 매우 중요한 요소이다. 그러나 지나치게 큰 선박은 대규모의 주운수로를 요구하고, 준설 등의 운영경비가 상당하다. 따라서 장래 주운 물동량을 만족하는 범위 내에서 개발에 따른 환경문제와 경제성을 만족하는 수준에서 수로준설과 환경영향을 최소화 할 수 있는 선박을 운항대상으로 하는 것이 타당하다. 다만 향후 물류의 해상연계 운항을 고려한 규모가 되어야 할 것이다. 여기서 선정해 볼 수 있는 대안은 영산강과 연안해역의 연계운항을 고려하여 2,500톤 규모(컨테이너 215개 적재 규모)의 자항바지선 또는 일반 컨테이너선이 적정할 것이다. 그림 5-12는 운항대상 선박을 예시한 것이다.

가. 자항바지선

나. 일반컨테이너선

그림 5-12 2,500톤급 선박 예시

이 밖에 위의 규모 이하의 여객선(100톤)을 비롯하여 특수 화물선박 등의 운항이 가능할 것이다. 그림 5-13은 기타 운항가능선박을 예시한 것이다.

가. 여객선

나. 자동차 전용화물선

선박의 규모는 소요수로단면의 크기를 규정짓는다. 주운수로의 단면형태는 대상선박의 규모, 선박의 통행횟수 등에 따라 결정되며, 수로 평균수심은 기준선박의 만재흘수에 의해 결정된다. PIANC(Permanent International Association of Navigation Congress, 국제상설항해협회)의 기준에 따르면 2,500톤 규모의 선박이 운항하기 위한 뱃길의 수로형태는 다음과 같이 설정할 수 있다.

〈표2〉 수로단면

항 목	설계기준(PIANC 기준)		산정치
대상선박	컨테이너선(B=14.8m, D=4.7m)		2,500 톤급(215TEU)
수 로 폭	바닥폭 : $W_b=2 \times B$		바닥폭 : 30m
	흘수높이에 대한 폭 : $W_L=3 \times B$		흘수높이에 대한 폭 : 45m
	횡풍에 대한 여유폭 : $=W_L \times b_{wind}$		횡풍에 대한 여유폭 : 50m
	준설경사 1 : 2 ~ 3		준설경사 고려 폭 : 75m
항로수심	$h=1.3 \times D_{loaded}$		6.1m

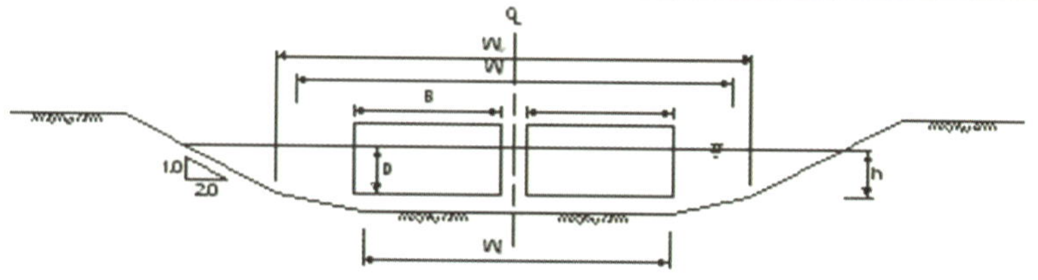

2,500톤급 선박의 교하운항을 위해서는 최소 수로바닥 폭은 30m, 수심 6.1m, 그리고 수로경사를 고려한 수로 폭은 75m 정도가 요구된다. 이 값은 영산강의 위치에 따라 차이는 있으나 영산강 하폭의 평균 4분의 1 내지, 6분의 1 수준이다. 수로가 통상 하천의 최심부로 계획됨을 감안할 때 수로건설로 인해 영산강 양안의 생태계가 받는 영향은 그리 크지 않을 것으로 예상된다.

5-2. 주운수로 구상

영산강 하천연장을 따라 앞서 언급한 수로단면이 확보되어야 한다. 검토 수로노선은 그림 5-14와 같다. 총 연장은 영산강 하구언-광신대교 구간의 83.59㎞이다.

소요수심 6.1m 확보하기 위하여 상류지역은 준설 및 갑문설치가 필요하다. 갑문설치와 준설은 밀접한 관계가 있다. 준설량을 늘리면 갑문 개수를 줄일 수 있지만 그만큼 수로 폭 조성을 위한 하상 굴착량이 증가한다. 하구언이 이미 설치되어 있으므로 추가로 설치되어야 할 보(댐)는 1~3 범위로 계획할 수 있다. 그림 5-15는 하상굴착량을 줄이기 위해 3개 갑문으로 계획한 종단도를 예시한 것이다. 통과선박(2,500톤)의 운항이 가능하도록 하구언에도 신규의 갑문설치가 필요하다.

그림 5-14 뱃길복원 검토구간

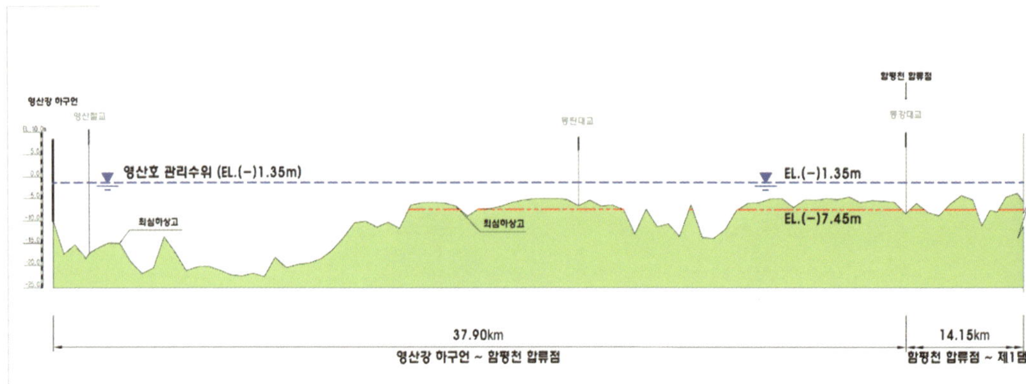
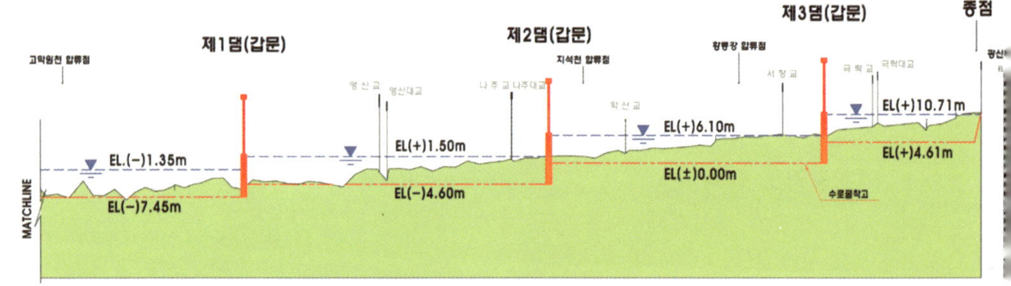

그림 5-15 하천 종단도

갑문 개수를 줄일 경우 갑문 설계기준이 상향되고, 보의 규모가 증가하여 바람직하지 않을 수 있다. 계획 갑문의 규모는 20m×150m×6.1m정도로 선정할 수 있으며, 댐 길이는 300m 수준으로 예상된다.

평면수로는 선박의 회전에 소요되는 반경이 확보되어야 한다. 황룡강 합류지점의 급곡선 부는 수로 반경확대를 위해 현재 수로의 확장과 선형(alignment)조정이 필요할 것으로 예상된다. 또한 극락대교~광신대교 구간의 경우에는 퇴적토가 두꺼워 준설 및 하폭정비가 필요할 것으로 예상된다. 하천형상 변화 등의 영향이 생태계에 미치는 영향저감을 위해 세부계획 시 수리모형실험과 전문가적 구체검토와 분석이 요구된다. 수로조성 시 발생하는 많은 양의 모래는 건설자재로 매각하여 활용할 수 있을 것이다.

그림 5-16 황룡강 합류지점 및 극락대교-광신대교 구간

주운수로는 선박운항을 위해 약 8m의 형하공간(교량하부공간)과 30m이상의 교각 폭(2B)이 필요하다. 〈표3〉은 교량통과와 관련한 시설기준을 예시한 것이다.

〈표3〉 교량통과 기준-교량하부 여유고

항 목	자항바지 컨테이너선(2,500 톤급) (유럽표준 V)	컨테이너선(2,500 톤급)
대상선박	(154TEU) B 11.4m × L 110.0m × D 3.2m	215(TEU) B 14.8m × L 82.9m × D 4.7m
Air Draft	1.3+7.4(컨 3 단)+2.0-3.2=7.5m	7.5m
형하고	8.0m	8.0m(여유고 0.5m)
교각폭	30.0m 이상	30.0m 이상

본 검토구간의 횡단교량은 총 16개소(철도교 신설예정포함, 소교량 제외)로서 개선이 필요한 교량은 도로교 6개소, 철도교 2개소이다. 차제에 도로수요 재 판단은 물론 교량을 하천경관과 어울리는 지역적 랜드마크로 재정비한다는 개념을 포함하여 검토하는 것이 바람직 할 것이다.

갑문을 통한 선박운항을 위해서는 유지용수가 필요하다. 설정된 갑문규격 20m ×150m×6.1m(B×L×H)에 대하여 일일 추정 운항횟수를 약 24회로 가정하면, 일

유지용수 소요량이 439,200㎥인데 반해 유하유량은 1,391,048㎥이므로 적어도 년간 355일 이상 정상운영에 문제가 없는 것으로 분석된다.

5-3. 주변연계계획 및 터미널 구상

영산강 유역의 현재 물동량은 경제성을 평가할 만큼 충분하지 않다. 그러나 본 뱃길 복원구상의 중요한 부분이 환경사업이므로 환경개선을 통해 이루어지는 가치편익을 고려할 때 물동량만 가지고 전체 경제성을 평가하는 것은 난센스이다. 굳이 계량화하여야 한다면 반드시 환경가치를 산정하여 편익(예, willingness to pay)에 포함하여야 할 것이다. 또한 운하계획은 국토종합계획의 한 부분으로서 내륙 발전전략과 연계하여 검토되어야 한다. 내륙에 입지한 산업의 경우, 생산되는 상품의 높은 물류비 때문에 채산성이 떨어지고, 공장시설의 신규 및 확장이 기피되며, 간혹 이전 요인이 되기도 한다. 이런 측면에서 뱃길 복원은 영산강 주변지역에 저렴한 운송수단을 제공함으로써 산업 입지적 매력을 크게 더해줄 것이다. 따라서 복원되는 뱃길과 연계하여 터미널 계획과 주변도시의 도시관리 계획을 포함하는 국토계획의 재정비를 통한 시너지 효과를 추구하여야 할 것이다.

현재 눈에 보이는 대표적 물동량인 해사의 경우 2021년에 156만 톤으로 늘어나는 것으로 추정되었다. 해사공급은 산업 확대와도 밀접한 관계가 있다. 수변공간을 이용한 유람과 관광, 그리고 주변 문화탐방선 등의 여가활동의 급증을 불러, 주변 도시는 운하와 연계한 동반발전 전략이 모색되어야 한다.

본 구상에서 영산강 뱃길 복원 1차 대상구간의 종점은 광주시로 설정하여 살펴보았다. 운하를 건설할 경우 광주시의 물류동선, 도시계획 등은 새로 공급되는 기반시설을 감안하여 보다 다양한 형태로 전개해 나갈 수 있을 것이다. 특히 물류계획은 신속성보다 적시성을 우선하는 물품에 대하여 인적, 물적 운송계획의 전략적 재검토가 필요할 것이다.

5-4. 환경 · 생태적 고려

영산강과 주변 지역의 환경개선과 생태보존은 지역민의 의사를 최대한 존중하는 방향으로 추진되어야 할 것이다. 운하건설과 관련하여 제기된 문제들은 상수원보호, 하천수질문제, 하천환경문제, 경제성, 생태환경파괴, 공사 중 오염문제 등이다. 이중 상수원보호나 하천수질 문제는 이 책의 다른 장에서 상세히 언급되었으므로 여기서는 다루지 않기로 한다.

뱃길복원은 지역적 소외와 방치수준의 하천관리를 개선하기 위한 환경 사업적 성격을 우위에 둔 친환경 · 생태적 운하건설로 이해할 필요가 있다. 특히 하천 공간이용과 보존으로 최적 배분하여 이용을 통해 보존의 필요성을 피드백 하는 선순환구조로 하여 더 나은 환경을 지속적으로 추구하는 메커니즘으로 구축되어야 할 것이다. 경제성 문제는 영산강 뱃길 복원효과가 가져오는 유형, 무형의 복합적 의미로 풀어내야 할 것이며, 수질 및 하천정비를 통해 얻게 되는 환경가치를 함께 고려하여야 한다.

공사 중 문제는 얼마든지 극복가능하다. 대부분의 기술은 이제 돈과 시간의 문제일 뿐이다. 모든 계획 수립 시 환경기준을 설정하고 그 기준에 맞추어 관리해 나간다면 많은 우려들을 효과적으로 극복할 수 있을 것이다. 일례로 수로 준설에 따른 우려는 진보된 준설기를 이용하여 계획적으로 시공을 관리해 가면 여러 환경오염 우려를 불식하는데 문제가 없을 것이다.

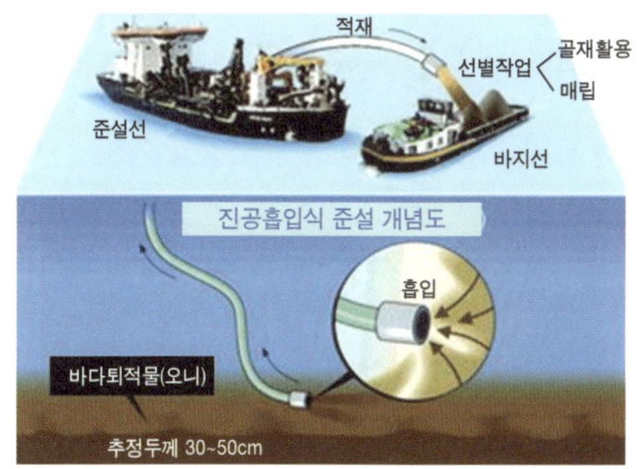

그림 5-17 수중 흡입식 준설기 예

무엇보다 관찰된 데이터와 과학적 논거를 통해 이해당사자와 전문가가 함께 참여하는 프로그램을 갖추어 사업을 구현해 나가는 것이 도움이 될 것이다.

5-5. 사업비 검토

영산강 뱃길을 현대적 운하로 복원함에 있어, 그 기반개념을 환경·생태적 관점에 두고 있음을 감안할 때, 소요사업비는 환경개선사업비와 주변정비 사업을 포함하여 다루어야 할 것이다. 이들 사업비는 이 책의 다른 분야에서 다루므로 여기서는 앞에서 예시한 운하복원에 소요되는 신규 및 정비시설만을 대상으로 운하건설비용을 개략 추정해 보기로 한다.

먼저 수로폭 75m, 수심 6.1m의 주운수로 83.59km를 확보하는 데는 약 1,800억원 내외가 소요될 것으로 판단된다. 실제로 이중 35km 정도는 영산강하구언으로 인해 선박운항이 가능하여 별도의 수로조성이 필요 없다.

수위유지를 위한 댐 및 갑문을 3곳에 설치하는 경우 여기에 소요되는 비용은 영산호 갑문신설을 포함해 약 6,000억원으로 예상된다. 교량 8개소 및 기존 보(3개소)의 개선 및 보완에 소요되는 비용은 약 3,700억 규모가 될 것으로 추정된다.

이 밖에 부두 및 부대시설에 약 2,400억이 소요될 것으로 예상된다. 따라서 옛 뱃길을 현대적 운하로 되살리는데 소요되는 순수한 건설 사업비는 총 약 1조 3천900억 수준일 것으로 예상되며, 여기에 독일 사례에서 보았듯이 지역민과 환경단체와 협의하여 하천의 생태환경 개선사업을 발굴하여 병행 추진하는 방안을 적극 검토할 만하다.

운하건설의 특징은 하천용지가 대부분 국유지에 해당하므로 토지보상비가 불필요한 장점이 있다. 또한 토지보상이 없으므로 일단, 의사결정이 이루어지면 비교적 신속한 사업 추진이 가능하다. 사업비 조달은 이미 계획되어 추진하고 있는 제반사업의 투자를 조정하고, 상당할 것으로 예상되는 준설 모래 매각대금 등의 활용, 그리고 환경사업과 하천정비 사업을 위한 국가재원을 종합하면, 비교적 경제적인 비용으로 옛 뱃길을 현대식 환경·생태운하로 복원이 가능할 것이다.

6. 맺는 말

옛 뱃길을 운하로 복원하는 문제에 대하여 다양한 의견이 표출되어 왔다. 논의의 대부분은 경제성 그리고 환경문제가 중심이 되고 있다. 운하시대를 거친 유럽의 여러 사례에서 보았듯이 운하는 어떻게 복원하고 관리하느냐에 따라 삶의 질과 경제적 발전을 도모할 수 있는 국토공간이 될 수 있다.

영산강 뱃길은 복원해야할 역사적 당위성을 가지고 있고, 또한 더 이상 환경적인 방치수준을 탈피하기 위해서라도 과거의 뱃길을 현대적 의미를 더한 환경·생태 운하로 재생하여야 할 것이다. 운하의 복원과 운영의 후발 주자로서 영산강뱃길 복원은 삶의 질 향상과 문화 복원 노력으로 추진되는 유럽의 소규모 운하의 복원추세와 대형운하의 경제적 활력을 모두 추구할 수 있는 기회를 제공하고 있다.

비록 여러 가지 가정의 전제를 달긴 했지만 영산강의 옛 뱃길을 현대식 환경·생태운하로 복원하는 방안에 대한 구상안을 제시하였다. 이와 같은 구상이나 계획은 앞으로 구체적인 추진합의가 이루어지면, 보다 정확한 조사 데이터를 토대로 한층 더 합목적적이고 실현가능한 대안으로 정리될 수 있을 것이다.

모두의 눈에 보이고 공감하는 발전전략을 찾기란 쉽지 않다. 세밀한 분석과 과거와 미래를 꿰뚫는 종합적 구상과 구체적 실현계획이 어느 때 보다 중요하다. 남을 뛰어넘어 남과 다르게 생각하고 그걸 실현하려는 투철한 노력만이 우리의 현 상황을 향상시켜줄 것이다. 경부고속도로건설, 청계천복원사업 등 사업이 논의되던 시기에는 모두 강한 저항에 부딪혔지만 결국 옳은 선택이었음을 우리는 경험과 역사로 배우고 있다.

참고문헌 ···

1. 신종호, 한반도 대운하 노선분석연구, 한국항해항만학회, 2007 학술대회 논문집.
2. 정동양, 유럽의 운하건설 사례, 한국수자원학회지 제 29권 제 3호, 1996, pp156~163
3. Chris Cattrall, Canals & Rivers, April 2007
4. M. Jakoubeek and J. Kanak, Study of the Ship Lift Structure at the Slapy Dam, Underground Space-the 4th Dimension of Metropolises-Bartak et al(eds), 2007, Prague
5. John Vince, River and Canal Transport, Blandford Press, London, 1970
6. Jacqueline Jones, Inland Waterways of Belgium, Imray Laurie Norie and Wilson, 2005
7. Peter H. Chaplin, Waterway Conservation, Whittet Books, 1989
8. John Gagg, Canal Tunnels, Manson Graphic, 1976

제 **6** 장

영산강운하의 물류와 발전 가능성

노창균

_ 전남 장흥 출생

_ 목포해양대, 부경대학교 무역학과 졸업

_ 한국해양대학교 경영학석사 · 경영학박사

_ 한진해운, 선박안전기술공단 근무

_ 영산강뱃길살리기협의회 자문위원

_ 현재 목포해양대학교 해상운송시스템학부 교수

제 6 장   영산강운하의 물류와 발전 가능성

1. 시작하며

내륙 수로운송은 다른 교통수단인 공로, 철도, 항공 등과 비교할 때 중량 및 대량의 화물 수송에 매우 적합한 수송수단이다. 비록 수로운송이 다른 수송 수단에 비하여 수송시간이 길다는 점에서 직접지불비용 외에 시간의 가치비용이 큰 고부가가치의 화물수송에는 효율성이 저하 될 수 있다.

그러나 부가가치에 따른 물류의 이동방법의 선택은 화주 등 고객의 자유이므로 수로운송을 이용할 수 있는 대형 및 대량 화물에서는 수송비 절감과 수송수단의 확대, 선의의 경쟁으로 산업의 발달을 가져다 주며, 운하 건설로 인한 관광자원의 활용도 및 주변의 택지를 쉽게 개발 할 수 있는 장점도 있다. 특히 광주 기아자동차 등 내륙 기업 등은 수로운송을 통해 물류비를 획기적으로 줄일 수 있을 것으로 보인다.

최근 전남도내에는 많은 중소형 조선소가 들어오면서 선박블록회사를 비롯 관련 협력회사 증가가 급증하고 있다. 하지만 이들이 입주할 대불산단도 포화상태로 회사 부지 선정에 어려움이 예상된다. 만약에 영산강 뱃길이 복원된다면 영산강 주위로 많은 기업이 들어올 수 있을 것이다.

일반적으로 영산강 뱃길 복원을 반대하는 이유를 들어보면 가장 큰 게 다른 외국운하에 비해 주운구간이 짧고 수량이 풍부하지 않아 경제성이 없다는 것이다.

필자는 오래 전에 항해사로 승선한 경험과 해운사에서 직접 체험한 현장경험 결과를 토대로 종합 검토해 보면 충분히 해결할 수 있고 발전전망도 클 것으로 기대된다. 이 장에서는 전남지역의 주요 물류 인프라 현황과 전남권 및 영산강 유역의 화물 물동량 현황을 먼저 알아 보았다. 그리고 영산강운하 건설의 타당성 검토와 기타 연구 활용을 위해 영산강 수심을 직접 측정하였다. 또한 동북아 물류 중심의 구축과 성장동력이 될 수 있는 가능성을 한국 광주항과 중국 충칭항 간 직항 수송 서비스에 대한 물류수송 르포세스 비교분석을 통해 그 효과를 제시해 보았다.

2. 전남 및 영산강 유역의 물류 현황

2-1. 전남지역의 주요 물류 인프라 현황

가) 광양항 컨테이너부두

광양항 컨테이너부두는 국토이용의 효율성을 극대화하고 낙후지역 개발이라는 정부 구상의 일환으로 개발되었다. 또한 시대적 요청에 의하여 탄생한 부두로서 천혜적인 항만 요소와 광활한 배후부지를 갖추고 있고, 부산항과 더불어 양항체제를 유지함으로써 우리나라의 중심항과 환적항의 역할을 담당하고 있다. 오늘날 국제무역에 있어서 동북아지역과의 교역확대에 따른 물동량의 증가로 이들 지역에 대한 전진기지로서 그 역할이 더욱 강조될 것으로 전망되며 광양항 컨테이너부두 개발계획은 〈표1〉과 같다.

나) 목포항

목포항은 개항 107년 역사를 가지고 있는 항구로 전남 서남해안지역의 중심에 위치하여, 대중국 화물량 급증에 대비한 서남권 중추항만으로 대불, 영암국가산단, 삼호지방산단의 지원항만의 역할을 수행하고 있다. 또한 다도해, 홍도, 흑산도 등의 해양관광과 도서민의 편의를 위한 해상교통기지와 무안 국제공항과 연계를 통한 대중국 및 동남아를 중심으로 한 대외교역 전진기지 역할을 수행할 계획이

<표1> 광양항 컨테이너부두 개발계획

구분		전체계획	1 단계	2 단계	3-1 단계	3-2 단계	장래
사업기간		'87~2020	'87~'99	'95~'04	'99~'06	'01~'08	~2020
사업비 (억원)		66,323	5,395	12,046	48,882		
		정부: 26,809	정부: 2,482	정부: 7,270	정부: 17,057		
		공단: 39,514	공단: 2,913	공단: 4,776	공단: 3,770	공단: 7,357	공단: 20,698
사업 내용	안벽	11.3㎞(34 선석)	1.4㎞(4 선석)	2.3㎞(8 선석)	1.4㎞(4 선석)	1.3㎞(4 선석)	4.9㎞(4 선석)
	도로및철도	47.4㎞	8.5㎞	20.0㎞	18.9㎞		
	항로준설	127 백만㎥	14 백만㎥	23 백만㎥	90 백만㎥		
	투기장호안	61.4㎞	-	26.7㎞	34.7㎞		
선석 및 하역능력		5 만톤급 x 29 2 만톤급 x 5 (1,245 만 TEU)	5 만톤급 x 4 (160 만 TEU)	5 만톤급 x 4 2 만톤급 x 4 (228 만 TEU)	5 만톤급 x 4 (160 만 TEU)	5 만톤급 x 3 2 만톤급 x 1 (137 만 TEU)	5 만톤급 x 14 (560 만 TEU)

※ 자료 : 제 2 차(2006~2011) 전국항만기본계획 수정계획 참조 이하동일

다. 목포항 단계별 항만개발 계획은 다음과 같다〈표2〉.

<표2> 목포항 단계별 항만개발 계획

구 분		전 체	단기 계획 (2006~2011)	중기 계획 (2012~2015)	장기 계획 (2016~2020)
잡 화	3 만 DWT	2	1	-	1
잡 화	2 만 DWT	2	1	-	1
시멘트	1 만 DWT	1	1	-	-
석 탄	3 만 DWT	1	1	-	-
목 재	2 만 DWT	1	1	-	-
모 래	3 천 DWT	2	2	-	-
철 재	2 만 DWT	1	-	1	-
자동차	3 만 DWT	1	1	-	-
합 계		11	8	1	2

다) 무안국제공항

무안국제공항은 제3차 공항개발 중장기 종합계획의 일환으로 2007년 11월 개항

을 목표로 건설되고 있다〈표3〉. 목포·영암지역의 산업벨트와 인접하고 주변에는 여수·광양제철 등 3개소의 국가산업단지와 문평산업단지 등 7개소의 지방산업단지가 포진해 있다. 광양항과 근거리의 목포신항(27.3km)은 배후항만으로 위치하여 항만과 공항이 연계된 화물 처리에 있어 타 공항에 비해 거리, 시간, 비용 등에서 상대적 우위에 있다. 그리고 이곳은 관련 산업들의 개발 및 발전에 따른 배후단지 및 수요 증가에 대비한 산업용지 확보와 토지 이용 가능성이 높아 장래 확장성이 양호하다.

국가 균형발전 전략에 따라 서남권 중추지점으로 제4차 국토계획상 환황해·환남해 축의 교차지점에 해당되며, 현재 고속도로, 고속철도 등의 내륙 연계 인프라 구축을 통하여 지역통합적인 광역교통망의 형성이 진행 중으로, 인접 지역 간의 인적·물적 교류가 용이해질 것으로 예상된다.

<표3> 무안국제공항의 시설규모

구 분	시 설 규 모	처 리 능 력
활 주 로	2,800×45m	140,000 회/선
계 류 장	90,692㎡(2 만 7 천평)	B747 급: 4 대, A300 급: 3 대 B737 급: 2 대
여객 터미널	29,106㎡(9 천평) (국내+국제)	국내: 455 만명/년 국제: 62 만명/년
화물 터미널	3,112㎡(941 평) (국내+국제)	국내: 41 천톤/년 국제: 9 천톤/년
주 차 장	66,990㎡(2 만평)	2,095 대
항행안전시설	활주로 36: CAT-1 활주로 18: CAT-1	시정 550m 시정 550m
총 면 적	2,565,489.6㎡(약 78 만평)	이착륙 14 만회/년 (여객처리능력 652 만명/년)

- 위   치 : 무안군 망운면 피서리, 목서리 일원
- 사업기간 : 1997~2007 년
- 사 업 비 : 3,004 억원(용지매입비 : 978 억원)

※ 자료 : 건설교통부, 제 3 차 공항개발 중장기 종합계획(2006~2010), 건설교통부고시 제 2006-493 호, 2006.11.

2-2. 전남권 및 영산강 유역의 화물 물동량 현황

가) 전남권 항만 품목별 물동량 예측

광양항 등 전남권 항만들은 수출입화물을 주로 취급하는 대중국 중추항만으로 급부상하고 있다. 이 중 자동차와 컨테이너 수출화물이 두드러지게 증가함을 알 수 있다〈표4〉.

〈표4〉 전남권 항만 품목별 물동량 예측

(단위 : 천 R/T)

품 목	구 분	2003 년도	2011 년도	2015 년도	2020 년도
양 곡	수 입	-	3,497	3,674	3,979
	수 출	-	-	-	-
	연 안	-	-	-	-
	소 계	-	3,497	3,674	3,979
시 멘 트	수 입	-	-	-	-
	수 출	-	-	-	-
	연 안	-	3,746	4,101	4,529
	소 계	-	3,746	4,101	4,529
석 탄 류	수 입	-	-	-	-
	수 출	-	-	-	-
	연 안	-	-	-	-
	소 계	-	-	-	-
목 재 류	수 입	49	1,950	2,040	2,076
	수 출	-	38	3	-
	연 안	-	147	147	147
	소 계	49	2,135	2,190	2,223
모 래	수 입	-	-	-	-
	수 출	-	-	-	-
	연 안	7,962	10,104	11,150	12,223
	소 계	7,962	10,104	11,150	12,223
철 광 석	수 입	-	-	-	-
	수 출	-	-	-	-
	연 안	-	-	-	-
	소 계	-	-	-	-
철 재	수 입	1,053	8,691	8,690	8,492
	수 출	551	6,152	5,832	5,337
	연 안	2,652	1,929	2,567	3,859
	소 계	4,256	16,772	17,089	17,688

주 : 2003년도 물동량은 실적치임.
자료 : 한국종합물류연구원, 전국항만물동량 예측 점검 연구보고서, 2005

전남의 영산강 연구보고서(2000)에 따르면, 1994년 전국 전체화물 수송량은 20.02억 톤으로 반입, 반출량에서 호남지역은 248백만톤, 253백만톤으로 12.4%, 12.6%를 점하고 있으며, 광주, 목포권은 98.5백만톤, 85백만톤으로 4.9%, 4.2%를 점하고 있다.

광주권의 총반출량 2,649.4만톤 중 1,390.4만톤(52.5%)이 목포권으로 반출되어 절대적 비중을 차지하였고, 목포권의 총반출량 5,851.0만톤 중 1,612.3만톤(27.6%)이 광주권으로 반출하였다. 2011년 전국 화물수송량은 55.6억톤으로 중부권은 7.6%, 호남권은 7.2%로 전 지역 평균 증가율 6.2%를 넘어선 반면, 경북권 6.1%, 수도권 5.8%, 경남권은 5.6%로 감소형태를 보이고 있어 호남권 및 중부권 지역이 서해안 지역 개발에 힘입어 지속적으로 성장하고 있다.

광주, 목포권 지역의 반입, 반출량을 합산한 수송량은 5.64억 톤으로 전국 수송량 55.6억톤의 10.1%를 점하고 있다. 광주, 목포지역을 중심으로 주요 권역 간 화물반출입량에 있어 광주권의 총 반출량은 8,165.6만톤 중 45.1%인 3,732.1만톤이 목포권으로 반출되어 1994년 중 52.5%에 비해 그 비중이 낮아질 것으로 전망된다.

이는 정부가 광주권에 원자재가 대량으로 투입되지 않는 첨단과학사업의 적극적 육성에 기인된다.

목포권의 총 반출량 1억 9,940.4만톤 중 31.6%인 6,310.7만톤이 광주권으로 반출되어 1994년 중 27.6%보다 그 비중이 높아질 것으로 전망[1]된다. 2011년에 광주-목포간 전체화물 수송량 추정결과는 다음과 같다〈표5〉.

〈표5〉 광주, 목포간 전체화물 수송량 추정결과(2011년)

(단위: 천톤)

구분	총 수송량		광주-목포간 수송량		광주-목포간 수송량/총수송량	
	반입	반출	반입	반출	반입	반출
광주	141,551.3	81,655.5	63,107.2	37,320.7	44.6%	45.7%
목포	141,505.8	199,404.9	37,320.7	63,107.2	26.4%	31.6%

3. 영산강의 수운 환경 및 조건

3-1. 영산강 유역의 개요

영산강은 전남 담양군 용면(龍面) 용추봉(龍湫峰:560m)에서 발원하여 담양·광주·나주·무안·영암 등지를 지나 영산강 하구둑을 통하여 황해로 흐르는 강이다. 유역면적은 3,455㎢로 전라남도 총면적의 23%를 차지하며, 유로연장은 129.5km이다. 영산강유역의 동서 간 최대 길이는 60.6km, 남북 간 최대길이는 89.9km이다. 유역의 평균 폭은 26.7km, 형상계수는 0.206이고, 유역형태는 직사각형 형태의 수지상이며 유역의 평균고도는 EL. 118.9m이다.[2]

조석(潮汐)의 영향이 나주 부근까지 미쳐 연안 농경지에 하천 범람·농토 침식 등의 피해를 주기도 하였으나 1981년 12월에 영산강 하구둑이 축조됨으로써 감조구역(感潮區域)이 크게 줄어들었다. 영산강 유역의 행정구역으로는 전북 정읍시, 광주시, 전남 나주시, 목포시, 담양군, 장성군, 영광군, 화순군, 함평군, 무안군, 영암군 등 1개 광역시 2개도, 3개시, 7개군을 포함하고 있다.

영산강 유역도는 그림6-1과 같다. 영산강은 한강(482km), 낙동강(522km), 금강(396km)에 비교하여 유로가 짧은 편이나 20년 전에는 수로 교통로로서의 비중은 결코 대하천에 비해 손색이 없었다.[3] 이는 어느 강보다도 목포 서해상의 조수 영향을 많이 받기 때문이다.

영산강은 황룡강·지석천·고막원천·함평천의 지류를 중심으로 발달되어 있으며 그 밖에도 많은 지류가 합해져 흐르고 있다. 영산강은 그 연안에 나주평야를 비롯하여 넓은 충적지와 구릉지가 곳곳에 펼쳐져 있다. 하도(河道)가 자유곡류(사행천)를 하여 범람원이 하곡 주위에 발달하였고 중하류로 가면서 사행의 커브가 심해져 우각호(牛角湖)를 군데군데 이루고 있다.

영산강 유역의 평야 대부분은 퇴적, 침식 작용이 심하여 하천의 현 하상(河床)과

거의 동일한 고도(천장
천)에 있으므로 홍수의
위험성이 대단히 높아
침식되기도 한다. 그리
고 영산강은 계절에 따
른 유량(流量)의 차이
가 매우 심하다. 영산
강 중하류 지역은 한국
서해안의 일반적인 하
천과 같이 조석(潮汐)
현상의 영향을 심하게
받는 감조(感潮)하천이
었으며, 조수의 영향
구 간 이 하 구 에 서
39km(송월리)나 되었
다. 영산강의 하구는
나팔모양(삼각장)으로
벌어져 있으며, 토사가
조류에 의해 바다로 다

그림 6-1 영산강 유역도

량 흘러내리면서 주변에 간석지(갯벌)를 크게 발달시켰다.

영산강은 유량의 변화가 많고 여름에는 홍수의 피해를 주는 예가 많아 장성댐,
광주댐, 담양댐, 나주댐을 축조하여 수량을 조절하였다. 이들 댐이 상류에서 물을
차단하여 영산강의 유량은 크게 줄어들게 되었다. 그리고 1981년에는 4,350m에
이르는 영산강 하구언을 완성하여, 농·공업용수를 쉽게 확보할 수 있게 하였으

며, 여름철 서해에서 영산강을 거슬러 오르는 해일의 피해를 막을 수 있었다. 또 다량의 농경지를 확보할 수 있게 되었다. 이처럼 하구언은 영산강 유역의 경관에 커다란 변화를 초래하였다.

그러나 바닷물이 영산강을 거슬러 오르지 않게 되면서, 자연의 생태계가 크게 변해 '몽탄숭어' '명산장어' 도 그 이름을 잃게 되었다. 하구언을 조성해 이루어진 영산호의 수질오염도 심각한 문제가 되었다. 또한 수로를 이용한 교통 및 운송기능도 잃게 되었다.

영산강을 행정구역상으로 분류해 보면 장성(황룡강)·담양(본류)·화순(지석강)을 상류로 보고, 광주·나주·함평을 중류, 무안·영암·목포를 하류로 본다. 물줄기의 방향은 본류를 중심으로 북쪽에서 합류하는 풍영정천, 황룡강, 평림천, 장성천, 문평천, 고막원천, 함평천 등은 북동~남서방향 또는 북~남방향의 흐름을 보인다. 남쪽에서 합해지는 오례천, 증암천, 광주천, 지석강, 영산천, 봉황천, 만봉천, 삼포천, 영암천은 남동~북서방향 또는 동·서방향의 흐름을 나타낸다.[4]

영산강 유역의 연평균 강우량은 1,339mm(전국 1,271mm)이며 6월부터 9월까지 4개월간 약 62%가 집중적으로 내리고 있으며 특히 7월중 강우량이 가장 많고, 갈수기인 12월에서 4월까지의 강우량은 20%내외가 되고 있어 영산강 수질관리에 양적인 문제도 심각히 대두시키기도 한다.[5]

3-2. 영산강의 선박 통항사

고대부터 영산강 유역에 통항이 있었을 것이라는 것은 영산강의 수로의 길이와 폭 그리고 수심에서 짐작할 수 있으며, 영산강 유역에서 발견된 각종 유물과 영산강 유역의 180여개가 넘는 포구로 추정되는 지명으로부터 유추할 수 있다. 한반도 서남단에 위치한 영산강은 고대부터 한반도 내륙과 연안을 잇는 교통로였으며, 특히 중국과 잇는 교류의 관문역할을 한 것으로 보인다.

고대부터 한반도와 중국은 불승의 왕래가 빈번하였는데 영산강을 이용하여 해상 왕래를 한 기록으로는 후삼국시대의 후백제 견훤 20년(911년)에 영산강유역에 있는 나주의 회진을 통하여 중국의 불승이 한반도에 온 기록이 있다.

실제 선박이라는 운송수단을 통하여 물자를 운송하였다는 구체적인 기록은 고려 성종 11년의 조운에서 찾아볼 수 있다. 영산강유역의 곡창지대의 곡물과 세금을 수로를 통하여 운반했으며 조선시대, 일제시대 때는 미곡과 면화의 운송도 하였던 기록을 찾아 볼 수 있다.

3-3. 영산강 수운의 계획

1) 선박규모 선정

내륙수운에서 사용되는 선박은 화물의 대량 수송과 수로 굴착량을 최소화하기 위해 일반적으로 흘수가 적은 바지선을 채택하고 있다. 우리나라 연안의 바지선 운영 선박제원을 살펴보면 그 규모가 다양하고 적재 용량의 고정으로 수송능력이 제한되고 낙후된 운영조건과 장래의 골재 수급 실태를 감안할 때 일정규모의 수로와 갑문을 계획함에 있어 상당히 불리한 점이 많다.

2000년도 '영산강 옛 모습 찾기 사업 용역보고서' 에서 의하면 목포-광주간의 총 물동량 1,560천톤(2021년 기준)을 연간 처리할 수 있는 선박의 규모는 수로운송 가능일수 275일/년, 적재효율 80%, 일운항 횟수 5회/일을 기준으로 검토한 결과, 하천 규모에서 우리나라와 비교적 유사하며 내륙수로운송이 발달한 유럽에서 통용되고 있는 1,891톤급 EUROPA II형 바지를 수로운송선박으로 선정하고 있다.

2) 수로운송을 위한 교량높이 및 수로 폭, 수심, 항로 검토

수로운송 선박은 바지선과 예선으로 구성되어 있으므로 바지선단을 예인하는 예선을 기준으로 검토하여야 한다. 이 보고서를 참조하면 예선 마스트 높이는 적재되지 않은 빈 컨테이너를 적재한 바지선박을 기준으로 운항시 최소 4.4m이상 이어야 하며, 파고 등의 영향을 고려하여 수면에서 교량까지의 높이는 6m이상을 유지를 요구하고 있다. 계획된 설계 선박의 규모에 따른 수로 폭을 산정한 결과 55m로 계획하였으며 수심은 설계 선박의 흘수심 2.8m에 1.4배한 4.0m를 계획하였다.

현재 영산호부터 나주시 동강면 옥정리까지는 선형이 양호하고 만곡부가 무안 몽탄면에서 크게 나타나지만 실제 강폭이 크고 수심이 좋아 크게 지장을 주지 않는 것으로 나타났으며 현재까지는 나주시 인근지역에 부두를 설치하고 개발한다면, 개발 부담금이 크지 않을 것으로 추정되며, 새로운 내륙항만과 연계한 새로운 산업이 발달 할 수 있을 것으로 기대된다.

4. 영산강의 수심조사

4-1. 수심측정의 개요

이 조사는 필자가 영산강운하 건설의 타당성 검토와 기타 연구의 DB 구축을 목적으로 위치측정장비(DGPS)와 수심측정장비(Echo-sounder)를 이용하여 영산강 수심을 직접 측량하였다.

1) 조사 범위 및 조사 기관

- 시간적 범위 : 2006년 8월 17-20일

- 공간적 범위 : 영산강 하구언에서 나주시 오량동

- 조사 기관 : 목포해양대학교 국제물류연구실(연구책임 노창균 교수)

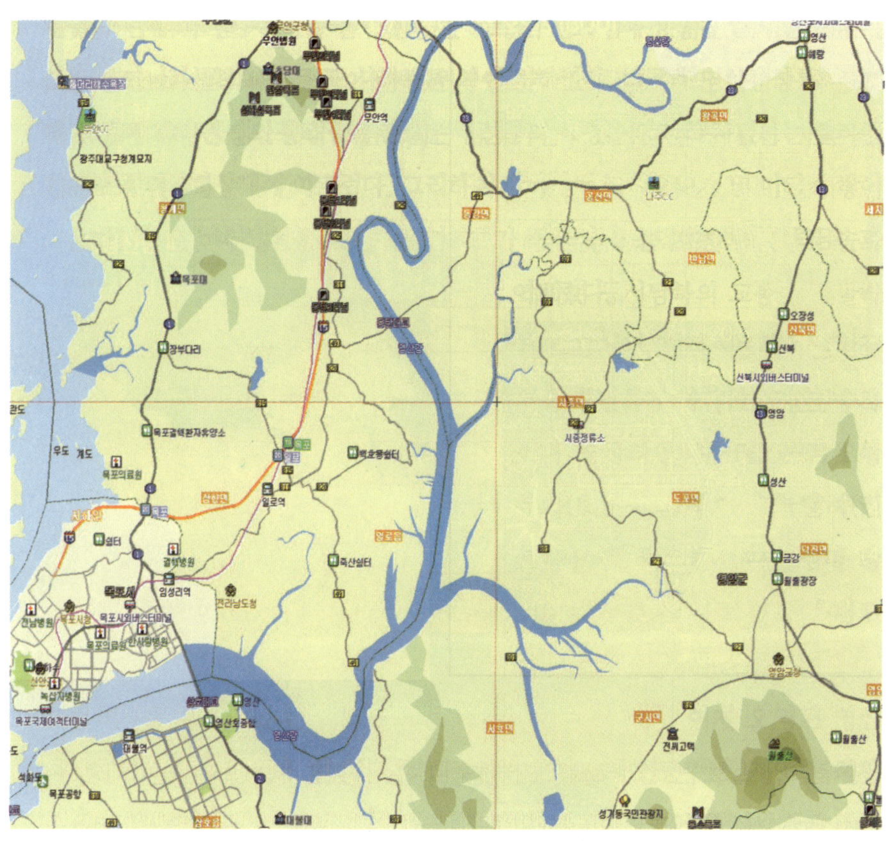

그림 6-2 측량위치도-MAP

2) 해상 측량의 순서 및 측정장비

해상 측량에서는 크게 두 분류의 작업을 나누는데, 현지의 외업 즉, 기초데이터 조사와 내업이라는 기초데이터를 활용하여 여러 가지 도면과 형식을 가진 자료를 만드는 작업으로 나누어진다.[6] 해상 측량 순서는 〈그림6-3〉과 같으며 위치 측정 장비 GPS와 수심 측정 장비 Hydrotrac 음향 측심기를 사용하였다.

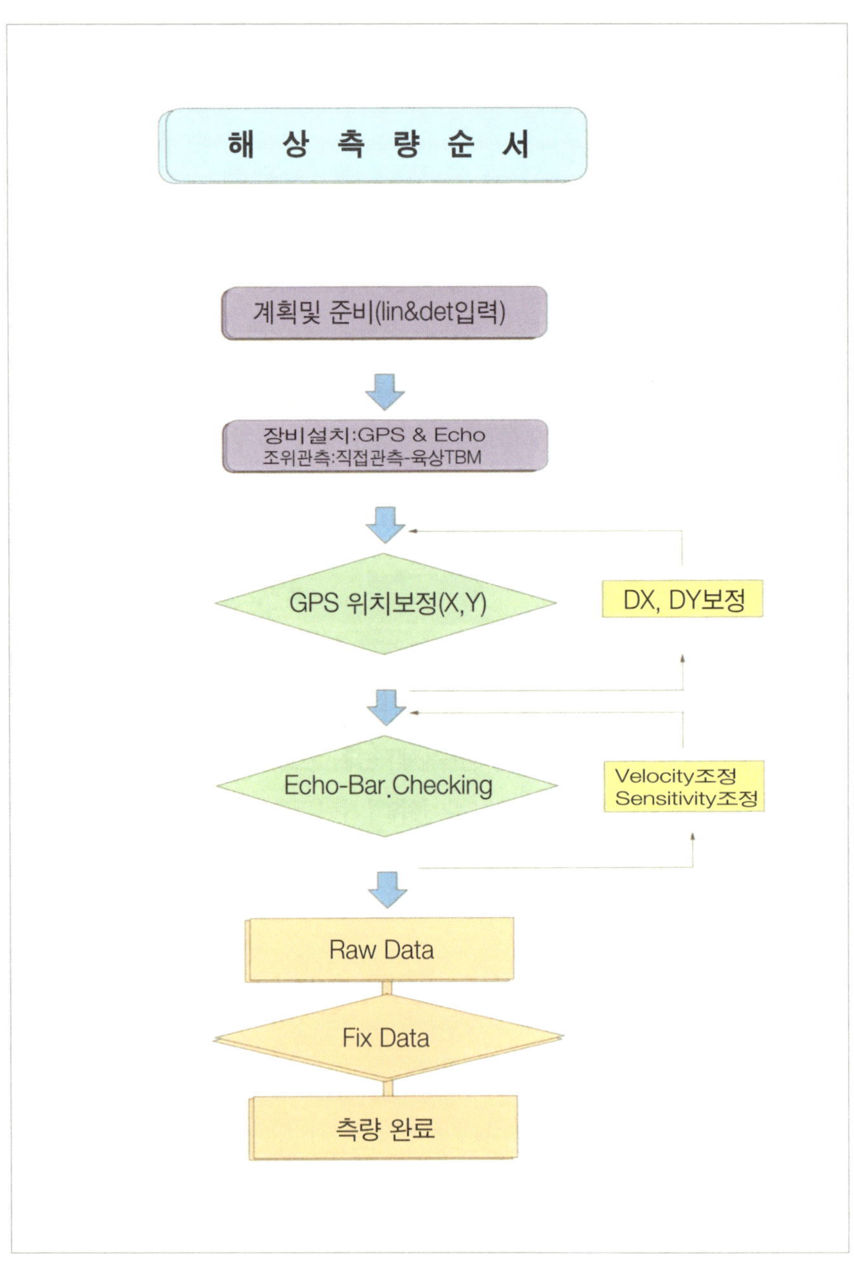

그림 6-3 해상측량 Flow Chart

4-2. 영산강 수심조사 결과

　영산강 수심조사 결과 99년도 대비 2006년 8월 조사와 비교하면 영산강의 수심
이 약간의 변화를 보여 주고 있다. 대체적으로 1~3m 정도의 수심의 변화가 있는
데 주로 퇴적에 의해 수심이 낮은 쪽으로 변화되는 것을 알 수 있다.

1) 수심조사 구간별 위치 분포도

　수심조사 구간을 크게 A~Q로 분류하여 표시하였다〈그림6-4〉.

그림 6-4 수심 조사 구간

2) 구간별 세부 성과표

　A에서부터 Q까지 구간별로 세부 성과를 표시하였다〈그림6-5〉.

- 분류 번호 : A
- 시   점 : 대불 방조제 (삼호대교)
- 종   점 : 무안군 삼향면 (외도분교)
- 평균 수심 : 9.75m
- 최고 수심 : 11.00m
- 최저 수심 : 8.00m

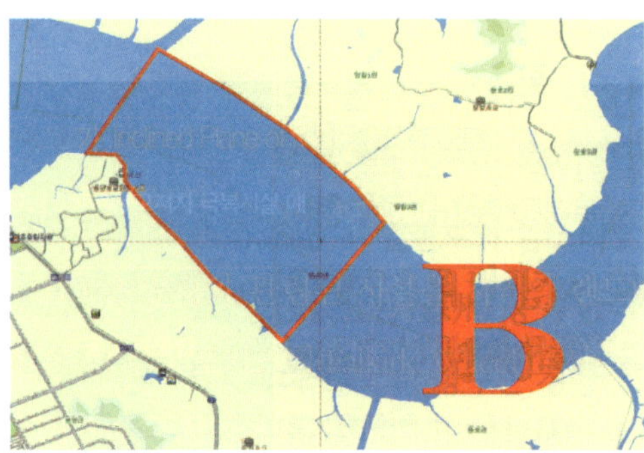

- 분류 번호 : B
- 시   점 : 무안군 삼향면 (외도분교)
- 종   점 : 무안 일로 망월3리
- 평균 수심 : 13.73m
- 최고 수심 : 18.00m
- 최저 수심 : 9.40m

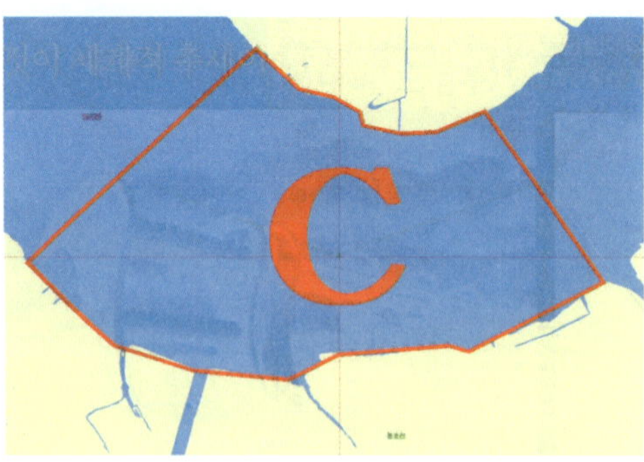

- 분류 번호 : C
- 시   점 : 무안 일로 망월3리
- 종   점 : 영암군 학산면
- 평균 수심 : 8.55m
- 최고 수심 : 8.60m
- 최저 수심 : 4.40m

- 분류 번호 : D
- 시　　점 : 영암군 학산면
- 종　　점 : 무안 일로 (주룡나루터)
- 평균 수심 : 15.04m
- 최고 수심 : 19.40m
- 최저 수심 : 7.00m

- 분류 번호 : E
- 시　　점 : 무안 일로 (주룡나루터)
- 종　　점 : 영암군 서호면
- 평균 수심 : 14.42m
- 최고 수심 : 17.90m
- 최저 수심 : 10.70m

- 분류 번호 : F
- 시　　점 : 영암군 서호면
- 종　　점 : 영암군 시종면 봉소리
- 평균 수심 : 8.55m
- 최고 수심 : 13.70m
- 최저 수심 : 6.70m

- 분류 번호 : G
- 시　점 : 영암군 시종면 봉소리
- 종　점 : 나주시 동강면
- 평균 수심 : 3.88m
- 최고 수심 : 4.40m
- 최저 수심 : 3.50m

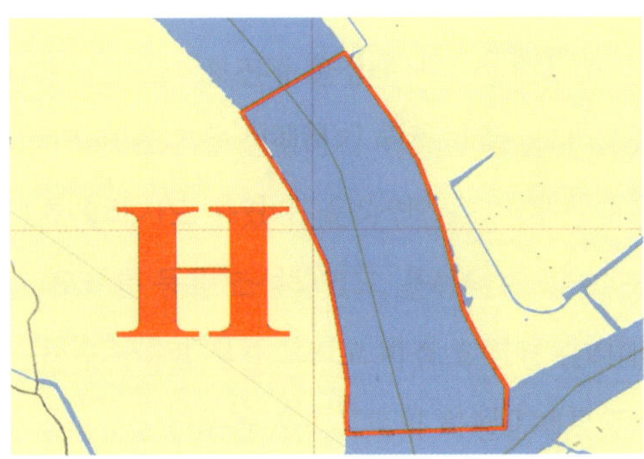

- 분류 번호 : H
- 시　점 : 나주시 동강면
- 종　점 : 무안군 몽탄면 (간사지들)
- 평균 수심 : 3.81m
- 최고 수심 : 4.10m
- 최저 수심 : 3.50m

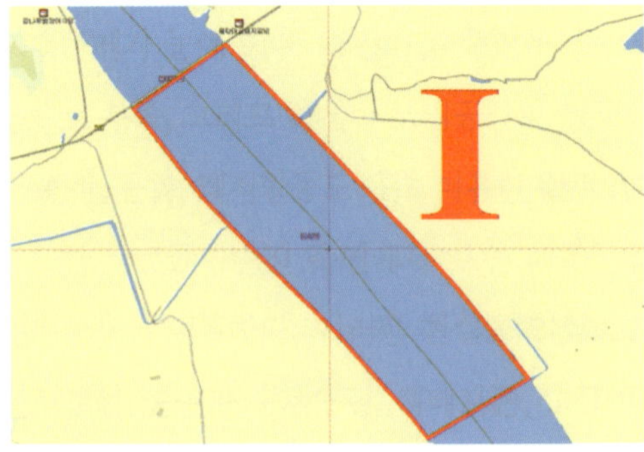

- 분류 번호 : I
- 시　점 : 무안군 몽탄면 (간사지들)
- 종　점 : 무안군 몽탄면 (몽탄대교)
- 평균 수심 : 3.90m
- 최고 수심 : 4.60m
- 최저 수심 : 3.60m

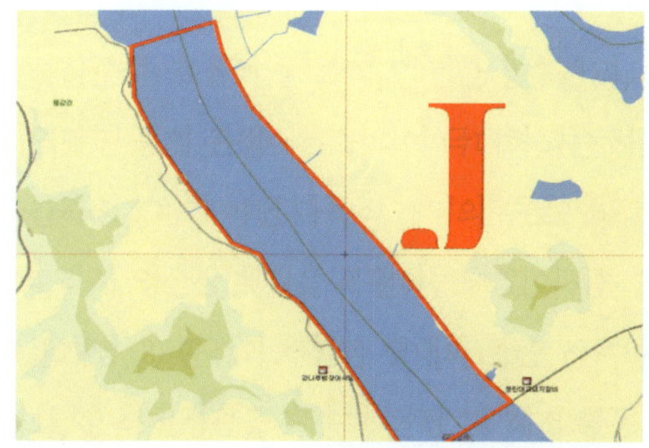

- 분류 번호 : J
- 시   점 : 무안군 몽탄면 (몽탄대교)
- 종   점 : 무안군 몽탄면 몽강리
- 평균 수심 : 4.59m
- 최고 수심 : 5.60m
- 최저 수심 : 3.70m

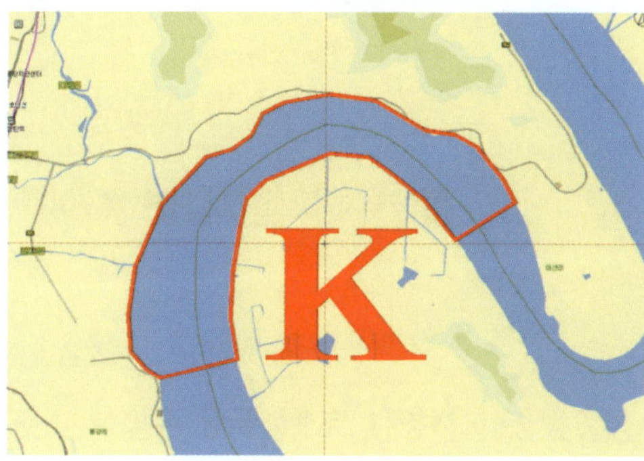

- 분류 번호 : K
- 시   점 : 무안군 몽탄면 몽강리
- 종   점 : 무안군 몽탄면 이산리
- 평균 수심 : 5.89m
- 최고 수심 : 11.60m
- 최저 수심 : 2.80m

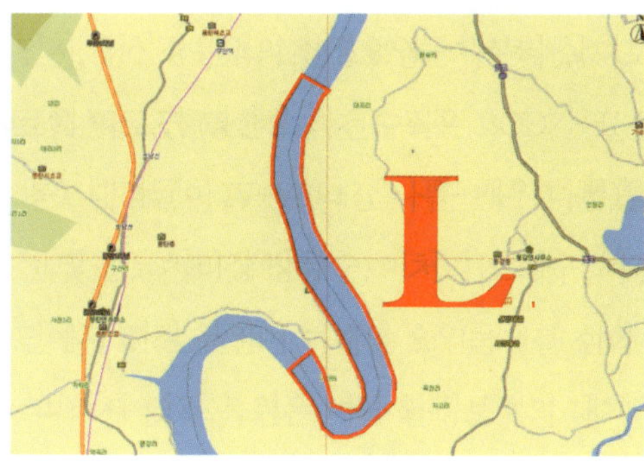

- 분류 번호 : L
- 시   점 : 무안군 몽탄면 이산리
- 종   점 : 무안군 몽탄면 (몽탄역)
- 평균 수심 : 3.94m
- 최고 수심 : 5.70m
- 최저 수심 : 2.10m

- 분류 번호 : M
- 시　　점 : 무안군 몽탄면 (몽탄역)
- 종　　점 : 함평군 학교면 동강교
- 평균 수심 : 2.65m
- 최고 수심 : 3.40m
- 최저 수심 : 2.00m

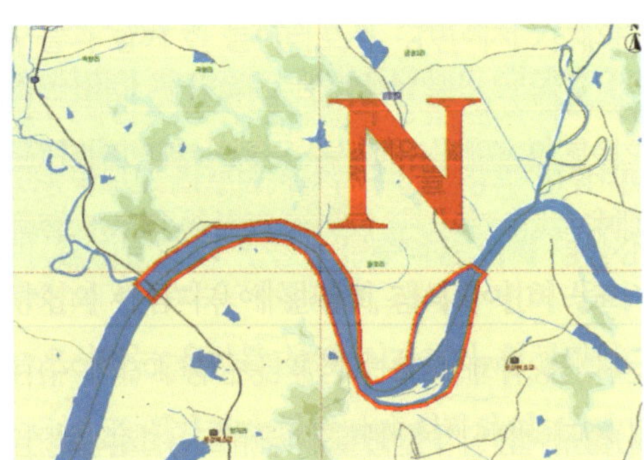

- 분류 번호 : N
- 시　　점 : 함평군 학교면 동강교
- 종　　점 : 함평 학교 (증촌포나루터)
- 평균 수심 : 4.24m
- 최고 수심 : 8.00m
- 최저 수심 : 2.70m

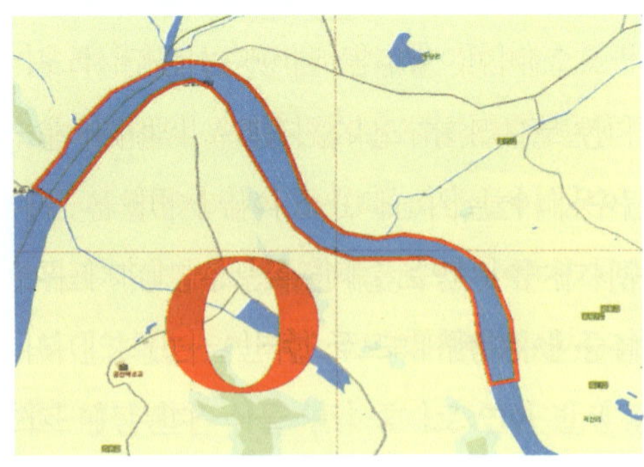

- 분류 번호 : O
- 시　　점 : 함평 학교 (증촌포나루터)
- 종　　점 : 나주시 다시면 (죽산리들)
- 평균 수심 : 4.98m
- 최고 수심 : 8.50m
- 최저 수심 : 2.90m

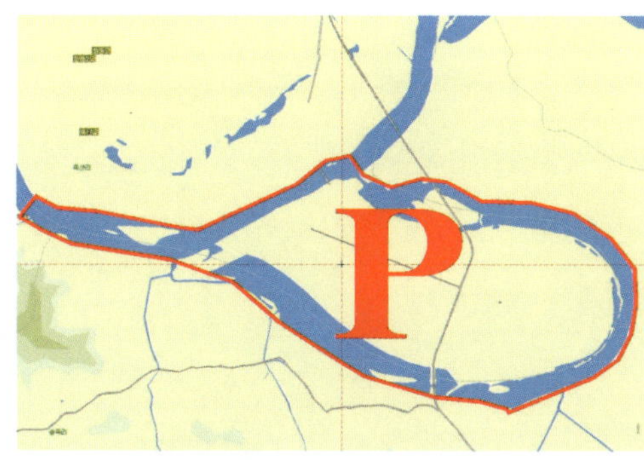

- 분류 번호 : P
- 시　　점 : 나주시 다시면 (죽산리들)
- 종　　점 : 다시면(태광산업 연결도로)
- 평균 수심 : 4.51m
- 최고 수심 : 7.20m
- 최저 수심 : 2.00m

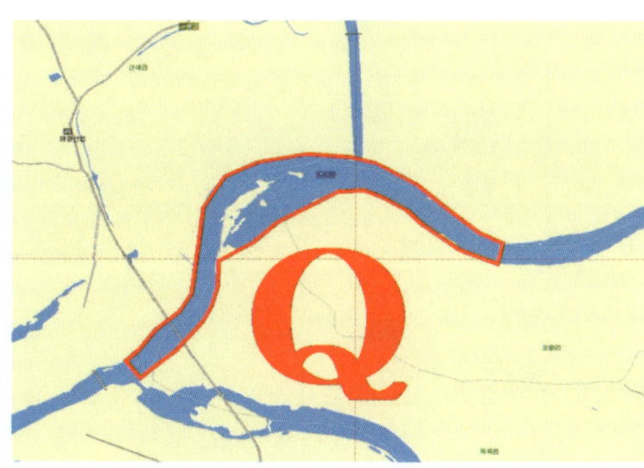

- 분류 번호 : Q
- 시　　점 : 다시면(태광산업 연결도로)
- 종　　점 : 나주시 오량동 오량리
- 평균 수심 : 2.50m
- 최고 수심 : 3.50m
- 최저 수심 : 1.00m

≪ Remark ≫

- 수치 지도 적용 불가
- 알맵에 의한 지형도 캡처링
- 격자수심에 의한 센터 수심 적용
- 구간별 세부 수심 - 도면 참조
- 육지부 수심 부호 표기

그림 6-5 구간별 세부 성과표

〈표6〉를 살펴보면, 실제 300여개의 데이터 중 무작위로 표를 산출하여 보았다. 아래의 그림에서 전체적인 수심성과는 많이 줄어든 것으로 나타났다. 수심의 변화는 시간에 따른 퇴적오니가 크게 작용하고 있는 것으로 사료되며 실제 이에 대한 심층적인 연구가 더욱 필요한 것으로 생각된다.

〈표6〉 각 포인트 별 수심 대비표

번호	99년 성과	06년 성과	대비(A-B)	번호	99년 성과	06년 성과	대비(A-B)
1	8.40	7.10	1.30	119	6.20	3.50	2.70
26	7.50	6.20	1.30	141	4.50	2.30	2.20
27	8.60	6.70	1.90	148	4.90	2.60	2.30
28	9.00	7.40	1.60	160	5.80	2.90	2.90
38	14.90	17.30	-2.40	161	4.50	2.60	1.90
39	15.70	14.30	1.40	165	4.60	5.80	-1.20
48	20.70	18.10	2.60	166	4.70	2.80	1.90
49	19.60	16.80	2.80	181	6.70	6.50	0.20
60	8.90	7.00	1.90	182	6.20	7.10	-0.90
61	7.90	6.70	1.20	183	7.50	6.00	1.50
70	7.70	5.70	2.00	197	3.00	6.50	-3.50
76	5.90	4.10	1.80	198	4.80	4.30	0.50
93	4.70	4.00	0.70	199	3.70	2.10	1.60
94	4.00	4.00	0.00	200	3.90	2.50	1.40
95	5.10	4.10	1.00	218	4.40	3.70	0.70

<표7>은 구간별 평균 수심 성과표이다. 이 자료를 살펴보면 대부분 지역은 평균 수심이 거의 4미터 이상으로 별도 준설하지 않고 선박운항이 가능하나 일부 지역 (M 및 종점부근 S지역)은 충분한 수심확보를 위해 준설이 필요할 것으로 조사되 었다.

<표7> 구간별 평균 수심 성과표

구분	A1	A2	A3	A4	A5	A6	A7	A8	A9	A10	A11	Σ	평균 수심	고 +2m	저 -2m
A	9.00	10.70	10.80	9.40	9.00	8.70	8.30	8.00	11.00	10.00	12.30	107.20	9.75	11.75	7.75
B	11.00	14.00	18.00	18.00	17.20	16.30	14.00	11.50	11.20	10.40	9.40	151.00	13.73	15.73	11.73
C	8.60	7.30	4.70	4.50	4.40	4.50	4.80	4.30	5.50	5.90	7.80	62.30	5.66	7.66	3.66
D	10.20	8.90	7.00	19.00	16.60	19.10	19.40	19.10	18.40	16.10	11.60	165.40	15.04	17.04	13.04
E	10.70	11.50	12.10	13.00	13.50	13.50	16.90	17.10	16.30	17.90	16.10	158.60	14.42	16.42	12.42
F	10.00	8.00	6.90	6.70	6.80	7.60	7.70	8.60	9.00	9.00	13.70	94.00	8.55	10.55	6.55
G	4.00	4.00	4.00	4.20	4.40	4.00	3.70	3.50	3.70	3.70	3.50	42.70	3.88	5.88	1.88
H	3.70	3.60	3.70	3.70	3.50	3.70	3.90	4.00	4.00	4.00	4.10	41.90	3.81	5.81	1.81
I	4.60	4.30	4.20	3.90	3.80	3.80	3.60	3.60	3.70	3.60	3.80	42.90	3.90	5.90	1.90
J	4.40	4.00	4.10	4.10	3.70	4.70	5.60	5.20	5.00	5.00	4.70	50.50	4.59	6.59	2.59
K	2.80	3.60	7.50	10.70	11.60	6.20	4.90	3.10	6.60	5.10	2.70	64.80	5.89	7.89	3.89
L	2.10	3.00	3.50	2.90	3.80	4.50	5.50	3.80	4.00	5.70	4.50	43.30	3.94	5.94	1.94
M	2.10	2.10	3.40	2.90	2.50	2.00	2.90	3.30	2.50	2.50	3.00	29.20	2.65	4.65	0.65
N	3.30	4.00	2.80	2.80	4.20	2.70	3.30	8.00	5.00	6.70	3.80	46.60	4.24	6.24	2.24
O	3.80	4.20	6.50	3.50	6.00	7.00	8.50	5.30	3.80	3.30	2.90	54.80	4.98	6.98	2.98
P	2.00	4.70	7.20	5.20	4.10	6.10	4.60	4.30	6.00	2.30	3.10	49.60	4.51	6.51	2.51
Q	4.10	3.70	2.50	3.40	6.50	6.20	4.30	3.00	2.00	2.40	4.50	42.60	3.87	5.87	1.87
R	4.00	4.00	2.50	2.60	4.00	4.30	2.30	1.70	2.50	4.50	4.50	36.90	3.35	5.35	1.35
S	2.50	1.00	1.50	2.00	2.60	3.00	2.80	3.00	3.50	2.60	3.00	27.50	2.50	4.50	0.50

영산강운하 사업 타당성 평가를 위해 목포 영산강 하구언부터 나주 영산포까지 수심을 측정한 결과, 약간의 준설이 이루어질 경우 전반적으로 선박항행에 큰 어려움은 없는 것으로 분석되었다. 또한 영산강 주변의 자연환경이 매우 수려하고 생태관광이나 체험학습장 활용측면에서도 그 가치가 충분한 것으로 조사되었다.

영산강운하는 기업물류환경의 획기적인 개선과 하천 크루즈 관광 등을 통한 이 지역의 경제 활성화에 크게 기여할 것으로 전망된다.

5. 영산강운하의 물류와 발전전망

5-1. 한반도 대운하와 세계 운하

영산강 운하의 물류발전은 1차적으로 국내 내항들과의 연계가 필요하며 나아가 세계적인 운하 내지 항만과의 네트워크를 형성할 수 있을 것이다.

먼저 내항과의 네트워크는 광주에서 목포, 광양, 부산, 인천 등으로 연결된다. 나아가 동아시아 지역으로 직접 물류 수송과 물적·인적 네트워크로써 상해, 충칭, 홍콩, 싱가포르, 일본, 말레이시아로 확대가 가능하다.

그리고 세계적인 운하와 항만으로 유럽운하, 북미운하 등과의 확대도 추진해 볼 수 있다. 이러한 운하를 중심으로 하는 세계항만 네트워크를 다음 그림처럼 구상해 볼 수 있다〈그림 6-6〉.

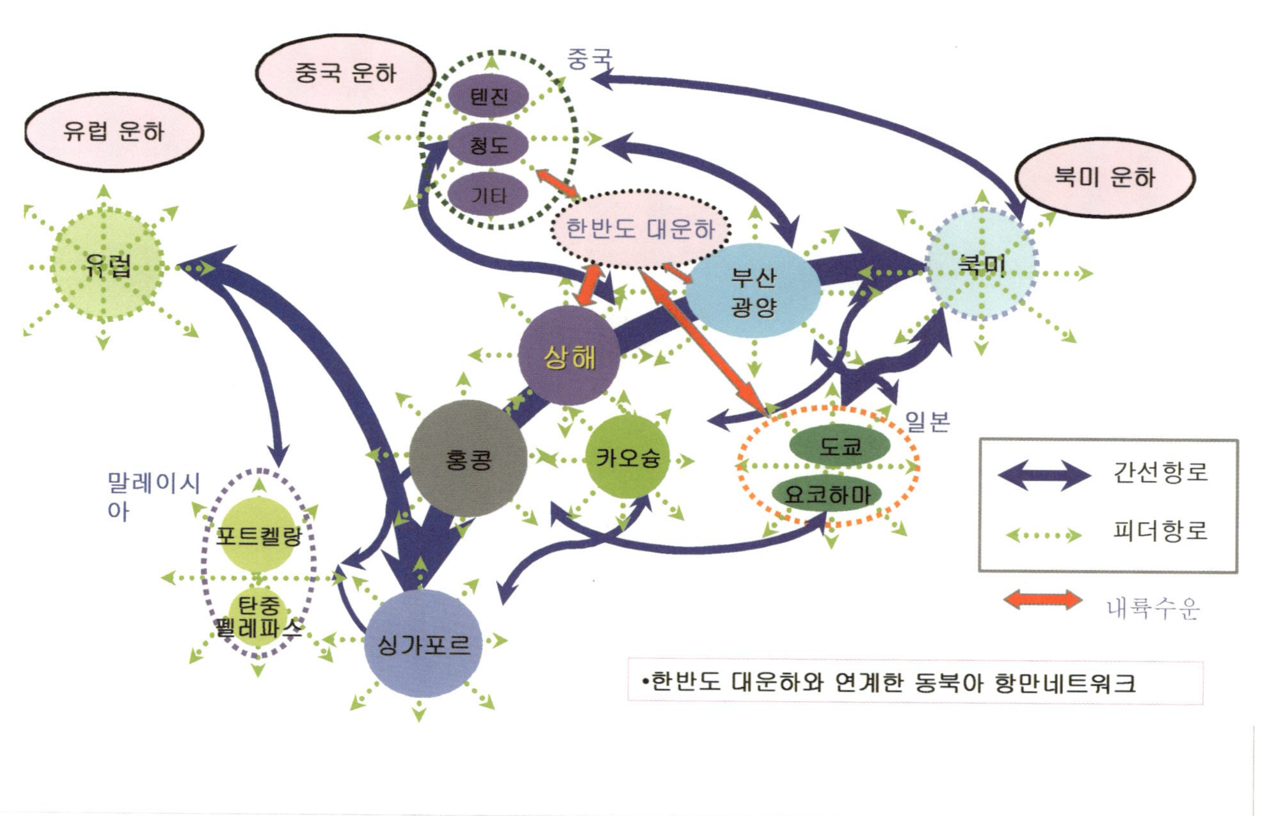

그림 6-6 운하를 중심으로 하는 세계 항만네트워크

자료 : 노창균, "한반도 대운하 건설에 따른 물류 전망", 한국항해항만학회 제31권 제1호 춘계학술대회논문집, 2007.4,pp.87~94이하 생략

2) 한반도대운하

한반도대운하는 남한지역의 경부축과 호남-충청축을 중심으로 한 12개 노선에 약 2,000km 구간과 북한지역의 경평축과 평원축을 중심으로 한 5개 노선에 약 1,000km로 물길을 이어 한반도 전역에 수상교통망을 구축하는 것을 말한다.[7]

그림 6-7 한반도 대운하 현황

3) 국내외 강 및 운하

국내외 주요 강 및 운하 현황이다〈표8〉.

〈표8〉 국내외 주요 강 및 운하 현황

구 분		종 류
국내	강	낙동강, 한강, 영산강, 금강 등
	개발운하	통영운하, 강경운하, 적전천운하, 대동강운하
	구상·전망된 운하	평남 운하, 낙동강-부산진 운하, 원산 갈마반도 운하, 군산 운하, 부산 동천 운하, 청계천 운하, 경평 I 운하, 경평 II 운하, 경전 운하, 경안 운하, 경인 운하, 광평 운하, 경춘 운하, 대청 운하, 광주 운하
국외	유럽	-RMD 운하는 1921 년에 착공하여 1992 년에 완공 -해발고도 406m 지점을 넘는 171km 구간의 맨 땅을 파서 북해와 흑해를 연결하는 운하(3,469km), 운하주변의 15 개국 운하 혜택
	미국	-19 세기초 5 대호를 중심으로 운하 발달(Erie 운하, Cayuga-Seneca 운하, Oswego 운하, Champlain 운하, Chespreake-Ohio 운하, Tennessee-Tombigbee 운하 등) -미국과 캐나다의 국경선을 따라 흐르는 St. Lawrence 강을 준설하고 16 개 갑문을 만들어서 해발고도 108m 가 넘는 오대호를 대서양과 연결 -오하이오강은 피츠버그와 카이로 사이의 약 1,570km 구간에 47 개 갑문 설치
	중국	-대운하는 황하강과 양자강을 연결하는 총길이 1,600km 로서 가장 오래되고 긴 인공수로, 3 단계에 걸쳐 완성(중앙부는 기원전 500 년경에, 항주에서 양자강까지의 남쪽구간은 AD607-617년에, 황하에서 천진까지의 북쪽구간은 1283-1290 년경). 수상교통 및 군사전략적 수단 활용
	프랑스	-Sarrenbourg 에 위치한 Arzviller Incline 견인식 갑문은 약 44.55m이며 갑문전체를 견인하는 방식임.
	네덜란드	-국토의 해발고도가 낮아서 홍수조절과 배수를 위한 운하 불가피, -로테르담, 암스텔담 등의 내륙항구 건설(19세기부터)
	벨기에	-내륙수로의 총연장이 1,760km 이며, 이중에서 896km 가 인공운하, -1832 년 완공된 브뤼셀-샤를루아 운하는 초기 70 톤급 선박통행이 19 세기 300 톤급, 1933 년 600 톤급, 1937 년 1350 톤급으로 확장 발전, -샤를루아 구간에는 고저차 60m 를 극복하기 위한 경사형 갑문과 롱키엘 갑문 설치
	영국	-총 연장 2000 마일의 영국 전역에 건설되어 있는 운하는 과거의 교통 수단으로 보다는 낚시, 조깅 등의 관광 휴양 시설로 이용, -1870 년대의 운하건설은 거대한 내륙수운망을 형성하였고 19 세기 산업혁명의 원동력이 됨.

1) 장강 개요

장강은 중국의 강들 중에서 1위이며, 세계에서는 3위이다. 중국의 동·중·서에 교통 명맥이 되고 또는 동·중·서부의 경제를 연결하는 황금벨트라고 한다.[8] 장강의 총길이 6,300km, 대, 중, 피더선이 700개, 장강 수로운송 수로는 3,500개, 통항 총길이 7만여km, 중국에 수로 통항 총길이에 70%를 점유하여, 그 중에 1,000톤급 이상의 항로는 3,100km, 수로화물 운송량은 중국에 수로 운송량의 80%를 차지한다.[9]

중경부터 장강 하구 상하이까지 수로는 장강 간선이라고 하고 수로총길이는 약 2,430km이고 상류, 중류, 하류로 나누고 있으며 간선 현황은 다음과 같다〈표9〉.

<표9> 장강 수로운송 간선 현황

구분	구간	총길이(km)	수로수심(m)	수로폭(m)	운송능력
상류	중경(重庆) - 이창(宜昌)	660	2.9	60	1,500 톤급
중류	이창(宜昌) - 한구(汉口)	626	7.0	-	1,500-3,000 톤급
하류	한구(汉口) - 장강 하구	1144	12.9		5,000 톤급이상

※ 자료: 장강 수로운송과 연강 조선업 및 관련된 산업 발전, 2003

2) 장강 수로운송 발전 계획

장강 수로운송 발전 추세를 살펴보면, 미래에 장강 수로운송 발전에 잠재력이 가장 큰 것은 컨테이너 운송이다. 하지만 컨테이너 운송은 아직 초기 발전단계로 3%만 점유하고, 또한 남경하류에 집중되어 남경 이하에는 장강 간선 컨테이너 총 운송량의 86%를 점유하고 있다. 하류지역에 발전이 빠르고 중·상류에 발전이 느린 것으로 나타나고 있다. 하지만 미래발전을 살펴보면 장강 중·상류 유역에 컨테이너 물동량 잠재력이 매우 크다. 서부대개발의 전략을 실시하기 위한 외국인 투자 및 동부 연해발달지역에 노동 밀집형 업체들은 반드시 코스트가 저렴한 서부지역으로 이동할 것이다. 2010년 장강 컨테이너 물동량은 400~500만TEU로 확대될 계획이고, 연평균 22%로 증가될 예정이다. 그러면 장강 컨테이너 운송량은 지금의 4-5배정도가 될 것이다.

교통부 계획 연구원의 예측에 따른 2002년 장강 중·상류 수출입 컨테이너 물동량은 79만TEU, 장강 삼각주지역에 수출입 컨테이너 물동량은 880만TEU, 그 중에 70.3%가 상하이로 수출입 된다. 2010년과 2020년에 장강 수출입 컨테이너 물동량은 각각 3,300만과 6,250만TEU로 늘어날 것으로 예측하여, 그중에 장강 삼각주에 수출입 컨테이너 물동량은 각각 3,000만TEU, 5,500만TEU, 중, 상류 수출입 물동량은 각각 300만TEU, 700만TEU으로 예측하고 있다.[10]

1994년 중국은 상하이 중심으로 강소성과 절강성 좌우 양 날개로 상하이 국제 항운중심의 구축을 제안하였다. 상하이항을 중심으로 남통(南通), 소주(蘇州), 진강(鎭江), 남경(南京) 등 항만은 좌날개로 하고 닝보, 주산(舟山)등 항만은 우측 날개로 하는 장강 삼각주 항만군을 구성하고 있다. 상하이 국제 항운중심은 컨테이너 심수항만을 핵심으로 구축하여, 중국의 컨테이너 시장을 발전시키고 추진하면서 각종 유익한 조건을 만들고 국제 컨테이너 환적화물을 유치하기 때문에 국제 컨테이너 간선 운송네트워크의 중요한 허브항만이 되었다.

중경 장강 상류 항운중심은 서남지역에 하천을 통과하고 해상을 도달하여, 동·중부 지역을 연결하였다. 또한 중경의 외향형(外向型) 경제 발전의 중요한 지주이고, 장강 상류 종합운송시스템의 주요 구성부분이며, 삼협(三峽)지역의 경제사회가 안정적으로 발전할 수 있는 중요한 지주이다. 147억위엔(RMB)을 투자하는 장강 상류 항운중심으로 이미 중경시 건설에 돌입하였다.

장강의 용두, 용위에 있는 양대 항운중심은 이미 구성되었다. 상하이 국제 항운중심, 중경 장강 상류 항운중심과 거리는 2,300여km로 장강 항운을 연결하려면 가운데 꼭 버팀목이 있어야 한다. 그래서 장강중류에서 항운중심을 하나 더 건설한 필요가 있고(무한, 장강중류 항운중심), 3대 항운중심의 발전계획을 설립해야 한다.

　무한, 장강중류 항운중심을 구축하는 전체적 구상은 무한을 중심으로 장강과 한강(漢江)이 좌·우 양 날개로 포양호, 동정호(洞庭湖) 수역의 방사 기능을 충분히 이용하면서 10-15년간 건설을 통하여 간·지 상통, 하천을 연결하여 해상에 도달할 수 있도록 수로 네트워크를 구성할 예정이다. 다기능 운송방식과 상호 연결되도록 하는 컨테이너, 자동차, 석화(石化), 석탄, 광석 등 전문적 운송시스템과 물류중심항만을 구축할 것이다.

5-3. 한국 광주항과 중국 충칭항간 직항 수송서비스 전망

　한국 광주항과 중국 충칭항 간에 직항 수송서비스를 실제 물류수송 프로세스 분석을 통해 검토해 보면 다음과 같은 효과를 전망할 수 있겠다. 다만, 이 수송서비스 상품은 아래사항을 가정하고 추정함을 밝혀둔다.

- 운송화물량 : 컨테이너 화물 150TEU

- 전용선박 : 한국형 River-Sea 선박(2400~5000톤급)

- 선박속도 : 컨테이너선 17~20노트, RS선 10~15노트

　첫째, 물류수송 프로세스를 7단계에서 5단계로 줄일 수 있다. 현재는 일반적으로 ① 광주(회사)-부산(CY) → ② 부산항(CY) 하역 → ③ 부산-상하이 → ④ 상하이(CY) 하역 → ⑤ 상하이항-충칭항(장강) → ⑥ 충칭항(CY) 하역 → ⑦ 충칭항(CY) - 회사 등 7단계에서, 직항 서비스가 개설된다면 ① 광주(회사)-광주항(CY) → ② 광주항(CY) 하역 → ③ 광주-충칭항 → ④ 충칭항(CY) 하역 → ⑤ 충칭항(CY) - 공장 등 5단계로 프로세스를 2단계나 줄일 수 있다. 실제 물류수송비중 환적비용이 약

50%를 차지하고 있음을 고려한다면 시간뿐만 아니라 비용도 상당히 절감할 수 있으리라 예상된다.

둘째, 소요시간을 63시간(28%) 정도 줄일 수 있다. 현재는 광주에서 충칭항까지 총 227시간이 소요되나 직항서비스가 개설된다면 164시간으로 단축된다.

셋째, 소요비용은 44%($104,250) 정도 대폭 줄일 수 있다. 현재는 $236,250 정도 발생되나 직항서비스가 된다면 $132,000 정도로 줄일 수 있다.

한편, 이를 위해서는 다음과 같은 사항이 해결되고 검토되어야 하겠다. 첫째, 현재 중국 내륙수운은 항만과는 달리 다른 나라에 개방이 되어 있지 않아 직항 서비스 개설에 어려움이 있으리라 본다. 이를 위해서는 국가적인 차원에서 상호개방 체제로 협력을 한다면 가능하리라 본다.

둘째, 기업대 기업 간에 상호 협력체제 구축이 필요하다. 직항 서비스망을 토대로 광주 기아자동차와 삼선전자 등 회사와 중경 자동차, 가전제품 회사 간에 윈-윈 전략 추진이 필요하다. 현재 장강 주위로 한국 기업을 포함하여 많은 외국 투자기업이 들어가 있다. 중국의 물동량 대부분이 이곳에서 발생하고 있다고 해도 과언이 아니다. 특히 중경시의 경우는 중국의 4대 직할시 중 하나로 인구가 무려 3500만 정도 추정되고 있으며 광주시처럼 주로 자동차, 가전제품 등을 생산하고 있다.

충칭항의 경우 전반적으로 물류인프라가 영세하나 장기적으로 발전가능성이 높다. 현재 충칭항에 3000톤급 통항이 가능하고 삼협댐이 정상 가동되면 10000톤급 통항도 충분하리라 전망하고 있다. 이곳 주요 자동차 회사를 보면 장안자동차(그룹)유한책임공사 중경지사, 중경장안자동차(그룹) 유한책임공사, 중경홍염자동차유한책임공사, 중경장화자동차선수유한공사, 중경시택시자동차본사, 중경신공자동차부품유한공사, 중경은강자동차부품제조유한책임공사, 중경민발자동차부품유한책임공사, 중경여두TOYOTA자동차 판매서비스공사 등 관련회사들이 많이 있다.

셋째, 인근 무안국제공항과 연계로 효과를 극대화 필요가 있다. 현재 건교부에서 추진 중인 중국 청도공항과 인천공항을 연결하는 트럭일관수송서비스(RFS, Road Feeder Service)도 벤치마킹할 필요가 있다.

넷째, 상하이항과 전남도내에 위치하고 있는 광양 및 목포항과 협력방안, 장강 유역과 직항 서비스 개설 방안 등에 대해 심층적인 연구가 필요하겠다. 일본 고베항의 경우도 장강 유역과 직통하는 항로를 개설하여 물류비 절감 등 여러 효과를 보여주는 사례는 우리나라에 좋은 본보기다.

■ 한국 광주항 - 중국 충칭항간 직항 수송 서비스

■ 사업 개요

○ 사업시행 : 영산강운하 공사(가칭)

○ 구 간 : 한국 광주항-(목포)-(영산강)-(서해)-(상하이)-(장강)-중국 충칭항

○ 운송화물 : 컨테이너 화물 150TEU

○ 전용선박 : 한국형 River-Sea 선박(2400~5000톤급)

○ 선박속도 : 컨테이너선 17~20노트, RS선 10~15노트

■ 사업결과(추정)

구분	현행	개선(내륙수운)	효과	특징
소요 시간	227 hrs	164 hrs	63 hrs (28%) 단축	1. 물류수송 프로세스를 7 단계에서 5 단계로 줄임. 2. 실제 수송비중 환적비용이 약 50%를 차지하고 있음.
소요 비용	$236,250	$132,000	$104,250 (44%) 절감	1. 물류수송 프로세스를 7 단계에서 5 단계로 줄임. 2. 실제 수송비중 환적비용이 약 50%를 차지하고 있음.

주 1. 대기오염 및 교통혼잡비, 다량운송 중복시간 등 제외   2. RS선 운임은 추정임.
3. 상기 결과는 추정이므로 실제와 차이가 있을 수 있음.
자료 협조 : SINOKOR, STX PANOCEAN, HANJIN SHIPPING, 기타 국내운송업체 관계자, 2007

■ 소요시간 및 운임

가. 현행

구간		운송수단	거리 (km)	소요시간 (hrs)	소요비용(US$)			비고
					운임(개당)	150TEU	계	
1	광주(회사) - 부산(CY)	트럭	350	4	590	150	88,500	다량운송 중복 시간 미포함
2	부산항(CY) 하역	트레일러	-	24	100	150	15,000	하역, 선적대기, 수출통관
3	부산 - 상하이	CNTR 선	570	24	100	150	15,000	-
4	상하이(CY) 하역	트레일러	-	24	100	150	15,000	하역, 운송준비
5	상하이항 - 충칭항(장강)	RS 선	2,400	133	505	150	75,750	-
6	충칭항(CY) 하역	트레일러	-	12	100	150	15,000	수입통관, 검사
7	충칭항(CY) - 회사	트럭	50	6	80	150	12,000	-
계			3,370km	227 hrs			$236,250	

나. 개선(내륙수운)

구간		운송수단	거리 (km)	소요시간 (hrs)	운임(US$)			비고
					운임(개당)	150TEU	계	
1	광주(회사) - 광주항(CY)	트럭	10	2	100	150	15,000	-
2	광주항(CY) 하역	트레일러	-	6	100	150	15,000	하역, 수출통관
3	광주항 - 충칭항	RS 선	3,050	138	500	150	75,000	-
4	충칭항(CY) 하역	트레일러	-	12	100	150	15,000	수입통관, 검사
5	충칭항(CY) - 공장	트럭	50	6	80	150	12,000	-
계			3,110km	164 hrs			$132,000	

6. 맺는 말

　　최근 중국의 승승장구로 동북아 허브전략이 위협받는 현 시점에 한반도 대운하 사업이 동북아 물류 중심국가 구축에 크게 기여할 것으로 전망된다.

　　미국, 유럽, 중국 등은 내륙운하 발전을 통해 내륙기업 물류비를 획기적으로 줄여줌은 물론 외국 투자기업 유치에 유리한 고지에 있음을 알 수 있다.

　　해양수산부 항만물동량 발표자료에 따르면 2020년에는 약 19억만RT로 현재보다 약 2배 정도 물동량이 증가되어 교통혼잡이 예상된다. 특히나 한미 FTA 등 국가 간 FTA 추진이 가속화되어 물동량은 상상외로 증가될 것이며 이에 따른 교통혼잡은 더욱 극심해 질 것으로 보인다. 또한 지구온난화로 한반도가 아열대로 기후로 변화되고 여름 집중호우로 물 부족 발생과 북극 및 남극 빙산이 녹아 해면이 상승하는 등 지구환경변화가 심상치 않다. 특히나 우리나라는 수송체계가 도로수송에 의존한 관계로 이산화탄소 증가는 불가피하다. 이에 대한 즉, 교통혼잡 해소와 이산화탄소 감소를 위한 하나의 대안으로 미국, 유럽 국가들처럼 기존 도로운송에서 수로운송 체제 전환이 필요하다. 국가적인 교통정책은 미래의 변화를 고려하여 한 세대 앞을 내다보는 장기적이고, 거시적인 관점에서 계획되고 추진되어야 하겠다.

한반도 대운하 건설의 효과를 전망해 보면,

1) 내륙수운은 도로운송에 비해 수송비가 저렴하다

2) 내륙수운은 도로운송에 비해 에너지 절약이 높다.

3) 내륙수운은 도로운송에 비해 대기오염 완화 효과가 높다.

4) 내륙수운은 장척·중량 및 대량화물 운송에 유리하다.

5) 내륙수운은 도로운송에 비해 사고 발생률이 매우 낮으며 폭발성 위험화물 운송에 매우 적합하다.

6) 운송수단의 다양화로 화물파업 예방과 위험 분산이 가능하다.

7) 강 주위로 중형 장척화물 제조업체 유치가 유리하다. 특히 조선업 활황에
   힘입어 선박블록공장과 협력업체 유치에 유리할 것이다.

8) 연안해송과 운하 연결을 통해 수송 네트워크가 확대되고 발전될 것이다.

9) 내륙기업 물류비를 감소해 줌으로서 국토균형발전에 기여할 것이다.

10) 강 주위로 연료유 물류기지(저유소) 구축이 용이할 것이다.

11) 수송수단 다양화로 고객(화주, 수출입업자 등) 요구에 부응이 높다.

12) 기업 물류비 해소로 투자기업 유치 마케팅 전망이 밝다.

13) 수심에 상관없이 물에서 뜨고 나르는 배(위그선 등) 출현에 대비한다.

14) 수요창출로 내륙수운 전용특수선박 및 항만기술 개발에 기여할 것이다.

15) 수상레져 등 해양관광에 기여할 것이다.

16) 내륙운하의 건설은 수변부지 개발에 기여할 것이다.

17) 홍수예방 및 수질개선, 수자원 확보에 기여할 것이다.

18) 운하 건설은 고용창출과 경기부양에 기여할 것이다.

19) 육·해·공의 새로운 물류 네트워크가 형성될 것이다.

20) 수송비와 교통혼잡비가 감소된다.

21) 다양한 직항서비스체제 도입이 가능하다(한국 광주항 - 중국 충칭항, 한국 충주항 -
   일본 동경항, 수도권-부산항 등)

22) 한편, 도로 및 철도에 비해 수송시간이 길다는 단점은 선박 현대화 및 초고속화로
   통해 수송 시간을 충분히 단축할 수 있을 것이다.

현재 우리나라의 경우 2011년경 실용화 목표로 대형위그선을 정부에서 개발 중
에 있으며, 일본의 초고속선(TSL) 개발과 미국 고속 컨테이너선 개발 등 전망이 밝
다.또한 한반도대운하 가동시점에 발맞춰 한국형 내륙운하 전용선 건조와 내륙터
미널 하역시설 개발도 충분히 가능하리라 전망된다.

한반도대운하 건설은 초대형 국책프로젝트이므로 향후 이 사업의 성공적인 완
성을 위해서는 세부사업별로 별도 심층적인 연구가 필요하다.

註 ⋯⋯

❶ 정조회 · 방승우, "영산강 옛모습 찾기사업 타당성조사 요약보고서", 「전라남도」, 2000. pp.63~64
❷ 정조회 · 방승우, 전게서, pp.4
❸ 현혜영, "영산강 수로운송의 경제적 타당성 평가에 대한 Powersim 모델링 적용에 관한 연구", 목포해양대학교 석사학위논문(지도교수 노창균), 2006 이하 생략
❹ 박성천, "영산강의 유역특성 및 수환경", 「환경부」, 2004.11, pp.15~16
❺ 정조회 · 방승우, 전게서, p.6
❻ 노창균 등, "영산강 수로운송 사업타당성 검토에 관한 연구(수심조사를 중심으로)", 한국마케팅관리학회 추계학술대회발표논문집, 2006.12, pp.713~723
❼ 한반도대운하연구회 홈페이지(2007.2) 참조 이하표시 생략
❽ 현혜영, 전게서, pp.27~39
❾ 王戰,"提升上海國際競爭力-2004／2005年上海發展報告",「上海財經大學出版社」,2005.1, p.214
❿ 王戰,"提升上海國際競爭力-2004／2005年上海發展報告",「上海財經大學出版社」,2005.1, pp. 218~220

참고문헌 ⋯⋯

1. 김경수, "영산강의 뱃길과 포구", 「환경부」, 2004. 11.

2. 김종일, "영산강의 수로운송 복원과 활용방안 연구", 한국지역지리학회지, 제11권 제1호, 2005.

3. 김경탁 · 심명필, "세계의 운하건설 사례", 한국수자원학회지, 1997.

4. 김형근, "영산강의 물류 및 관광 활성화 방안", 영산강 뱃길 복원추진위원회, 2004. 12.

5. 건설교통부, 제3차 공항개발 중장기 종합계획(2006~2010), 건설교통부고시 제2006-493호, 2006.11.

6. 노창균, "한반도 대운하 건설에 따른 물류 전망", 한국항해항만학회 제31권 제1호 춘계학술대회논문집, 2007.4

7. "영산강 수로운송 사업타당성 검토에 관한 연구(수심조사를 중심으로)", 한국마케팅관리학회
   추계학술대회발표논문집, 2006.12, pp.713~723.

8. 목포해양대학교 국제물류연구실 내부자료(영산강운하와 물류), 2007.

9. 박광순, "영산강 뱃길복원의 의의와 기본구상", 영산강 뱃길복원과 개발방향 학술대회 논문집, 1998.

10. 박성천, "영산강의 유역특성 및 수환경", 환경부, 2004.11, pp.15~16, "영산강의 하천기능 평가와 미래",
    영산강뱃길 복원추진위원회, 2004. 12.

11. 정조회 · 방송우, "영산강 옛모습 찾기사업 타당성 조사 보고서 및 요약 보고서, 전라남도, 2000

12. 주명건 등, "물류혁명과 국토개조 전략", 세종연구원, 1996.

13. 한국종합물류연구원, 전국 항만물동량 예측 점검 연구보고서, 2005

14. 한반도대운하연구회 홈페이지(2007.2)

15. 해양수산부, 제2차(2006~2011) 전국항만 기본계획 수정계획(무역항), 2006

16. 현혜영, "영산강 수로운송의 경제적 타당성 평가에 대한 Powersim 모델링 적용에 관한 연구", 목포해양대학교
    석사학위논문, 2006

17. 王戰,"提升上海國際競爭力-2004／2005年上海發展報告",「上海財經大學出版社」,2005.1,p.214

18. 王戰,"提升上海國際競爭力-2004／2005年上海發展報告",「上海財經大學出版社」,2005.1, pp. 218~220

제 7 장

영산강운하 사업의 전망 및 지역경제 살리기

노창균

제7장 영산강운하 사업의 전망 및 지역경제 살리기

1. 시작하며

이 장은 Powersim 소프트웨어를 활용하여 영산강운하의 사업 타당성 평가 시뮬레이션 모델링을 개발함에 그 의미가 있다. 여기에에는 기존 일반적인 경제성 검토 방법에서 벗어나 시스템 다이내믹스 시뮬레이션 기법이라는 새로운 접근 방법을 시도하였다.

이 연구의 핵심은 영산강운하건설로 수반되는 다양한 요소에 대한 인과 관계를 설정하고 시뮬레이션 전략 지도를 개발함에 의미가 있다.

이 연구의 특징은 운하건설 정책모델 분석을 통한 다양한 입력 자료를 바꿔가면서 영산강운하의 미래가치 모습을 시스템적 사고에 의한 전략적인 모델링 적용과 운하사업을 전망해 볼 수 있는 강점이 있다. 이 장에서는 이 모델을 통해 수로운송의 효과, 관광객 유치 효과, 환경개선 효과 등에 대해 분석 및 평가하였다.

이 연구에서는 기존 연구결과를 초기 입력 값으로 설정하여 적용하였으며 일부 중요사항에 대하여는 추가 포함하였다.

2. 시스템 다이내믹스 기법을 통한 영산강운하 사업의 전망

2-1. 수로운송의 개념 및 타당성 평가 방법

가) 수로운송의 개념

수로운송이란 하천의 물길을 따라서 사람이나 물건을 실어 나르는 것을 말한다. 하천은 지역을 공간적으로 단절시키는 장애물처럼 보이지만, 수로운송을 통하여 지역 간 인적·물적·문화교류가 가능했기 때문에 '산은 나누고 강은 합한다' 는 말이 의미하는 것처럼 오히려 결합기능을 수행 하였다.[1] 그러나 수로운송은 20세기 초반에 도로, 철도 등 근대적인 교통수단이 도입된 이후 쇠퇴의 길을 걷게 되었고, 동시에 항로 주위에 위치했던 지역의 쇠퇴와 하천공간의 지역적인 단절을 야기하였다.[2]

나) 경제적 타당성 평가를 위한 Powersim 모델링 적용 방법

영리기업이나 공공기관이 시행하는 신규 사업의 경제적 타당성 평가에는 여러 가지 방법이 적용되고 있다. 그 대표적인 방법이 회수기간법, 회계적 이익률법, 순현재가치법 및 내부수익률법 등이다. 이 중에서 회계적 이익률법은 회계학에서 정의한 발생주의 원칙에 의한 수익과 비용을 이용하기 때문에 현금흐름을 고려하지 않는다는 결정적인 단점을 지닌다. 회수기간법은 현금흐름을 고려하기는 하지만 현금흐름의 현재가치를 고려하지 않고 투자액이 회수되고 난 후의 현금흐름을 고려하지 않는다는 단점 때문에 유동성을 중시하고 적용이 간편하다는 장점이 있으나 널리 사용되지 않는다.

반면, 순현재가치법과 내부수익률법은 현금흐름의 현재가치를 고려하기 때문에 가장 적합한 사업(투자안)의 평가기법으로 인정된다. 순현재가치법은 사업기간 동안의 총현금흐름(지출과 유입)을 계산하여 현재가치로 환산한 후 그 사업으로부터 발생하는 순현재가치(총현금유입의 현재가치-총현금지출의 현재가치)가 0보다 크면 사업의 경제적 타당성이 있는 것으로 판단하는 방법이다. 달리 표현하면 B/C 비율(총현금유입의 현재가치/총현금지출의 현재가치)이 1보다 크면 경제적 타당성이 있다고 판단한다.

내부수익률법은 사업(투자안)으로부터 기대되는 내부수익률을 계산하여 그것이 요구수익률(최적필수수익률)보다 크면 경제적 타당성이 있는 것으로 판단하는 방법이다. 여기서, 내부수익률이란 순현재가치를 0으로 만드는 할인율을 말한다. 단일투자안의 채택여부를 판단하는 경우에는 순현재가치법과 내부수익률법이 동일한 결과를 가져오지만, 복수의 투자안 중 일부 투자안을 선택하는 경우에는 두 방법이 서로 다른 결과를 가져온다.❸

한편, 이 연구에서는 앞에서도 언급한 바와 같이 시스템 다이내믹스(system dynamics) 이론을 기반으로 과거의 경영실적 자료 분석에서 경영정책 모델을 통한 미래의 가치 창출을 목표로 시스템적 사고에 의한 전략적인 모델링 수립과 이를 구현코자 Powersim 모델을 적용하여 이 사업의 경제적 타당성 평가를 수행코자 한다. 이 모델을 통해 수로운송의 효과, 관광객 유치 효과, 환경개선 효과 등을 평가하였다.

2-2. 시스템 다이내믹스(System Dynamics)와 Powersim

가) 시스템 다이내믹스이란

시스템 다이내믹스(system dynamics)는 컴퓨터 기술의 발전에 의한 시뮬레이션, 전략적 의사결정 그리고 피드백 사고에서 연원한다. 즉 복잡한 현상을 동태적인 인과관계의 시각(dynamic feedback perspective)을 이해하고 설명하거나, 이러한 이해에 기초한 컴퓨터 모델을 구축하여 복잡한 인과관계로 구성된 현상이 어떻게 동태적으로 변해 나가는지를 실험해 보는 방법론이자 기준틀(framework)이라고 할 수 있다. 이러한 이유로 비즈니스 다이내믹스(business dynamics), 피드백 다이내믹스(feedback dynamics), 사회 다이내믹스(social dynamics) 등으로 불리기도 한다. ❹

시스템 다이내믹스는 다층적이고 상호 복합적인 사회적 변수를 논리적으로 재구성하여 현실 사회와 매우 유사하게 컴퓨터상에 구현함으로써 현실에서 생각할 수 있는 가설들을 아무런 실제의 손실 없이 시행해 볼 수 있는 기법이다.

시스템 다이내믹스는 MIT에서 1960년대 초에 개발되어 각종 국가정책 개발의 대외문제, 사회집단간의 갈등 해소 방안 및 새로운 제도와 정책의 채택에 따른 영향 분석 등에 많이 활용되고 있다.

시스템 다이내믹스는 의사결정이론(decision theory), 시스템이론(system theory), 정보이론(information theory), 컴퓨터 시뮬레이션(computer simulation), 서버메카니즘(servomechanism), 두뇌공학(cybernetics) 등에서 출발하여, 사회 동태 이론으로서 사회의 복잡한 문제 등에 주로 사용된 이론이다. 현재 많은 학자들에 의하여 시스템 다이내믹스는 활발히 연구되어지고 있다. 응용범위에 있어서도, 경제분야, 자원분야, 교통분야, 환경분야, 생태분야, 공업분야, 도시관리분야 등에 사용되어지고 있다. 시스템 다이내믹스의 주요 장점으로는 주요 변수에 대한 시스템의 민감도 분석이나, 시스템 구성 변수간의 상호영향관계를 정교하게 표현하는 것이다.

시스템 다이내믹스의 발달과정을 살펴보면, 1950년 처음에 SIMPLE이 개발된 후 1980년에 DYNAMO, 1990년대에 STELLA, VENSIM, ITHINK 및 Powersim 등이 점점 등장하였다. 본 연구에서는 Powersim을 이용한 다이내믹스 시뮬레이션 모듈을 개발하여 적용하였다.

Powersim은 시스템 다이내믹스(system dynamics) 이론을 기반으로 과거의 경영실적 자료 분석에서 경영정책 모델을 통한 미래의 가치 창출을 목표로 시스템적 사고에 의한 전략적인 모델링 수립 및 구현을 제품 철학으로 하고 있다.[5]

전략적 경쟁우위를 유지할 수 있도록 Powersim이라는 비즈니스 시뮬레이션 소프트웨어를 통하여 시스템 다이내믹스 이론의 적용 및 SEM(전략적 기업경영: Strategic Enterprise Management) 기반의 시뮬레이션 컨설팅 서비스를 제공하며, 컨설팅 결과의 구체적인 실현을 위하여 전략적 정보기술 체계를 구축한다. 사용자 위주의 그래픽 환경에서 경영 모델을 작성하고 이를 주어진 기준에 의한 시뮬레이션을 통하여, 그 결과를 바탕으로 각종 경영정책 및 경영 시나리오를 평가, 분석할 수 있는 경영 시뮬레이터를 제공하는 e-비즈니스 기반의 시뮬레이션 전문 소프트웨어 솔루션이다.

2-3. 영산강운하 시뮬레이션 모델링 연구 설계

이 연구는 2000년 '영산강 옛모습 찾기 사업 타당성 조사' 보고서와 제4차 국토종합계획(2000~2020)의 '국제교역, 해양관광 중심지역 전라남도' 보고서 자료를 참고하여 연구모형을 수립하였다. 영산강을 중심으로 운하건설에 따른 경제적 타당성을 다이내믹스 시뮬레이션 기법을 통하여 진단한다. Powersim을 이용하여 영산강운하 건설 경제적 타당성 평가 모형을 구축하였다.

가) 영산강운하 건설 사업의 타당성 평가 구조

영산강운하 건설 타당성 평가는 투입되는 비용에 대한 물류 및 관광에 대한 직접적 기대 효과와 산업 및 사회적 측면의 간접적인 효과로 나누어 분석하였다. 영산강운하 건설 사업의 평가 구조는 다음과 같다. 〈그림7-1〉

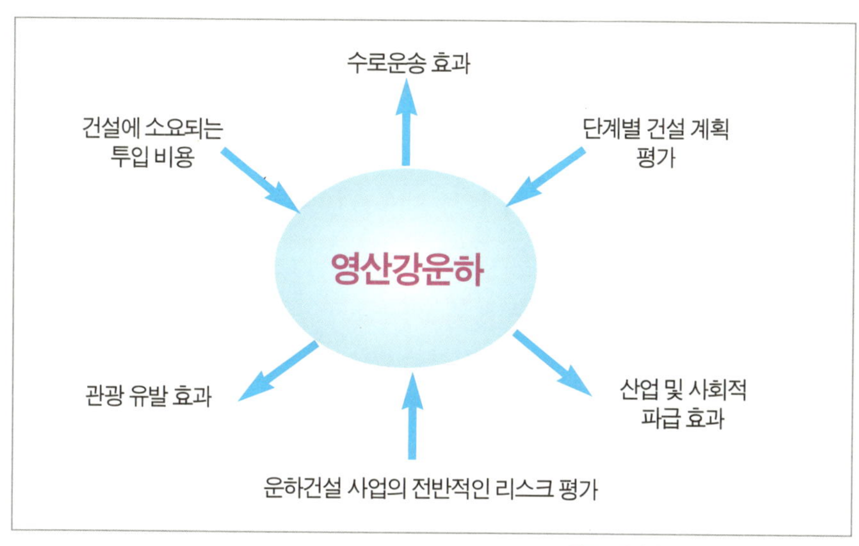

그림 7-1 영산강운하 건설 사업의 평가 구조

나) 영산강운하 건설에 따른 평가 시뮬레이션 인과관계

운하건설 투자효과를 나타내는 인과관계를 운하건설에 의한 수로운송 경제적 효과와 관광유치효과, 그리고 자연환경 개선효과 등 측면으로 설계하였다.

전체적인 인과관계는 첫째, 운하건설에 인한 내륙수운이 이루어지고 수로운송과 육상운송의 운송비 절감율에 따라 수운의 매력도는 증가할 것이다. 매력도 증가에 따른 인지도 및 물동량은 증가할 것으로 예상되는 루프를 가지고 있다. 이것은 운하건설의 효과로 나타난다.

둘째, 운하를 건설하게 되면 운하 및 유적지를 관광하러 오는 관광객 수가 발생할 것으로 예상되며, 이로 인한 새로운 관광객이 창출될 것이다. 이것은 운하건설 전의 관광객 수보다 점진적으로 증가 할 것으로 예상되며 이는 곧 운하건설의 효과로 나타난다.

셋째, 운하건설시 선박 흘수 확보를 위한 준설이 필수적이므로 준설로 인한 퇴적오니 제거 효과가 수질개선 및 자연환경개선 효과로 이루어지며, 삶의 질 개선 효과로 나타날 것이다. 이 부분도 운하건설의 효과이다.

이 연구에서는 인과관계를 크게 3가지 효과로 나타냈다. 이들 3가지 효과는 서로 관계를 주고 있으며 각 효과 속에 작은 루프들이 형성되어 있다. 수로운송 경제성 효과 측면에서 인과관계는 산업 및 도시 발달 모델은 도시가 발달하면서 해사 요구량, 골재 요구량, 기타 요구량 등 수로운송을 통한 물류 발생은 많아질 것으로 설계하였다.

그리고 운하를 통한 운송수단의 경제성이 커지면 시간의 경과에 따른 운하의 인지도가 높아지면서 물류에 대한 운하 이용률이 높아질 것이다. 그리고 수로운송 규모당 물류운송 단위능력이 높아지면 물류운송 가능능력이 높아질 것이므로 수로운송 운송량이 많아질 것이다.

운하건설로 인한 경제성 평가 시뮬레이션 전략 인과관계 지도는 다음과 같다〈그림 7-2〉.

주운 건설에 따른 물류 시뮬레이션 전략 지도

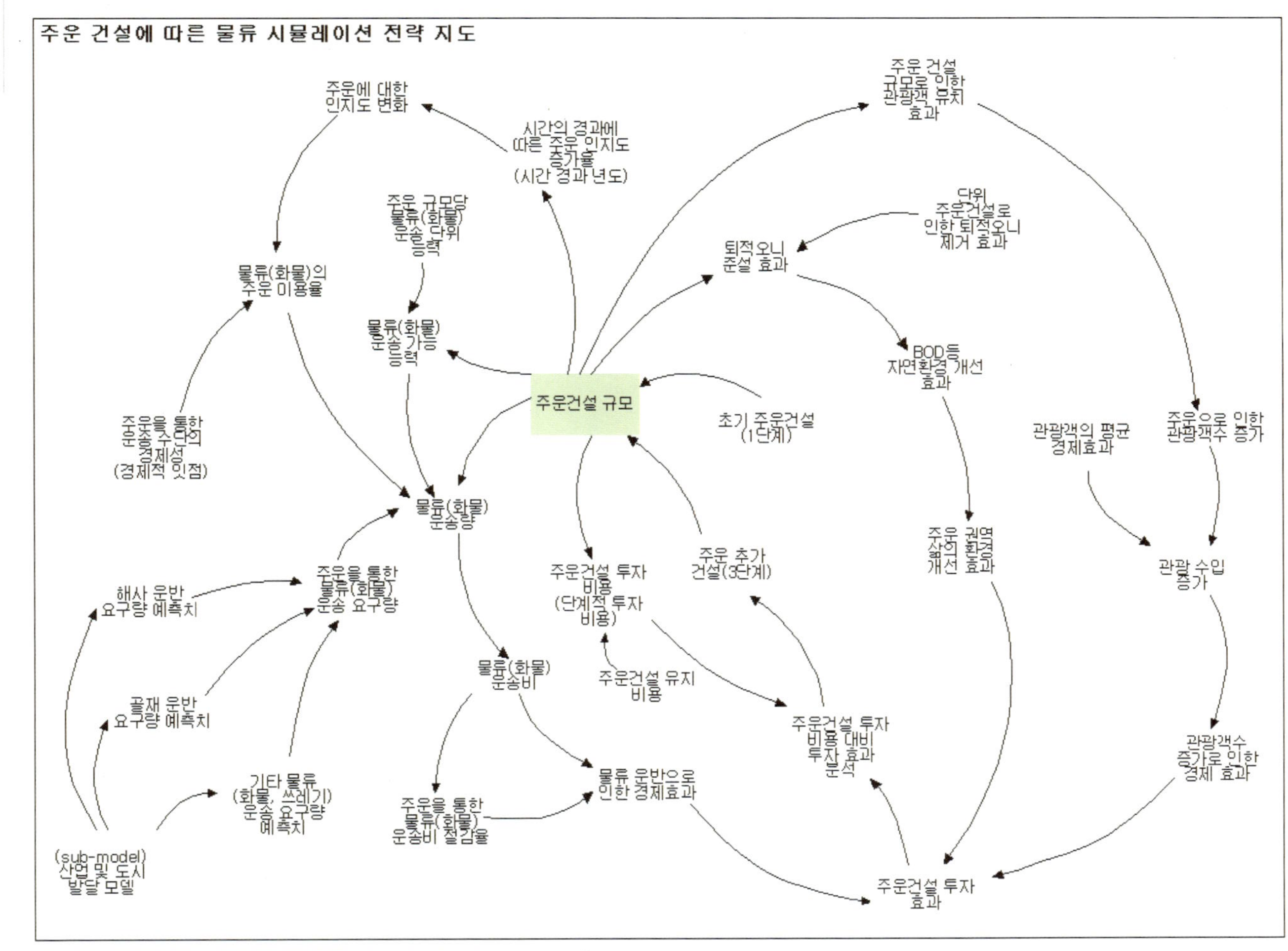

다) 운하건설 사업 타당성 평가 모델의 주요변수

이 연구의 시스템 다이내믹스 모델링을 설계하기 전에 선행연구와 현장조사, 관계자 인터뷰 등을 실시하였다. 이들 자료를 토대로 운하건설 사업 타당성 평가에 관련하는 초기 투자비용, 초기 화물 요구량, 초기 관광객 수, 수로운송 톤당 운송비, 관광객의 1인의 평균 경제효과 등 초기변수를 찾아냈다. 주요 입력변수는 다음과 같다.〈표1〉

〈표1〉 운하건설 사업 타당성 평가 입력변수 현황

초기 입력명	초기 입력값
초기 운하건설 공사비	272.71 억원
3 단계 운하건설 공사비	7,169.00 억원
수로운송 톤당 운송비	3,530.31 억원
도로 운송에 따른 비용	8,000 원
초기 관광객 수	541 천명
관광객 1 인의 평균 경제 효과	12,000 원/명
초기 해사량	1,200 천㎥/년
초기 골재량	22,580 천㎥/년
초기 기타 물류량	1,000 천㎥/년

※ 주 : 초기 입력 값은 "영산강 옛모습 찾기 사업 타당성 조사 요약보고서"에 준함.

또한 운하건설 사업 타당성 평가 모델은 단기적이고 직접적인 측면과 장기적이고 간접적인 측면을 동시에 고려하여 평가하였다. 또한 계량적인 효과와 비계량적인 효과를 동시에 진단하였다. 타당성 평가변수는 크게 2가지 정성적인 효과와 정량적인 효과로 구분하여 그 중에 고려한 측면은 장기적인 효과, 지속적인 효과, 단기적·일회성의 효과 등이 있다. 그리고 관련 국토종합개발 계획의 정책적인 방향성을 고려하였다. 주요 산출효과변수는 다음과 같다. 〈표2〉

〈표2〉 산출효과의 출력변수

구분		장기적인 효과	지속적인 효과	단기적/일회성 효과
정성적인 효과		수로 운송을 통한 수로 매력도	산업 단지의 발달 촉진 정도	영산강에 대한 국민의 관심도
		쾌적한 생활환경	수로 이용한 여객 운송 효과	영산강 주변의 개발 관심도
		홍수가뭄 등 자연 재해 방지 효과	서남권 물류 중심기능의 강화	지역 건설경기의 활성화
		고유가 대비 수로운송의 이점	퇴적 오니 준설 효과	도시의 장기 발전 비전 부여
		자연친화적인 수로 시설 환경	제 4 차 국토종합계획 수행 (국제적 해양관광의 거점화)	지역 통합적인 광역교통망 기여
		뱃길 복원		문화 관광 측면의 가치
정량적인 효과		모래 등 건설자재수요 변수	골재 채취 가능량	
		쓰레기 발생 추이	운하 관광객 수 증가	
		운하 주변 인구 변동	추정 관광 수입	
		댐, 운하건설로 농업용수 공급	운하 이용 물류 운송 추정 금액	-
		물류 운송비용	운하 이용 물류 운송량	
		물류 운송비용 절감율	운하운송 이용한 쓰레기 수송량	
		홍수 피해액		

2-4. 운하건설 시뮬레이션 모델링 설계 및 분석

가) 운하건설 사업 타당성 평가 시뮬레이션 모델링 설계

　영산강운하 건설 타당성 평가 시뮬레이션 모델링 설계는 여러 측면을 고려하여 중심이 되는 핵심변수들을 찾아냈다. 인과 루프는 주로 수로운송 물류 요구량 루프, 물류 운송량 및 물류 운송비 루프, 수로운송 물류의 경제성 루프, 운하건설로 인한 관광 수입 루프, 자연환경 개선 효과 루프, 운하건설에 대한 총체적 경제 효과 평가 루프 등 6가지로 구분하였다.

수로운송 물류 요구량 루프, 물류 운송량 및 운송비 루프, 수로운송 물류의 경제성 루프는 물류 수송 경제성 효과 측면에서, 운하건설로 인한 관광 수입 루프는 관광 유치 효과 측면에서, 자연환경 개선 효과 루프는 환경 개선 효과 측면에서, 운하건설에 대한 총체적 경제 효과 평가 루프는 총 투자 비용 경제적 효과 측면에서 고려하여 설계하였다. Powersim을 이용하여 설계한 시뮬레이션 모델링은 다음과 같다〈그림 7-3〉.

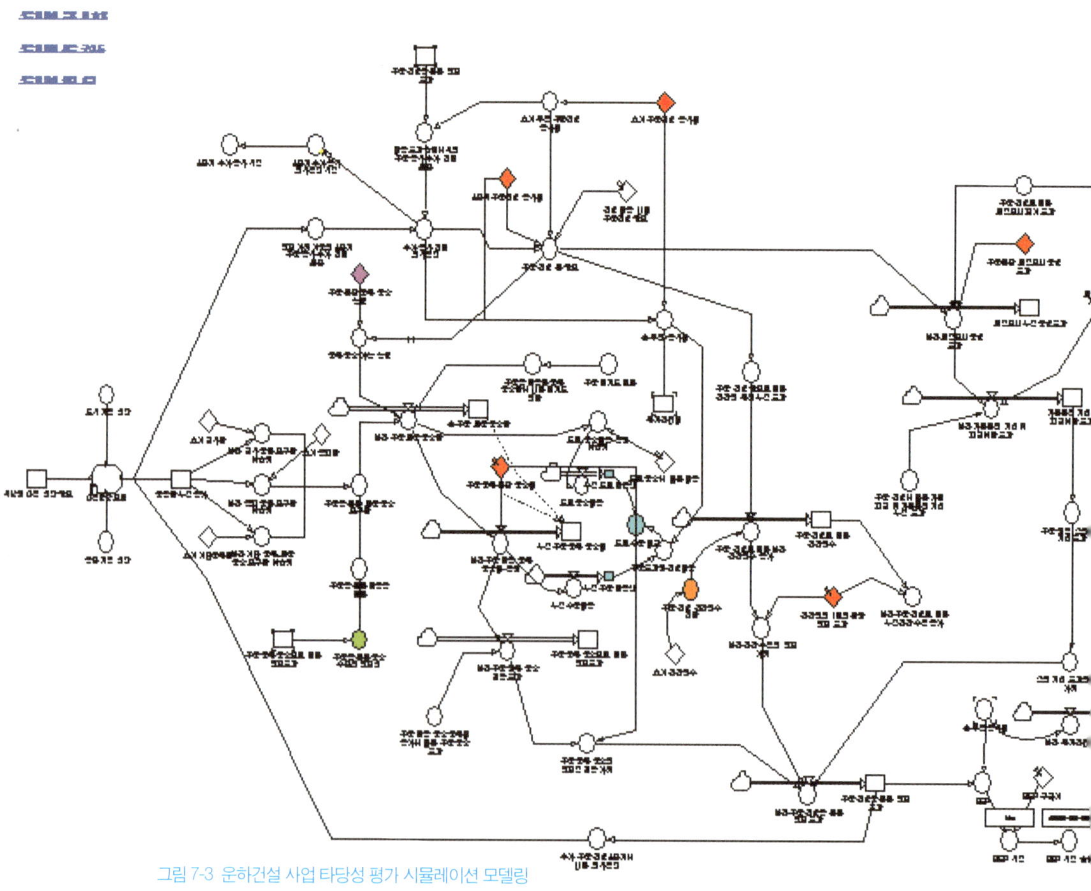

그림 7-3 운하건설 사업 타당성 평가 시뮬레이션 모델링

1) 수로운송 물류 요구량

수로운송 물류 요구량에는 크게 2가지가 영향을 주고 있다. 하나는 산업 발달로 주로 도시 지역 성장, 서남권 산업 성장 규모와 공단 지역 성장 요소가 영향을 미친다. 산업 발전에 따라 물동량은 증가할 것이며, 이 물동량 누적증가분이 수로운송 물류 요구량을 예측할 수 있다. 이러한 예측치가 수로운송의 물류 요구량을 결정하는 데에 영향을 미친다.

다음은 수로운송 물류에 의한 경제 효과로 인해 수로운송 수단의 경제성이 검증된다면 수로운송을 통한 이용률 변화(증가)로 이루어 질 것이다. 이러한 수로운송 이용률 증가분은 화물운송 요구량에 영향을 준다. 인과관계 지도에 따른 설계하는 시뮬레이션 루프는 다음과 같다〈그림 7-4〉.

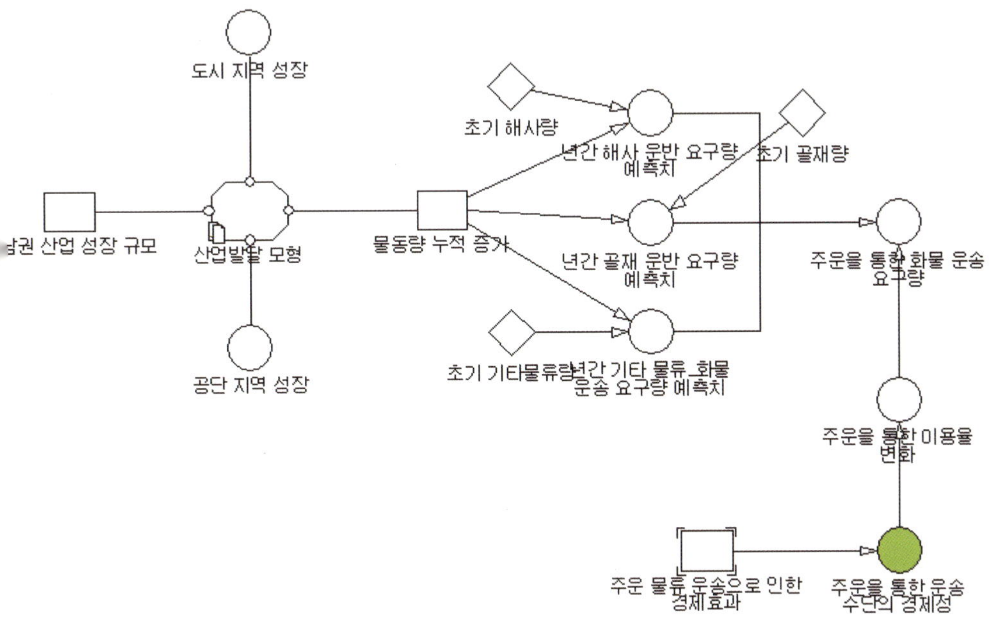

그림 7-4 수로운송 물류 요구량 모델링

　　각종 화물 요구량을 예측하기 전에 초기 요구량에서 해사량은 1,200천㎥/년, 골재량은 22,580천㎥/년, 기타 물동량은 1,000천㎥/년이다. 초기화물류 요구량에서 점점 많아지고 수로운송을 이용한 운송수단의 경제성이 평가된다면 수로운송 이용률도 변화를 주며, 따라서 화물운송 요구량은 수로운송을 통한 이용률 변화와 운송수단의 경제성 등 2가지 변수가치가 높으면 화물운송 요구량도 따라서 높아질 것이다. 구체적으로 그 결과를 살펴보면 다음과 같다〈그림7-5〉,〈표3〉.

　　〈그림7-5〉에서 보는 바와 같이 수로운송 물류 요구량은 단기적인 성과는 그렇게 뚜렷한 증가를 보이고 있지는 않지만 장기적인 성과를 보면 수로운송 물류 요구량 증가 속도가 점점 더 빠른 추세를 보이고 있다.

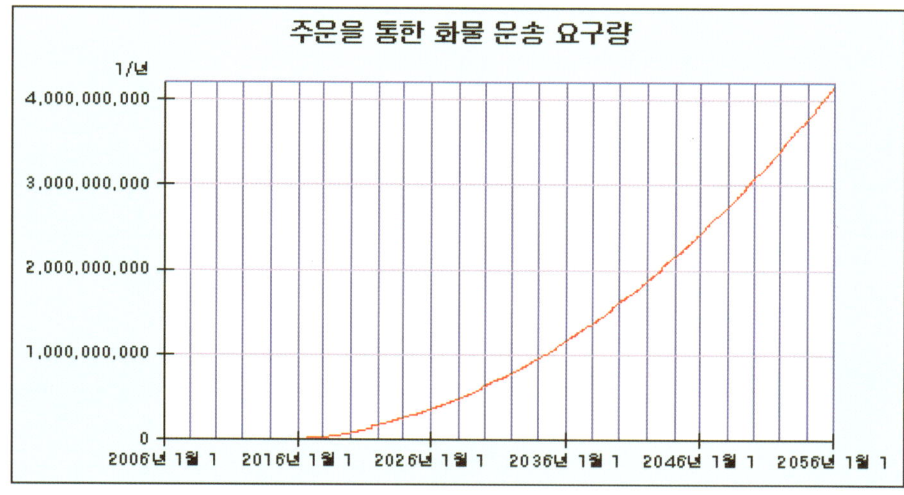

그림 7-5 수로운송 물류 요구량 추이

　　〈표3〉에서 보는 바와 같이 2006년부터 향후 50년간 모든 변수들이 증가한 추세를 나타내고 있다. 시뮬레이션 모델링에 의해 모든 변수들의 예측치와 예측효과가 나타났다. 구체적 예측치를 살펴보면, 년간 해사 운반 요구량의 예측치와 년간 골재 운반 요구량 예측치, 년간 기타 물류 화물 운송 요구량 예측치 등 3가지는 년

간 증가량은 각각 513천㎥, 9,652.95천㎥, 427.50천㎥으로 동일한 수치로 예측치를 알 수 있다.

또한 수로운송을 통한 이용률 변화는 수로운송을 통한 운송 수단의 경제성은 2016년~2021년간에 뚜렷한 증가치를 예측하므로 수로운송을 통한 화물 운송 요구량도 뚜렷한 증가치를 보여주고 있다.

<표3> 수로운송 물류 요구량 Time Table Control 성과

Time	수로를 통한 화물 운송 요구량 (천톤/년)	년간 해사 운반 요구량 예측치 (천 m3/년)	년간 골재 운반 요구량 예측치 (천 m3/년)	년간 기타 물류 화물 운송 요구량 예측치 (천 m3/년)	수로 물류 운송으로 인한 경제 효과	수로를 통한 운송 수단의 경제성	수로운송을 통한 이용률 변화
2006	198.24	1,200.00	22,580.00	1,000.00	1.00	1.00	0.80
2011	1,110.74	1,713.00	32,232.95	1,427.50	3.93	3.93	3.14
2016	9,810.19	2,226.00	41,885.90	1,855.00	26.68	26.68	21.34
2021	116,210.42	2,739.00	51,538.85	2,282.50	256.83	256.83	205.46
2026	351,616.42	3,252.00	61,191.80	2,710.00	654.50	654.50	523.60
2031	691,558.82	3,765.00	70,844.75	3,137.50	1,111.87	1,111.87	889.50
2036	1,149,868.99	4,278.00	80,497.70	3,565.00	1,627.04	1,627.04	1,301.63
2041	1,730,353.98	4,791.00	90,150.65	3,992.50	2,186.24	2,186.24	1,749.00
2046	2,426,943.56	5,304.00	99,803.60	4,420.00	2,769.79	2,769.79	2,215.83
2051	3,235,877.30	5,817.00	109,456.55	4,847.50	3,367.31	3,367.31	2,693.85
2056	4,152,419.77	6,330.00	119,109.50	5,275.00	3,970.89	3,970.89	3,176.71

2) 물류 운송량 및 물류 운송비

물류 운송량은 물류운송 가능 능력과 수로운송을 통한 화물 운송 요구량의 최소 값에 매년 인지도 변화 값이 화물 운송량에 증가 · 감소 영향을 가정하였다. 운송비는 주로 연간 수로운송 화물 운송량과 수로운송 물류 톤당 운송비의 곱으로 결정되고, 또한 도로, 철도 등 기타 운송수단의 운송비용에 영향을 미치고 있다. 인과관계 지도에 따른 설계하는 시뮬레이션 루프는 그림 7-6과 같다.

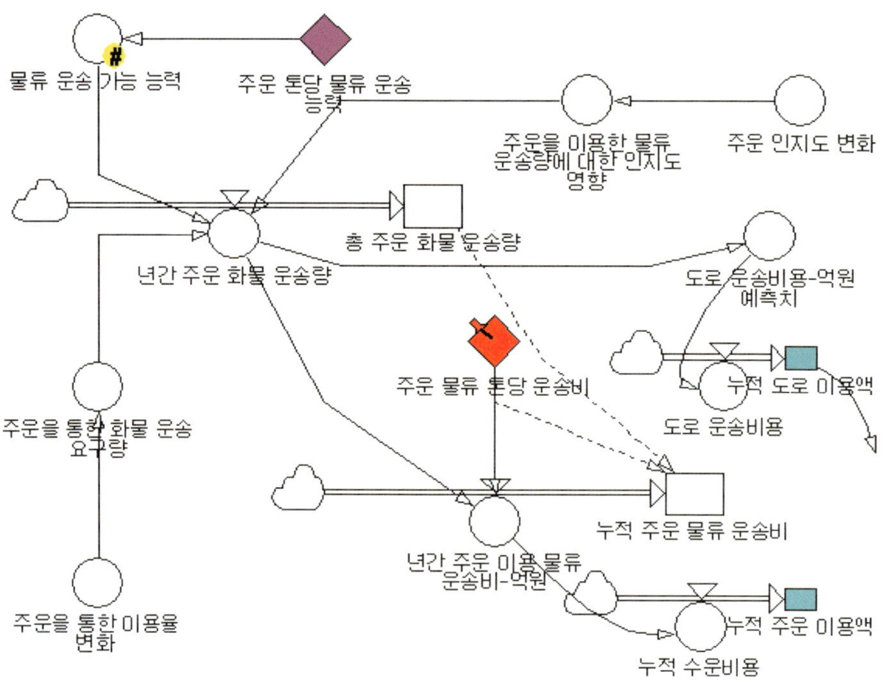

이들을 분석하기 위하여 톤당 운송비는 3,530.31원 및 수로운송 톤당 물류 운송 능력은 400천톤/년으로 분석하였다. 구체적 분석 결과는 다음과 같다〈그림7-7〉, 〈그림7-8〉, 〈표4〉.

〈그림7-7〉에서 보는 바와 같이 총 수로운송 화물 운송량은 단기적인 성과는 그렇게 뚜렷한 증가를 보이고 있지는 않지만 2016년 지나면 총 수로운송 화물 운송

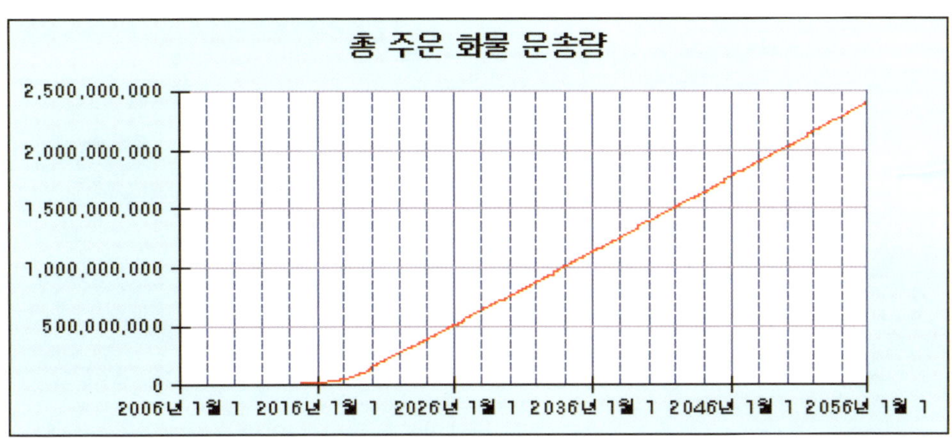

그림 7-7 총 수로운송 화물 운송량 추이

량 증가 속도가 점점 더 빠른 추세를 보이고 있다.

〈그림7-8〉에서 보는 바와 같이 누적 수로운송 물류 운송비는 단기적인 성과는 그렇게 뚜렷한 증가를 보이고 있지는 않지만 2019년쯤 지나면 누적 수로운송 물류 운송비 증가 속도가 점점 더 빠른 추세를 보이고 있다.

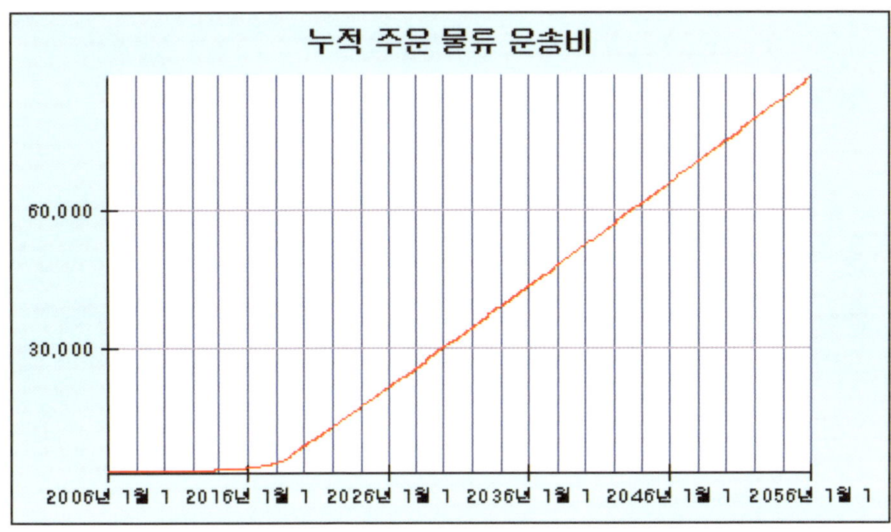

그림 7-8 누적 수로운송 물류 운송비 추이

225

〈표4〉 수로운송 물류 운송량 및 물류 운송비 Time Table Control 성과

Time	총 수로 화물 운송량	누적 수로 물류 운송비 (억원)	물류 운송 가능 능력 (천톤/년)	년간 수로 화물 운송량 (천톤)	수로를 이용한 물류 운송량에 대한 인지도 영향	수로 이용 물류 운송비 (억원/년)
2006	1.00	3,530.31	1,090,840	201,907.44	0.02	7.13
2011	2,574,207.79	3,621.19	58,442,840	1,133,844.48	0.02	40.03
2016	21,883,940.17	4,302.89	58,442,840	10,060,358.31	0.03	355.16
2021	209,246,074.44	10,917.36	58,442,840	60,283,789.46	0.03	2,128.21
2026	511,979,985.64	21,604.81	58,442,840	60,955,882.12	0.04	2,151.93
2031	819,132,175.55	32,448.25	58,442,840	62,080,906.79	0.06	2,191.65
2036	1,132,011,763.77	43,493.25	58,442,840	63,281,907.15	0.08	2,234.05
2041	1,449,657,365.60	54,707.77	58,442,840	63,761,138.44	0.09	2,250.97
2046	1,768,953,977.65	65,979.94	58,442,840	63,953,999.81	0.09	2,257.78
2051	2,088,998,658.08	77,278.52	58,442,840	64,100,106.91	0.10	2,262.93
2056	2,409,565,817.48	88,595.55	58,442,840	64,141,016.90	0.10	2,264.38

〈표4〉에서 보는 바와 같이 2006년부터 향후 50년간 모든 변수들이 변화한 추세를 나타내고 있다. 향후 50년간 이 시스템 다이내믹스 시뮬레이션 모델링을 통한 모든 변수들의 예측치와 예측 효과를 보여준다. 구체적 예측치를 살펴보면 총 수로운송 화물 운송량과 누적 수로운송 물류 운송비는 각각 년간 비슷한 증가하는 예측치를 보여주고 있다. 년간 수로운송 화물 운송량과 수로운송 이용 물류 운송비의 예측치는 2016년~2021년간에 기하급수적으로 증가하고 2021년 이후에 상대적으로 적은 증가 예측치를 보여주고 있다.

또한 물류 운송가능 능력은 2010년쯤부터 동일한 예측치 58,442,840천 톤으로 이루어지고 있다. 수로운송을 이용한 물류 운송량에 대한 인지도 영향은 비록 시간적인 지연이 존재하고 있지만, 2026년부터 어느 일정한 수준이 지나면 급증적

증가를 하고, 또 어느 정도 인지도가 지나면 2046년부터 적은 증가 예측치를 보여
주고 있다.

3) 수로운송의 경제성

수로운송의 경제성은 수로운송 이용에 따른 운송 물류비 감소에 의해 수로운
송 효과가 높아지고 운송비가 낮아지면 물류운송의 절감 효과가 높아지고 이에
따른 물류운송 경제성도 높아지는 것이다. 도로와 수로운송의 비용 차이가 수로
운송을 이용한 물류 운송 경제성의 대표적인 예이다. 수로운송의 경제성을 높이
려면 다른 운송수단에 비해 운송비가 저렴하고, 대량 운송이 가능하고, 교통 환경
오염을 감소하는 장점이 있어야 된다. 이것을 도로운송이나 열차 운송보다는 수
로 운송이 유리하다고 할 수 있겠다. 인과관계 지도에 따라 설계하는 시뮬레이션
루프는 다음과 같다〈그림7-9〉.

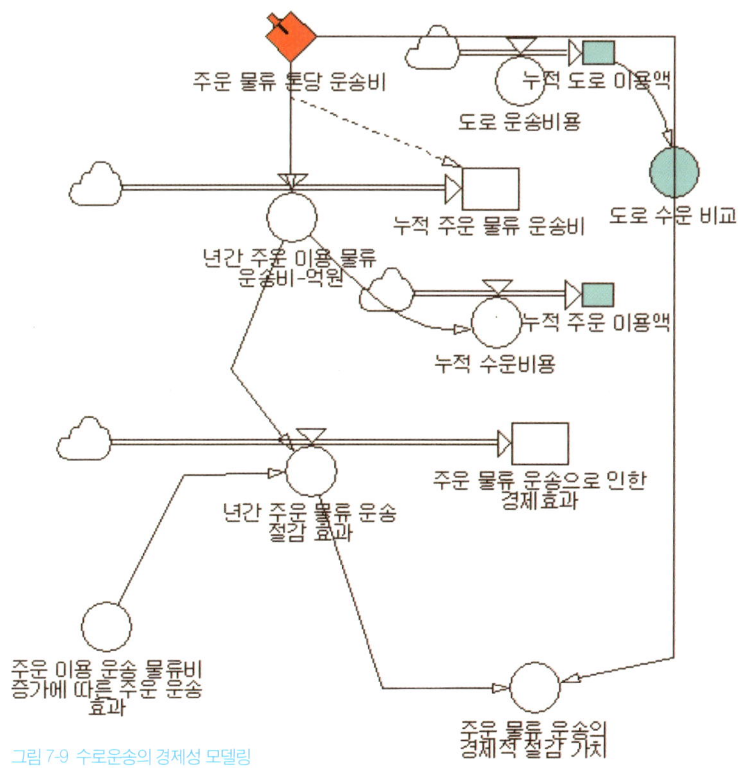

그림 7-9 수로운송의 경제성 모델링

주로 물류 운송량이 지금까지는 도로와 철도였으나 수로를 이용한다면 도로나 철도 운송량은 그만큼 감소하게 되는 것이다. 그러므로 도로의 혼잡비용이나 철도의 추가 건설비용 등은 이 연구에서 다루지 않고도 수로를 이용한 물류이동이 얼마만큼 유리한지 보여 준다. 구체적 분석결과는 다음과 같다. 〈그림 7-10〉, 〈그림 7-11〉, 〈표5〉

〈그림 7-10〉에서 보는 바와 같이 수로운송으로 인한 경제성은 단기적인 성과는 그렇게 뚜렷한 증가를 보이지 않지만 장기적인 성과를 보면 수로운송의 경제성 증가 속도가 점점 더 빠른 추세를 보이고 있다.

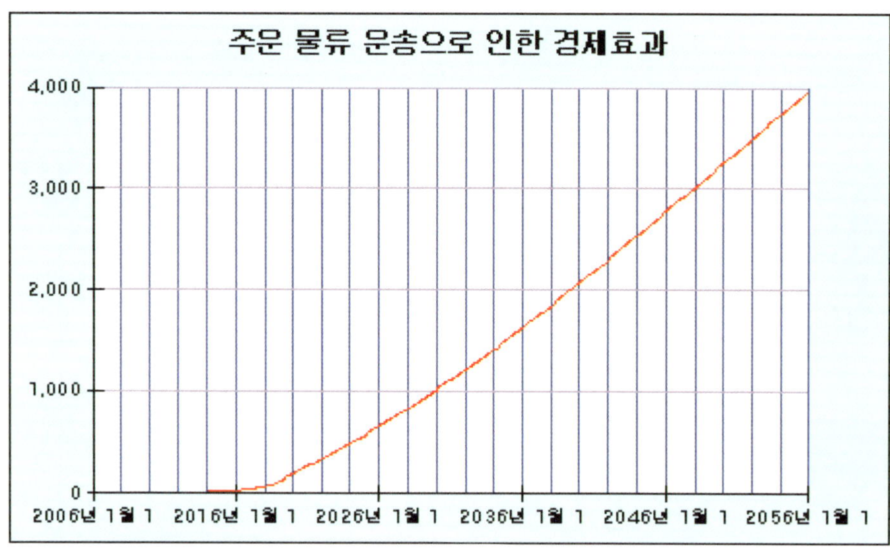

그림-10 수로운송으로 인한 경제성 추이

〈그림 7-11〉에서 보는 바와 같이 수로운송의 효과와 건설비용은 비록 단기적인 비용은 누적 도로 이용액보다 많지만, 2023년쯤부터는 누적 도로이용액보다 적은 증가 추세를 보여주고 있다. 그리고 그 이후부터 2가지 비용의 차이가 점차 증가

하고 있는 모습을 보여주고 있다. 이는 도로에 비해 수로운송 능력이 결국 건설비용 효과에 큰 영향을 미치고 있음을 알 수 있다.

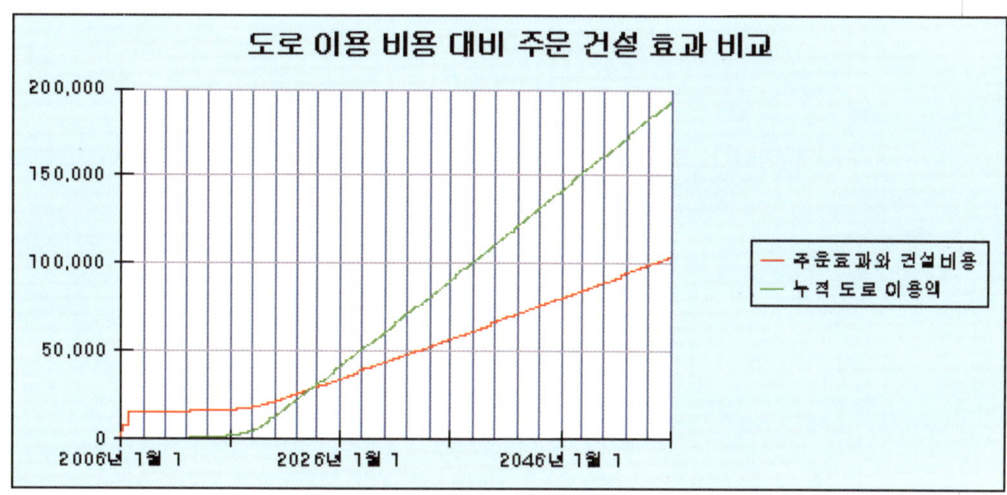

그림 7-11 도로이용 비용 대비 수로운송 건설 효과 비교 추이

　〈표5〉에서 보는 바와 같이 2006년부터 향후 50년간 모든 변수들이 증가한 추세를 나타내고 있다. 향후 50년간 이 시스템 다이내믹스 시뮬레이션 모델링을 통한 모든 변수들의 예측치와 예측 효과를 보여주고 있다. 구체적인 예측치를 살펴보면 도로운송비용, 년간 수로운송 이용 물류 운송비, 년간 수로운송 물류 절감 효과와 수로운송 물류의 경제적 절감 가치의 예측치는 단기적인 증가가 적지만 2016년~2021년간에 기하급수적으로 증가하고, 2021년 이후에 상대적으로 적은 증가 예측치를 보여주고 있다. 물류비 증가에 따른 수로운송 효과 예측치는 2021~2026년간 급속적인 증가를 하고 2026년 이후에는 상대적으로 적은 증가 예측치를 보여주고 있다.

〈표5〉 수로운송 물류의 경제성 Time Table Control 성과

Time	도로운송 비용 (억원/년)	수로 이용 물류 운송비 (억원/년)	수로운송 물류 절감 효과 (%/년)	수로 운송 이용 물류비 증가에 따른 수로 운송 효과	수로 운송 물류의 경제적 절감 가치 (억원/년)
2006	16.15	7.13	22.40	1.12	395.40
2011	90.71	40.03	131.41	1.17	2,319.53
2016	804.83	355.16	1,205.80	1.21	21,284.32
2021	4,822.70	2,128.21	7,613.57	1.28	134,391.47
2026	4,876.47	2,151.93	8,634.34	1.43	152,409.71
2031	4,966.47	2,191.65	9,876.00	1.61	174,326.97
2036	5,062.55	2,234.05	10,907.03	1.74	192,526.18
2041	5,100.89	2,250.97	11,520.16	1.82	203,348.92
2046	5,116.32	2,257.78	11,846.42	1.87	209,107.83
2051	5,128.01	2,262.93	12,025.87	1.89	212,275.42
2056	5,131.28	2,264.38	12,135.20	1.91	214,205.29

다) 영산강운하 건설로 인한 관광수입 모델링 설계 및 분석

우선 관광 수입은 주로 관광객 수와 관광객 1인의 평균 경제 효과에 의해 결정하였다. 영산강운하를 건설하였을 경우 관광객의 증가분이 운하가 없을 경우와 비교해 보았을 때의 차이점은 크지는 않지만 영산강 유역의 문화재, 온천 등의 관광 벨트와의 연계가능성은 충분히 있다. 시스템 다이내믹스 모델에서는 단순히 운하건설에 관광객으로만 환산하였으며 향후 조건 변화는 계산하지 아니하였다. 관광의 발전은 영산강유역의 문화, 운하건설의 규모, 교통시설, 영산강유역내 관광자연 등 여건에 관련한 것이다. 인과관계지도에 의한 시스템 다이내믹스 모델링은 다음과 같다〈그림 7-12〉.

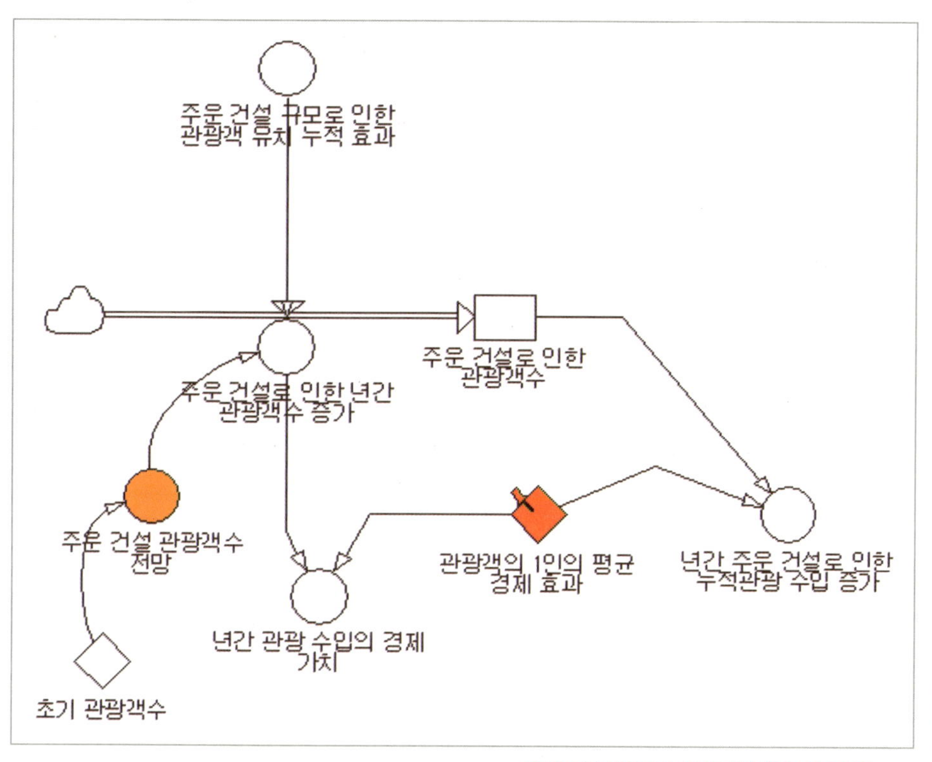

그림 7-12 영산강운하 건설로 인한 관광수입 모델링

이들을 분석하기 위하여 초기 관광객 수는 541천명, 1인의 평균 경제는 12,000원으로 설정하였다. 운하건설에 따라서 관광객 수는 증가 전망이다. 구체적 결과는 다음과 같다〈그림 7-13〉,〈표6〉.

〈그림 7-13〉에서 보는 바와 같이 운하건설로 인한 관광객 수는 단기적인 성과는 그렇게 뚜렷한 증가를 보이고 있지는 않지만 장기적인 성과를 보면 운하건설로 인한 관광객 수의 증가 속도는 점점 더 빠른 추세를 보이고 있다.

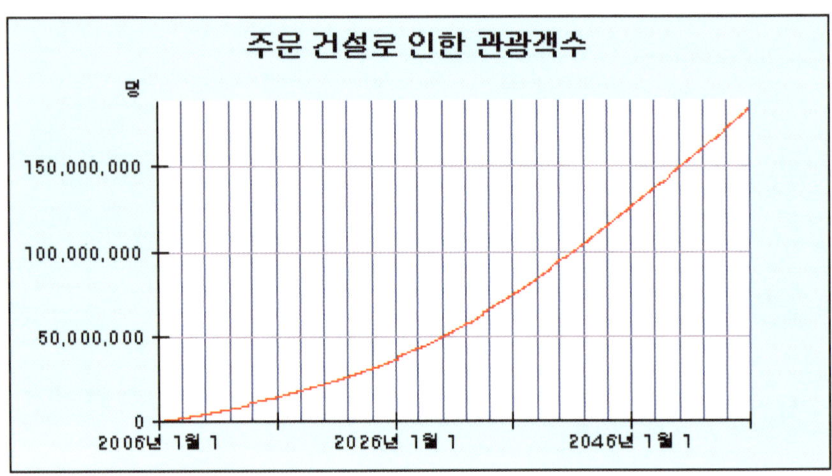

그림 7-13 영산강운하 건설로 인한 관광객 수 추이

<표6>에서 보는 바와 같이 2006년부터 향후 50년간 모든 변수들이 변화한 추세를 나타내고 있다. 향후 50년간 이 시스템 다이내믹스 시뮬레이션 모델링을 통한 모든 변수들의 예측치와 예측효과를 보여주고 있다. 구체적 예측치를 살펴보면 운하건설로 인한 관광객 수와 년간 운하건설로 인한 누적관광 수입 증가 예측치는 단기적인 증가 예측치가 적지만 2016년 이후부터 급속적인 증가하는 것을 보여주고 있다. 년간 관광 수입의 경제가치와 운하건설로 인한 년간 관광객 수 예측치는 단기적으로 급속적인 증가 예측치를 보여주고, 2041년 이후에 상대적으로 적은 증가 예측치를 보여주고 있다. 운하건설 규모로 인한 관광객 유치 누적 효과 예측치는 2006년 3월 1일부터 예측치 1.86으로 유지하는 것을 보여주고 있다.

〈표6〉 영산강운하 건설로 인한 관광수입 Time Table Control 성과

Time	운하건설로 인한 관광객수 (천명/년)	년간 관광 수입의 경제 가치 (억원)	운하건설로 인한 년간 관광객 수 증가 (천명/년)	년간 운하건설로 인한 누적관광 수입 증가 (억원)	운하건설 규모로 인한 관광객 유치 누적 효과
2006	541.00	65.51	545.89	1.2e-4	1.01
2011	5,851.06	174.54	1,454.50	702.13	1.86
2016	13,902.97	220.43	1,826.88	1,668.36	1.86
2021	23,936.30	273.34	2,277.81	2,872.36	1.86
2026	36,544.73	356.66	2,972.13	4,385.37	1.86
2031	53,139.79	469.28	3,910.69	6,376.77	1.86
2036	74,581.36	566.43	4,720.27	8,949.76	1.86
2041	99,328.04	630.54	5,254.51	11,919.36	1.86
2046	126,493.40	677.52	5,646.03	15,179.21	1.86
2051	155,199.25	703.21	5,860.09	18,623.91	1.86
2056	184,737.56	716.05	5,967.12	22,168.51	1.86

라) 자연환경 개선 효과 모델링 설계 및 분석

수로운송을 위해서는 선박이 통항하기 위한 수심확보가 필수적으로 이루어져야 한다. 준설을 통한 수심 확보는 영산강 하구방조제 건설 후 한번도 제대로 퇴적오니를 제거하지 않았으므로 자동적으로 퇴적오니의 제거가 필요하다. 이는 자연환경, 자연 재해 방지 및 삶의 편의 시설 제공 효과와 퇴직오니 준설 효과, 퇴적오니 제거로 인한 자연환경 개선 효과, 운하건설에 따른 자연 재해 및 자연환경 개선 누적 효과 등으로 나타난다. 인과관계지도에 의한 시스템 다이내믹스 모델링에서 운하건설로 인한 퇴적오니제거는 자연환경 개선효과로 나타나고 깊은 수심은 홍수로 인한 자연재해 방지 및 갈수시 유량 확보로 인한 삶의 질에 개선 효과로 나타내며 이것을 경제 가치로 나타낼 수 있다. 인과관계지도에 의한 시스템 다이내믹스 모델링은 다음과 같다〈그림 7-14〉.

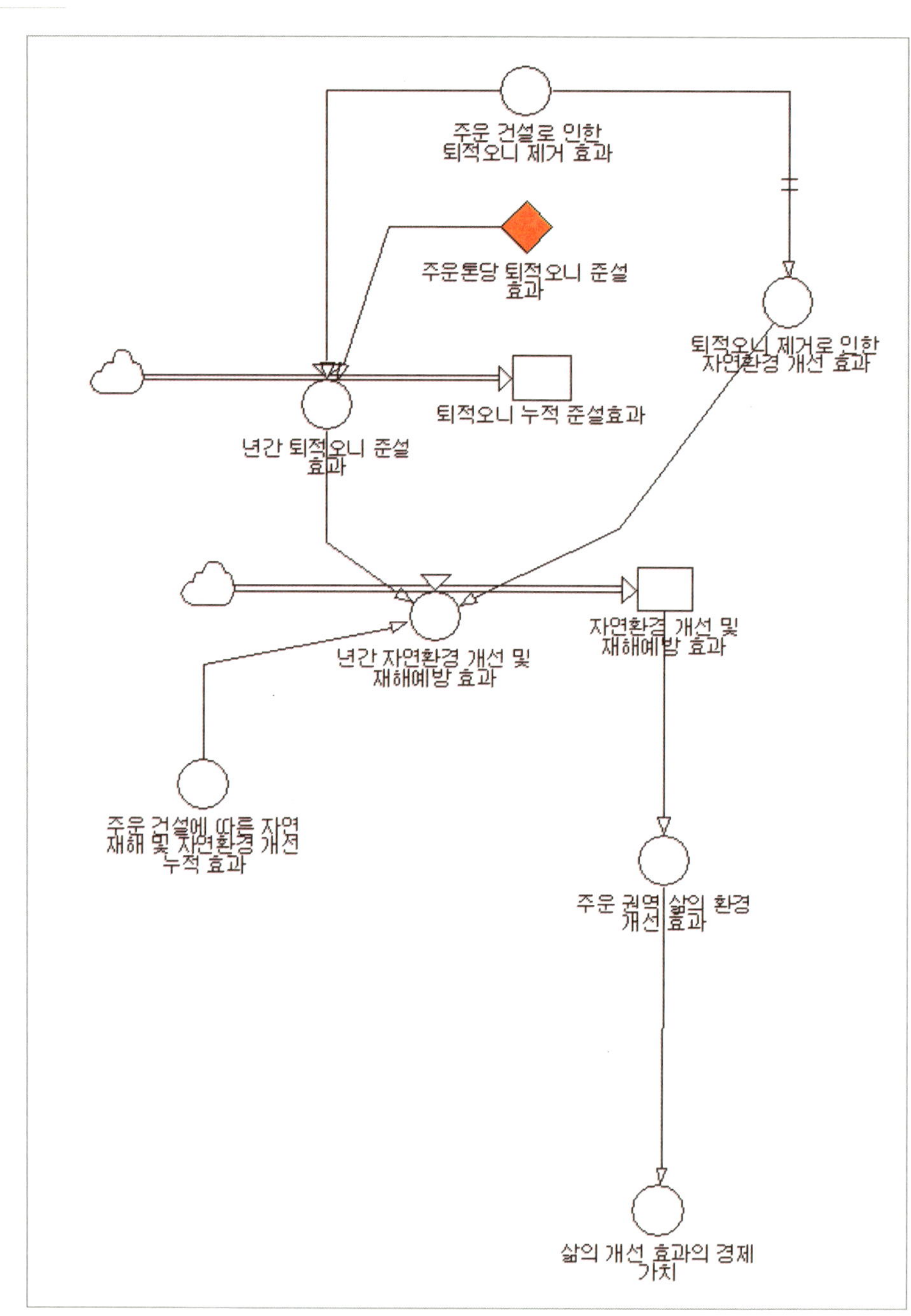

그림 7-14 영산강운하 건설로 인한 자연환경 개선 효과 모델링

초기 수로운송 톤당 퇴적오니 준설효과는 0.1/년으로 설정하였다. 퇴적오니 준설 및 제거를 통해 퇴적오니 누적 효과는 높아질 것이다. 이는 자연환경 개선, 재해예방 효과, 운하 권역 삶의 환경 개선 등의 효과로 나타난다. 구체적 분석결과는 다음과 같다 〈그림 7-15〉, 〈그림 7-16〉, 〈그림 7-17〉, 〈표 7〉.

〈그림 7-15〉에서 보는 바와 같이 삶의 환경개선 효과는 단기적인 성과는 퇴적오니 제거로 인해 급속히 개선 효과를 증가하는 모습을 보여주고 있으나 어느 일정한 수준이 지나면 개선 한계를 가지고 있으므로 개선효과를 뚜렷한 증가를 보이지 않는다. 지속적으로 퇴적물을 제거하더라도 매년 쌓이는 퇴적물의 양은 적기 때문에 초기 준설효과보다는 떨어진다고 할 수 있다.

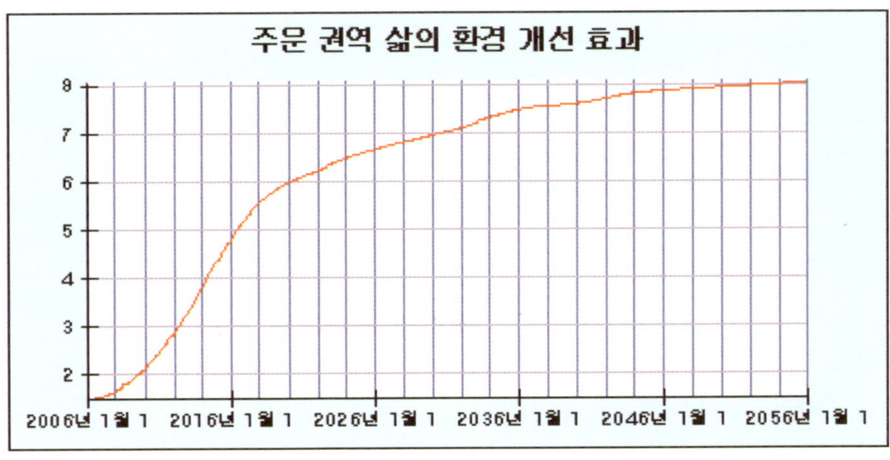

그림 7-15 운하 권역 삶의 환경 개선 효과 추이

〈그림 7-16〉에서 보는 바와 같이 퇴적오니 누적 준설효과는 지속적인 증가하는 추세를 보여주고 있다.

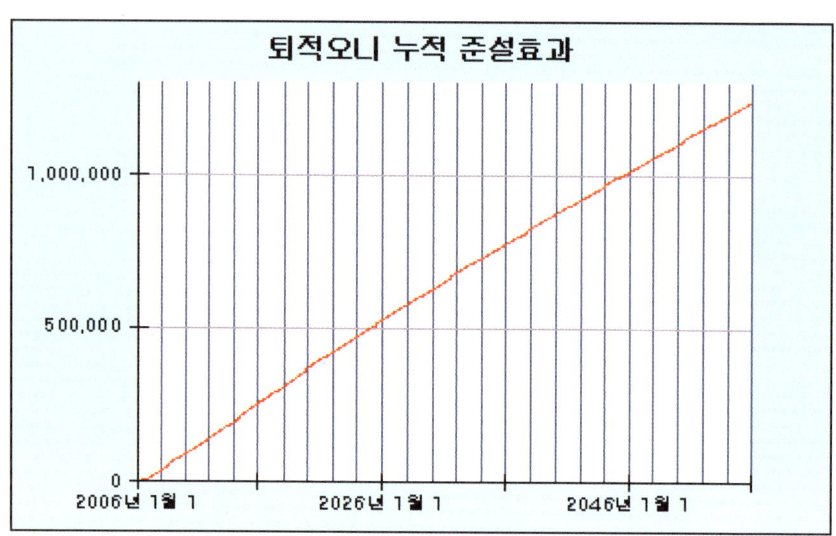

그림 7-16 퇴적오니 누적 준설효과 추이

〈그림 7-17〉에서 보는 바와 같이 준설하게 되면 유역의 담수량이 늘어난다. 자연환경 개선 및 재해예방 효과는 단기적인 성과는 그렇게 뚜렷한 증가를 보이고 있지는 않지만 장기적인 성과를 보면 자연환경 개선 및 재해예방 효과는 증가 속도가 점점 더 빠른 추세를 보이고 있다.

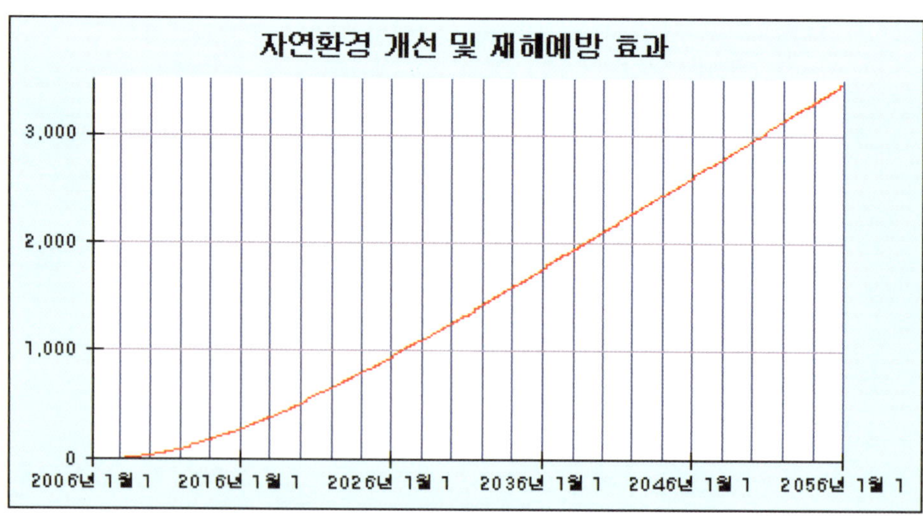

그림 7-17 자연환경 개선 및 재해예방 효과 추이

<표7>에서 보는 바와 같이 2006년부터 향후 50년간 모든 변수들이 변화한 추세를 나타내고 있다. 향후 50년간 이 시스템 다이내믹스 시뮬레이션 모델링을 통한 모든 변수들의 예측치와 예측효과를 보여주고 있다. 구체적 예측치를 살펴보면 퇴적오니 누적 준설효과와 자연환경 개선 및 재해예방 효과 예측치는 각각 지속적인 비슷한 증가치를 예측하고 있다.

수로운송 권역에 삶의 환경 개선 효과 예측치는 단기적인 증가 예측치가 급증하고 있으나 2021년 이후부터 상대적으로 적은 증가 예측치를 보여주고 있다. 수로운송 건설에 따른 자연환경 개선 누적 효과 예측치는 단기적인 증가 예측치가 급증하고 있으나 2031년 이후부터 상대적으로 적은 증가 예측치를 보여주고 있다.

수로운송 건설로 인한 퇴적오니 제거 효과, 퇴적오니 제거로 인한 자연환경 개선 효과와 년간 퇴적오니 준설 효과 예측치는, 단기적인 급성장하고 있고 2016년에 최대값으로 나타났으며 그 이후부터 점차 감소하는 예측치를 보여주고 있다. 년간 자연환경 개선 및 재해 예방 효과 예측치는 단기적으로 급성장하고 있고 2021년 이후부터 상대적인 성장 속도가 감소되어 2041년부터 증감하는 예측치를 보여주고 있다.

〈표7〉 자연환경 개선효과 Time Table Control 성과

Time	퇴적오니 누적 준설효과	자연환경 개선 및 재해 예방 효과	수로 권역 삶의 환경 개선 효과	수로 건설로 인한 퇴적오니 제거 효과	년간 퇴적오니 준설 효과	퇴적 오니 제거로 인한 자연환경 개선 효과	수로 건설에 따른 자연환경 개선 누적 효과	년간 자연환경 개선 및 재해 예방 효과
2006	1.00	1.00	1.50	1.18	321.80	1.00	0.09	0.09
2011	110,911.08	71.91	2.45	1.89	27,614.24	1.83	0.19	29.84
2016	251,952.86	276.89	4.80	1.95	28,490.88	1.96	0.33	56.11
2021	392,634.79	587.17	6.12	1.87	27,322.03	1.89	0.43	69.15
2026	526,656.56	951.56	6.66	1.78	26,007.06	1.80	0.53	76.93
2031	654,750.93	1,344.97	7.04	1.72	25,130.42	1.73	0.61	82.41
2036	778,211.45	1,764.42	7.47	1.66	24,180.73	1.66	0.68	84.82
2041	897,946.20	2,192.10	7.65	1.61	23,464.80	1.62	0.72	85.05
2046	1,014,641.94	2,616.34	7.88	1.58	23,084.92	1.59	0.74	83.69
2051	1,130,358.76	3,043.10	7.97	1.58	23,084.92	1.59	0.77	87.55
2056	1,244,848.28	3,475.14	8.06	1.56	22,734.26	1.56	0.78	85.19

라) 영산강운하 건설에 대한 총체적 경제 효과 평가 모델링 설계 및 분석

1)총 투입 비용 대비 총체적 경제 효과 평가 분석 모델링

운하건설에 대한 총 투입 비용 대비 총체적 경제효과 평가는 운하건설을 통한 경제효과와 총 투입공사비의 차이에 영향을 미친다. 운하건설을 통한 경제 효과는 수로운송 물류의 경제적 절감가치와 년간 관광수입의 경제가치 및 삶의 개선 효과의 경제가치 등 3가지로 결정된다. 년간 유지관리비는 총 투입 공사비의 일부이며 총 투입 공사비에 따라서 변화한다. 인과관계지도에 의한 시스템 다이내믹스 모델링은 다음과 같다. 〈그림 7-18〉

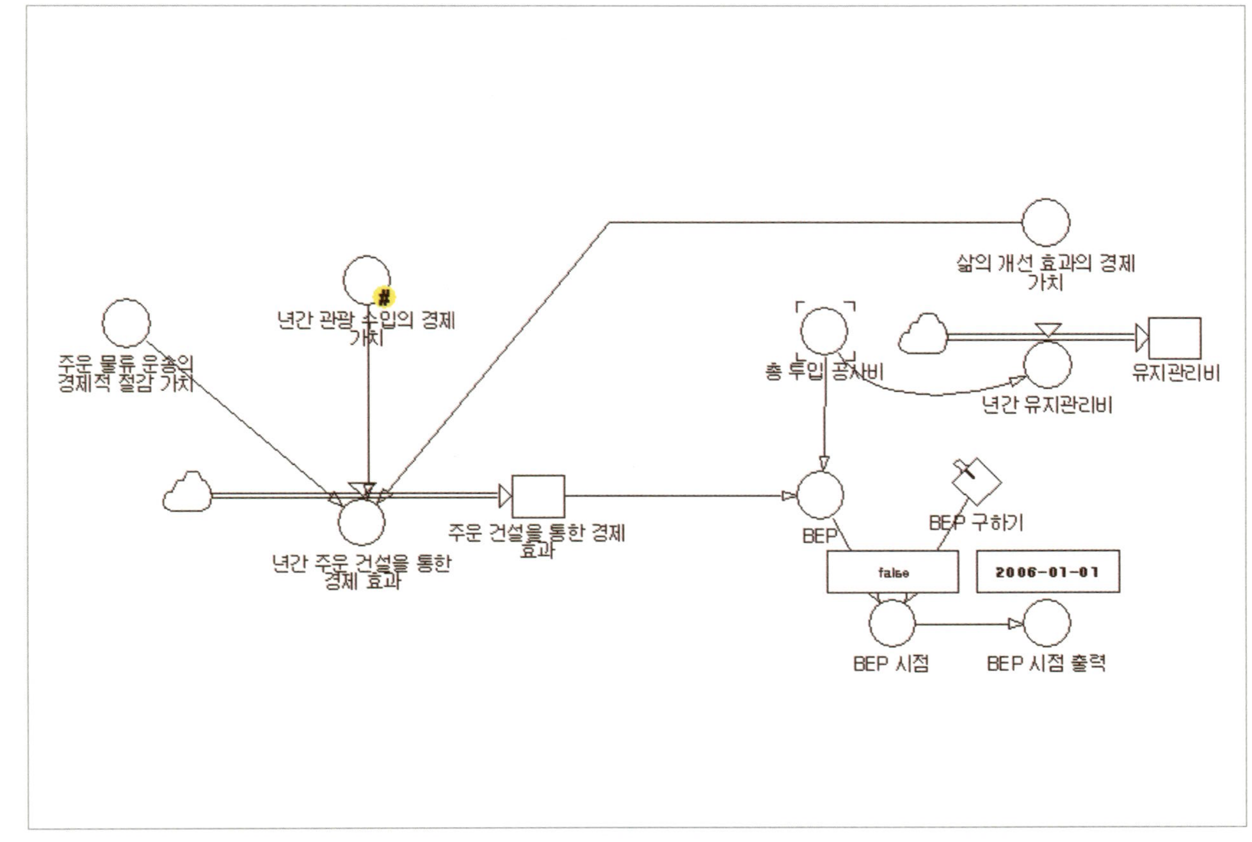

그림 7-18 운하건설에 대한 총체적 경제효과 평가 모델링

초기 총 투입공사비는 272.71억원으로 설정되어 수로운송 건설을 통한 경제 효과와 총 투입공사비를 비교하여 분석하였다. BEP는 수익성이 '-'에서 '+'로 되는 시점을 구하는 것이다. 구체적 결과는 다음과 같다.〈그림 7-19〉,〈그림 7-20〉,〈표 8〉.

〈그림 7-19〉에서 보는 바와 같이 운하건설을 통한 경제 효과는 단기적인 성과는 그렇게 뚜렷한 증가를 보이고 있지는 않지만, 장기적인 성과를 보면 운하건설을 통한 경제효과는 증가 속도가 점점 더 빠른 추세를 보이고 있다.

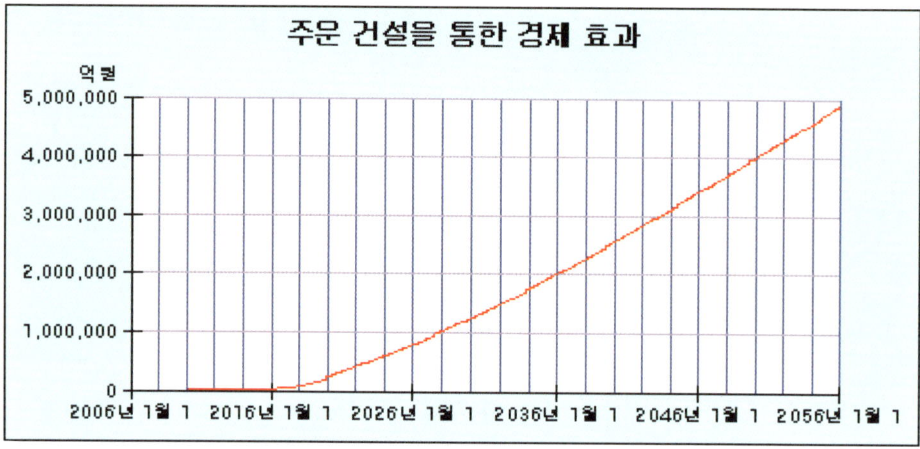

그림 7-19 운하건설을 통한 경제 효과 추이

〈그림 7-20〉에서 보는 바와 같이 총 투입공사비는 단기적인 기하급수적으로 증가하고 있는 모습을 보여주고 있다. 어느 일정한 수준이 지나면 대규모 건설이 필요 없고 유지 관리비 등 비용이 필요하여 지속적인 증가하는 모습을 보여주고 있다.

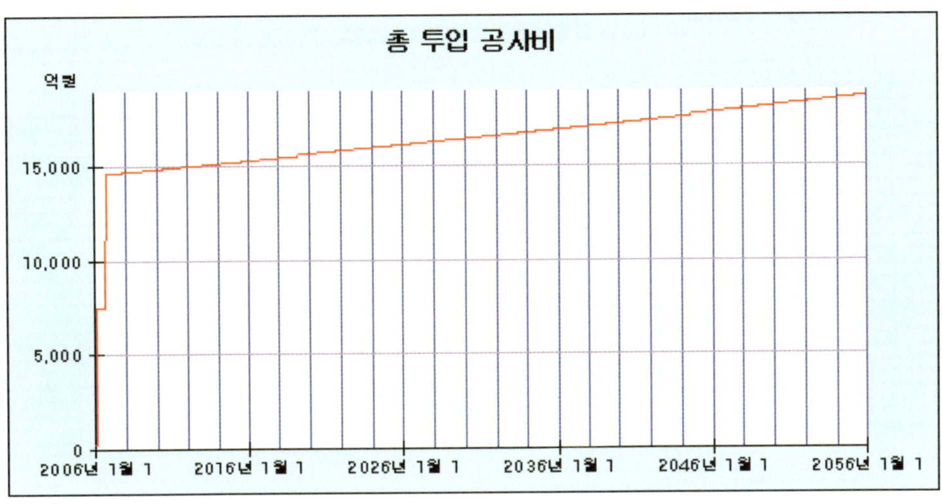

그림 7-20 운하건설 총 투입공사비 추이

　〈표8〉에서 보는 바와 같이 2006년부터 향후 50년간 모든 변수들이 증가한 추세를 보이고 있다. 향후 50년간 이 시스템 다이내믹스 시뮬레이션 모델링을 통한 모든 변수들의 예측치와 예측효과를 보여주고 있다. 구체적 예측치를 살펴보면 운하건설을 통한 경제효과와 유지관리비 예측치는 각각 지속적인 비슷한 증가치를 예측하고 있다. 년간 유지관리비의 예측치는 총 투입공사비로 인한 단기적으로 기하급수적 증가하는 모습을 보여주고 있다.

　년간 운하건설을 통한 경제효과의 예측치는 수로운송 물류의 경제적 절감가치와 삶의 개선효과 경제가치로 인한 처음 10년 동안은 뚜렷한 증가를 하지 않지만, 2016년~2021년 사이에 급증하고 그 이후부터 상대적으로 작은 증가 예측치를 보여주고 있다.

　년간 관광수입의 경제가치 예측치는 처음에는 공사 시작할 때 급증하고, 공사가 점점 완공됨과 동시에 관광수입의 예측치도 따라서 점차 증가하고 있는 예측치를 보여주고 있다.

〈표8〉 운하건설에 총체적 경제효과 평가 Time Table Control 성과

(단위: 억원/년)

Time	운하건설을 통한 경제 효과	유지 관리비	총 투입 공사비	년간 관광 수입의 경제 가치	수로운송 물류의 경제적 절감 가치	삶의 개선 효과의 경제 가치	년간 운하건설을 통한 경제 효과	년간 유지 관리비
2006	1.00	0.00	272.71	65.51	395.40	22.50	289.98	1.36
2011	3,740.95	333.12	14,943.83	174.54	2,319.53	36.73	1,655.36	74.72
2016	32,038.88	711.34	15,322.05	220.43	21,284.32	72.03	14,942.89	76.61
2021	316,659.38	1,099.14	15,709.85	273.34	134,391.47	91.73	94,128.79	78.55
2026	808,323.28	1,496.75	16,107.46	356.66	152,409.71	99.89	106,755.28	80.54
2031	1,272,832.16	1,904.43	16,515.14	469.28	174,326.97	105.54	122,115.10	82.58
2036	2,010,845.35	2,322.42	16,933.13	566.43	192,526.18	112.12	134,870.11	84.67
2041	2,702,337.69	2,751.00	17,361.71	630.54	203,348.92	114.79	142,456.05	86.81
2046	3,423,943.03	3,190.42	17,801.13	677.52	209,107.83	118.22	146,494.84	89.01
2051	4,162,854.62	3,640.96	18,251.67	703.21	212,275.42	119.56	148,716.21	91.26
2056	4,909,263.34	4,102.91	18,713.62	716.05	214,205.29	120.91	150,069.25	93.57

2) BEP 시점 출력 분석

손익분기점(Break Even Point; BEP)이란 총수익과 총비용이 동일한 조업도 수준으로 이익이 '0'이 되는 판매량 또는 매출액을 말한다. 손익분기점 분석은 조업도에 따른 원가의 변동여부를 기준으로 원가를 변동비(variable cost)와 고정비(fixed cost)로 분류하여 손익분기점에서의 매출액을 산출한 후, 이를 기초로 목표이익을 만족시키는 목표 매출액을 산정하거나, 사후적으로 손익분기점에서의 매출액과 실제 매출액을 비교함으로써 기업의 매출액 수준의 적정성을 판단한다.

경영에 있어서 손익분기점 이전과 이후는 경영의 핵심 포인트가 달라질 수밖에 없다. 사업에 있어서의 우선순위도 달라지고, 경영자의 관심과 활동방향, 초기 사업자금을 자체적으로 조달 가능하다는 점, 그리고 회사가 도약할 수 있는 갈림길

이 된다는 점에서 손익분기점이 주는 의의는 크다.[6]

이 연구에서는 시뮬레이션 Powersim을 통한 BEP 시점 출력은 2014년 5월1일에 BEP는 15.78억원이다. 그러므로 2006년도 사업을 시작한다면 8년 후에 손익분기점이 흑자로 돌아선다고 분석할 것이다. 하지만 실제 상황에 따라서는 다소 차이가 있음을 밝힌다.

3. 지역경제 살리기

3-1. 전남 · 광주지역 산업 및 화주 현황

가) 전남 · 광주지역 산업단지 현황

전남지역은 전체 산업에서 제조업이 차지하는 비중이 전국평균치에 비해 낮아 제조업분야의 발달이 상대적으로 저조하다. 2001년 현재 전남의 제조업은 전남 전체 사업체수의 8.51%를 차지하고, 종사자수의 18.38%를 차지하여 같은 해 전국의 제조업 비중은 사업체수의 10.87%, 종사자의 24.37%에 비해 낮다.[7] 반면에 전남지역의 농림어업 · 광업의 비중이 1.10%로 전국평균비중 0.15%에 비해 현저히 높게 나타나 제조업보다 농림어업 · 광업이 발달해 있음을 알 수 있다.

전남지역 제조업 종사자의 전국대비 비중은 2.62%에 이르러, 전 산업 비중 3.47%에 비해 낮은 수치를 보이고 있다. 다음으로 건설업이 전국의 2.38%, 전기 · 가스 · 수도 관련 산업이 전국의 2.31%를 차지하고 있다.

목포항권역 산업단지는 국가산업단지 3개소, 지방산업단지 3개소로 총 6개소가 있다. 대불국가산업단지는 서남권 개발 촉진을 통한 국토의 균형발전 도모 및 중국, 동남아 시장진출을 위한 전진기지로 조성되었다. 대불외국인기업전용단지는 중국 및 동남아의 교역중심지로 개발한 대불산단의 활성화, 외국의 첨단기술산업

유치로 지역산업구조의 고도화, 외국기업의 연관산업 육성으로 지역경제 활성화를 목적으로 조성되었다.

대불자유무역지역은 목포항을 서남권의 거점항만으로 육성하고 그 배후지인 대불국가산단 내에 물류·무역·생산기능이 복합된 자유무역지역을 조성하여 외국인 투자유치 및 지역균형개발을 도모하고 중국 및 동남아 진출을 위한 전진기지로 활용할 목적으로 조성되었다.

지방산업단지의 분양율은 양호하다. 나주지방산업단지는 광주권 일원의 산업용지 수요 충족 및 지역경제의 활성화를 목적으로 조성되었다. 목포삽진지방산업단지는 대불국가산업단지와 연계하여 중소기업 유치를 위해 목포시와 중소기업진흥공단이 공동투자를 통해 조성되었다.

영암삼호지방산업단지는 조선 및 기계공업의 계열화·집단화를 위해 조성된 민간개발의 산업단지로 분양완료 되었다.

목포항 주변 산업단지의 입주업체들의 업종은 음식료, 섬유의복, 목재종이, 석유화학, 비금속, 1차금속, 조립금속, 철강, 운송장비, 선박건조, 기타제조업으로 나타났다. 광주권역 산업단지는 국가산업단지 2개소, 지방산업단지 7개소로 총 9개소가 있다. 국가산업단지로는 광주첨단과학산업단지, 광주평동외국인기업전용단지가 있다.

광주첨단과학산업단지는 21세기의 과학기술입국 실현과 연구개발, 첨단산업, 교육, 문화, 주거환경의 5대 기능이 복합된 산업단지 건설을 위해 조성되었다. 광주평동외국인기업전용단지는 국내산업의 첨단과학기술 향상을 위해 첨단고도산업을 수반한 외국인 기업의 투자유치 촉진을 위해 조성되었다.

지방산업단지로, 본촌지방산업단지는 지역산업의 구조조정과 도심지역업체의 집단화로 쾌적한 도시환경조성에 목적을 두고 조성되었다. 소촌지방산업단지는 광주도심에 산재해 있는 제조업체들의 이전집단화로 도시환경개선 및 신규공장

유치를 위해 조성되었다.

송암지방산업단지는 도심지에 산재된 공해업체의 이주로 쾌적한 도시환경과 생산도시와 조성에 목적을 두고 조성되었다.

평동지방산업단지는 지방공업용지 수요대처 및 지역균형발전 도모를 위해 조성되었다. 하남지방산업단지는 지역산업의 구조조정을 위해 IBRD 차관을 도입하여 조성된 산업단지로 조성되었다.

나주문평지방산업단지와 순천지방산업단지는 지역산업의 구조조정을 통해 지역발전을 도모하기 위해 조성되었다.

광주 주변 산업단지의 입주업체들의 업종은 음식료, 섬유의복, 목재종이, 석유화학, 비금속, 1차금속, 조립금속, 전기전자, 운송장비, 기타업종 등이다.

나) 광주지역 제조업체 수출액 현황

광주지역의 제조업체의 수출액은 35억 9,800만 달러이며, 주요 품목별로 보면 반도체가 33.3%, 타이어가 17.4%, 자동차가 10.7%, 냉장고가 8.8%, 청소기가 5.4%, 전자레인지가 3.7%로 첨단제품 및 가전제품의 수출비중이 매우 높다. 반면 국가별 수출구조를 보면, 미국이 17.3%, 일본이 8.6%, 중국이 8.5%, 필리핀이 7.3%, 싱가포르 5.4% 등으로 미국이 최대 수출국이며 수출국가가 상당히 다변화되어 있다〈표9〉.[8]

〈표9〉 광주지역 제조업체의 품목별 및 국가별 수출구조(2003년 12월말 현재)

구분	품목/국가	수출액(천달러)	구성비(%)
계		4,034,000	100.0
품목별	반 도 체	1,475,721	36.6
	타 이 어	669,550	16.6
	자 동 차	445,030	11.0
	냉 장 고	321,635	8.0
	청 소 기	167,601	4.2
	전자레인지	89,207	2.2
	기 타	865,256	21.4
지역별	아시아 주	1,775,491	49.3
	북 미 주	564,105	15.8
	유 럽	701,764	19.6
	대 양 주	85,195	2.5
	중남미 주	199,118	5.5
	중 동	224,864	5.6
	아프리카 주	47,019	1.4
	기 타	6,777	0.3

※ 자료 : 광주시 내부자료(2004)

　　광주지역 주요 화주로는 기아자동차, LG이노텍, 삼성전자, 대우일렉트로닉스, (주)전방, 일신방직 등이 있다. 이중에서 기아자동차와 삼성전자, 대우일렉트로닉스는 완성품 수출과 KD방식의 수출(부품수출)을 병행하고 있다. 이들 화주가 생산하는 제품의 공통점은 컨테이너화물로 부산항과 광양항을 이용하나 부산항 비중이 훨씬 높다. 왜냐하면 자동차부품, 전자제품 및 부품, 고급면사 등의 고가의 화물들로서 납기를 준수하는 것이 매우 중요하다. 따라서 언제든지 선적이 가능한 부산항을 선호하는 것이다.

3-2. 영산강 유역의 경제현황 및 경제전망

전남지역의 총생산액은 전국대비 5.3%이며, 제조업 성장률은 91년을 정점으로 하여 점차적으로 낮아지고 있는 추세이다. 산업구조를 살펴보면 호남지역 전통적인 산업인 농림, 어업 비중은 90년 26.6%에서 96년 21.3%로 점차 낮아지고 있으며, 제조업의 비중은 24.2%에서 27.8%로 매년 높아지는 추세이다.[9]

광주-목포권이 차지하는 비중을 살펴보면 목포권에 영향을 주는 목포시, 나주시, 영암군, 무안군 지역의 비중은 전라남도 전체 생산액 대비 약 11.3%이며, 여수시, 순천시, 광양시 등 여천권이 차지하는 비중은 약 78.5%로서 전남도 전체 생산액의 상당부분을 차지하고 있다.

정부는 동북아 물류중심국가 실현을 위해 부산항과 광양항, 인천공항을 중심으로 한 인프라 구축과 배후단지 내에 고부가가치의 물류기업 유치를 위해 총력을 기울이고 있으나, 전남지역은 광양항, 여수항, 목포항 등의 항만을 거점으로 하는 국제물류여건과 영산강 유역 등의 풍부한 문화·관광자원이 있음에도 불구하고 지역내 투자의 부진과 산업의 부재로 지역경제 활성화가 더디고 있는 실정이다.

영산강운하가 건설된다면 광주 등 영산강 주변기업에 대한 물류 전초기지와 새로운 관광자원의 공급원 역할 수행으로 지역경제 활성화에 크게 기여할 것이다. 특히 광주에서 중국 충칭항 간에 직항로가 개설된다면 지역경제에 미치는 효과는 막대할 것으로 보인다.

3-3. 지역경제 해외사례

한반도대운하뉴스(07.6.29) 자료에 의하면, 영국 kennet-Avon 운하의 경우, 재개방된 이후 1995~2002년간 경제적 성과를 분석한 결과에 따르면, 먼저 관광객 수가 1995년 이후 15% 증가하였으며, 관광객의 지역경제 내의 지출액은 2천 6백만 파운드로서 1995년 이후 20% 증가와 약 1,000명이 관광 및 여가 관련 일자리를 유지하고 있는 것으로 나와 있다. 두 번째 효과는 지역개발 측면에서 새로운 소매 및 사무실, 주택, 관광 및 여가 시설 등에 많은 액수가 투자되어 2,500여개의 새로운 일자리가 창출된 것으로 전하고 있다. 그밖에 미국의 Erie 운하 등 그동안 소외되었던 운하들이 최근에 새로이 복구되어 관광자원으로 적극 재개발되면서 일자리 창출과 지역경제 활성화에 일조하고 있다고 밝혔다. 이렇듯 운하건설이 지역경제 살리기에는 매우 큰 역할을 함을 알 수 있다.

4. 맺는 말

4-1. 운하건설 시물레이션 분석결과

운하건설 시물레이션 분석결과를 정리해 보면, 물류 수송 효과에서는 수로운송을 통한 화물 운송 요구량, 연간 수로운송 화물 운송량, 연간 수로운송 이용 물류 운송비, 연간 수로운송 물류의 경제적 절감 가치 등 주요변수들이 해마다 증가하는 추세로 나타났다. 따라서 물류 수송 경제성 효과도 증가하는 것으로 분석된다.

관광 유치 효과에서는 운하건설로 인한 연간 관광객 수, 연간 관광 수입의 경제 가치, 운하건설로 인한 연간 관광객 수 증가, 연간 운하건설로 인한 누적 관광 수입 증가 등 변수들이 해마다 증가하는 추세를 보였다. 그러나 운하건설 규모로 인한 관광객 유치 누적 효과는 2011년부터 뚜렷한 효과가 나타나지 않았다. 이는 단기간 효과에 영향을 미치고 있는 것으로 볼 수 있다.

자연 환경, 자연 재해 방지 및 삶의 편의 시설 제공 효과에서는 퇴적오니 준설효과, 자연환경 개선 및 재해예방 효과, 운하 권역 삶의 환경 개선 효과, 운하건설에 따른 자연환경 개선 누적효과 등 변수들이 해마다 증가하는 추세를 나타냈다. 그러나 운하건설로 인한 퇴적오니 제거 효과, 년간 퇴적오니 준설 효과, 퇴적오니 제거로 인한 자연환경 개선효과 변수들이 2016년까지는 해마다 증가추세를 유지하지만 2017년부터는 해마다 감소하는 추세를 보였다. 년간 자연환경 개선 및 재해 예방 효과변수는 2041년까지 계속 증가하는 추세로 유지하고, 그 이후부터는 각종 요인에 따라서 증가할 수도 있고, 감소할 수도 있는 것으로 나타났다.

마지막으로 운하건설에 대한 총 투입 비용 대비 총체적 경제 효과 평가에서는 운하건설을 통한 경제 효과, 유지관리비, 총 투입공사비, 삶의 개선 효과의 경제가치, 년간 운하건설을 통한 경제효과, 년간 유지관리비 변수들이 해마다 증가하는 추세로 분석되었다.

육상운송에 비해 경제적인 수로운송을 사용하는 것이 앞으로 물류운송에 있어서 중요한 역할을 할 것으로 생각되며, 앞으로 유가가 계속 올라간다고 본다면 육상운송과 선박운송의 차이는 극명하게 나타날 것이다. 현재의 수로운송만 놓고 볼 때의 충분히 경제성이 있다고 판단되며, 더욱이 연안 해상 물류와 연계된다면 그 시너지 효과는 더욱더 커질 것으로 전망된다.

또한 한국의 4대강 중 수로 운송거리가 가장 짧은 영산강의 타당성 조사에서 다음과 같은 결과를 놓고 볼 때 다른 강의 운하건설은 더욱더 절실하리라 사료된다.

4-2. 연구 시사점

이 연구에서는 주로 영산강을 중심으로 수로운송에 따른 비용에 대한 효과를 평가하여 수로운송에 대한 사업 타당성을 시스템 다이내믹스 시뮬레이션을 통하여 진단하였다. 이를 위하여 Powersim을 이용한 시스템 다이내믹스 시뮬레이션 모델을 개발하였으며 다음과 같은 연구시사점을 제시할 수 있겠다.

첫째, 이 연구에서는 영산강을 중심으로 수로운송 사업 타당성을 평가하기 위하여 수로운송을 통한 단기적 효과, 장기적 효과, 지속적 효과 3가지 측면에서 정성적 효과와 정량적 효과로 분류하여 구체화된 평가 변수를 시스템 다이내믹스 기법을 이용하여 이들 인과관계를 설계할 수 있었다.

둘째, 소프트웨어 Powersim을 이용하여 수로운송 물류의 경제성 효과, 관광객 유치효과, 자연환경·자연재해 방지 및 삶의 편의 시설 제공효과 등에 대한 모델링을 설계하고 분석한 결과, 장기적으로는 수로운송에 대한 경제적 타당성이 있는 것으로 나타났다.

셋째, 일반적 사업타당성을 평가하는 기존 연구에서는 주로 정성적 분석, 통계 분석, 정태적 시스템 등으로 기간이나 단계별로 분석하는 관점으로 분석 및 검토하고, 동태적 기법에 의한 연구는 많지 않았다. 이 연구에서는 영산강운하 건설 사업 타당성 평가 변수를 적용한 시스템 다이내믹스 시뮬레이션에 의하여 정태적 사고를 사용하지 않고 동태적 Feed-back loop를 통하여 분석하였다. 시스템 다이내믹스 기법을 통한 영산강운하 건설 규모, 수로운송 투자 효과, 산업 및 도시 발달에 관한 인과관계를 정립하였다.

넷째, 시스템 다이내믹스 시뮬레이션을 통한 분석 방식은 복잡한 수학 공식을 대신하므로 분석 및 계산 시간을 대폭 감소할 수 있다. 모든 수로운송 사업이나 신규 사업 경제성 타당성 평가는 소프트웨어 Powersim을 이용하여 분석할 수 있겠다.

4-3. 연구의 한계

이 연구를 통하여 수로 운송에 대한 여러 가지 경제적 효과를 제시되었지만 구체적으로 다루지 못한 연구의 단계가 있다.

먼저, 이 연구에 사용된 자료는 2000년 용역보고서인 관계로 초기입력변수가 정밀하지 못하므로 입력변수의 보완이 필요하겠다.

둘째, 사업의 경제적 효과 및 수송량, 요구량, 비용의 측정이 엄밀하지 못하였다는 한계가 있다. 예를 들면 물류 운송 요구량은 Powersim을 통한 입력과 산출일 뿐이므로 실제 요구량은 다른 요소가 있을 수도 있다. 또한 운송량이 많으면 톤당 운송비가 할인될 수 있는 등 다양한 요소를 고려하지 못하였다는 한계가 있다.

셋째, 운하건설 공사의 단계별로 관련된 주요 변수의 추가 개발과 보완이 필요하리라 본다.

넷째, Powersim을 이용한 운하건설 사업 타당성 평가를 위한 시뮬레이션을 실시한 다음 이 시뮬레이션 모듈과 산출결과에 대한 신뢰성(confidence)과 유용성(usefulness)을 확보하기 위한 검증분석 방법을 제시할 필요가 있다.

마지막으로, 이 연구결과는 기존 연구 자료를 토대로 설계·분석한 관계로 다소 정확성이 부족할 수 있다. 이는 향후 연구에서 보완코자 한다.

註

❶ 현혜영, "영산강 수로운송의 경제적 타당성 평가에 대한 Powersim 모델링 적용에 관한 연구", 목포해양대학교 석사학위논문(지도교수 노창균), 2006(자료 재정리)
❷ 김종일, "영산강의 수로운송복원과 활용방안 연구", 『한국지역지리학회』, 11권 제1호, 2005, pp.42~43
❸ 김홍균·남준·조장옥, "환경투자의 비용편익분석: 국제일반모형을 중심으로". 『환경경제연구』, 제6권 제1호,1997, pp.143~170
❹ Sterman,J.D, "All models are wrong ; reflections on becoming a systems scientist", System Dynamic Review, Vol.18, pp.501~531
❺ 林蔚靑,"系通模?與筋供應管理之硏究",朝陽科技大營建工程系碩士學位論文,2003.7,p.32
❻ http://www.nfx.co.kr/media/rserver.php?mode=tb&sl=98(BEP자료), 2005.11
❼ 최명식·노창균 등, 「목포항만의 효율적인 운영방안 및 안전대책 수립에 관한 연구」 용역 보고서, 목포지방해양수산청, 2004.12, pp.4-55~4-66
❽ 박용안 등, 「목포신외항 다목적부두 활성화 방안」용역보고서, 한국해양수산개발원, 2003
❾ 정조회·방승우, "영산강 옛모습 찾기사업 타당성조사 보고서 및 요약보고서", 전라남도, 2000.8, p.58

참고문헌

1. 김경수, "영산강의 뱃길과 포구", 환경부, 2004. 11.

2. 김광임·여준호·정홍락·정회성, "대규모 개발사업의 환경경제성 분석 도입방안", 2002.12.

3. 김동환, "시스템 다이내믹스 이론", 중앙대, 2000.7.

4. 김종일, "영산강의 수로운송복원과 활용방안 연구", 『한국지역지리학회지』, 제11권 제1호, 2005.

5. "영산강유역 친환경적 개발의 과제", 환경부, 2004. 11.

6. 김형근, "영산강의 물류 및 관광 활성화 방안", 영산강 뱃길 복원추진위원회, 2004.12.

7. 김홍균·남준·조장옥, "환경투자의 비용편익분석:국제일반모형을 중심으로", 『환경경제연구』, 제6권 제1호, 1997.

8. 공공투자관리센터, "경인운하사업의 사업성 분석 및 사업추진전략 연구", 한국개발연구원, 2003.

9. 목포해양대학교 국제물류연구실 내부자료(영산강운하와 물류) , 2007

10. 박성천, "영산강의 하천기능 평가와 미래", 영산강 뱃길 복원추진위원회, 2004.12.

11. "영산강의 유역특성 및 수환경", 환경부, 2004.11.

12. 박현준·오세홍·김상준, "국가 연구개발 투자시스템의 레버리지 전략; 시스템 다이내믹스 접근", 『한국 시스템다이내믹스 연구』, 제5권 제2호, 2004.11.

13. 정조회·방승우, "영산강 옛모습 찾기사업 타당성조사 보고서 및 요약보고서", 「전라남도」, 2000.8.

14. 주명건 등, "물류혁명과 국토개조 전략", 세종연구원, 1996.

15. 최명식·노창균 등, 「목포항만의 효율적인 운영방안 및 안전대책 수립에 관한 연구」용역보고서, 목포지방해양수산청, 2004.12, pp.4-55~4-66

16. 한국해양수산개발원 국제물류팀, "중국 장강(양쯔강) 물류 활용방안", 2005.8.

17. 한반도대운하 홈페이지, 2007.8

18. 현혜영, "영산강 수로운송의 경제적 타당성 평가에 대한 Powersim 모델링 적용에 관한 연구", 목포해양대학교 석사학위논문, 2006

19. 林蔚青,"系通模與筋供應管理之研究",朝陽科技大營建工程系碩士學位論文,2003.7

20. Sterman,J.D, "All models are wrong ; reflections on becoming a systems scientist", System Dynamic Review, Vol.18. 1995.

21. http://www.stramo.co.kr(스트라모), 2007

22. http://www.nfx.co.kr/media/rserver.php?mode=tb&sl=98(BEP자료), 2005.11.

23. http://www.cjhy.com.cn, 2005.9.

제 **8** 장

영산강운하의 경제 · 역사 · 문화 · 관광 · 레저콘텐츠 만들기

이병담

제8장 영산강 운하의
경제 · 역사 · 문화 · 관광 · 레저콘텐츠 만들기

1. 시작하며

호남지역은 현대역사상 경제발전의 소외지역으로써 경쟁력 상실이 지속된 곳이었다. 이러한 상황을 그대로 방치할 경우 현재 추진되고 있는 여러 발전계획이나 전략들이 일체감을 지니지 못하고, 개발의 실효성을 상실할 우려가 있다.

이 장에서는 어느 때보다도 현재 지속되고 있는 성장의 동력을 아우르면서 산업의 기반시설 확충과 동시에 문화, 관광, 레저산업 등에 이르기까지 총체적인 성장동력의 원천이 될 수 있는 다양한 콘텐츠 마련이 가능한가에 역점을 두었다. 다시 말하면 이 지역의 경제마인드와 상상력이 중요한 키워드임을 인식하면서, 어떻게 하면 영산강유역의 문화적인 자취나 토대, 역사성을 확보하여 경제 · 문화 · 관광사업으로 성장시킬 것인가 하는 것에 의미를 두고 고찰하였

그림 8-1 한반도대운하 지도 자료:한반도대운하연구회

다.

이곳 광주·전남 지방은 물류기반시설이 부족하여 높은 물류비 부담으로 인해 해외자본 투자가 다른 지방에 비해 현저히 낮으며, 선진 대기업이 부족하여 이 지방의 젊은이들이 직장을 찾아 다른 지방으로 전전하고 있는 실정이다. 이것은 해방 후 정치·경제적 소외로 인하여, 국가 주요 경제개발 전략에서 제외되었고, 국가 차원의 투자가 상대적으로 미흡하여 경제적 인프라가 구축이 매우 취약하였기 때문이다. 뿐만 아니라 이 지역의 지도자들과 기업인들의 경제 마인드 부족과 지자체의 개발 전략의 혼선 및 예산 부족으로, 광주·전남 지역은 현재 추진되고 있는 사업마저 제대로 실현될 것인지 경제적 전망이 어두운 실정이다.

이러한 상황에서 영산강운하는 광주의 문화수도중심도시[1]와 나주의 광주·전남공동혁신도시[2] 그리고 영암·해남의 J프로젝트[3], S프로젝트[4], '영산강유역 고대문화권 특정지역지정 개발계획'[5]의 벨트를 형성케하여 부진한 외부 자본유치[6]를 가능케 하고, 지지부진한 프로젝트의 활성화를 가져올 수 있는 유일한 대안으로 떠오르고 있다.

영산강운하는 또한 인천, 평택, 당진, 군산, 목포에 이르는 서해안고속도로와 연결된 관광문화의 활성화와 해양복합관광지로 조성이 가능하며, 경제와 문화사업의 부가가치를 높일 수 있는 관광, 문화적 연계가 가능한 신성장 정책이라 할 수 있다. 따라서 영산강운하는 그동안 고대로부터 근현대에 이르기까지 축적된 특색있고 수준높은 역사·문화적 자원을 개발함으로써 생태환경·문화·예술·관광·레저의 메카로 성장할 수 있는 사업이다. 따라서 영산강운하는 광주·전남의 각종 프로젝트를 하나로 묶어 가속화 시킬 수 있는 기반시설 마련과 동시에 동북아시아의 전략적 위치와 역할을 담당하는 중심지역이 될 수 있으며, 영호남의 동서화합과 지역균형발전, 민족화합의 동력이 될 수 있는 다중적인 의미를 포함하고 있다.

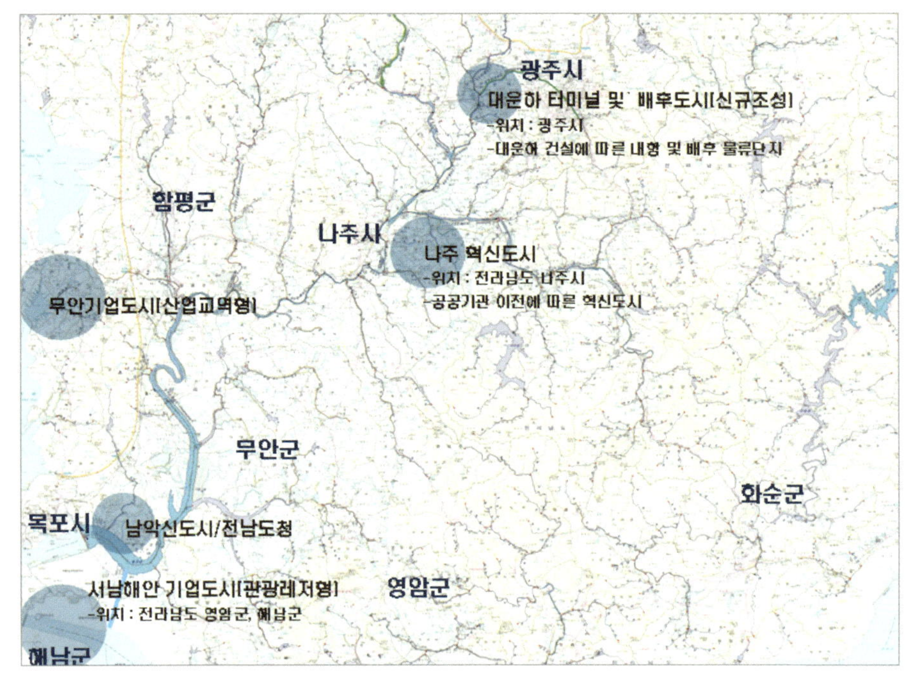

그림 8-2 영산강유역 경제관광벨트 지도 자료:한반도대운하연구회

2. 영산강운하에 따른 경제와 문화, 예술 · 관광 · 레저의 성장 동력

2-1. 영산강유역의 경제벨트 형성

영산강운하는 광주문화수도와 연계되어 복합관광레저의 역할을 하며, 광주천과 인접하고 있어, 깨끗한 문화도시의 이미지를 부각시키는 데 기여할 것으로 보인다. 세계의 우수한 도시들, 예를 들어 호주의 시드니, 일본의 오사카, 중국의 항조우 등의 도시들은 강이나 운하를 통해 도시의 안정감을 유지하고, 포근한 문화와 역사 등의 이미지를 구축하고 있다. 이처럼 운하건설은 세계의 훌륭한 도시들처럼 문화수도인 광주의 이미지 구축과 한단계 업그레이드된 도시 이미지 창출에 기여할 것이다. 또한 운하건설은 기아자동차 · 금호타이어 · 삼성광주공장 등의

선진물류기지를 통한 경제적 실익을 얻을 수 있고, 기업의 활동을 문화와 연계시킨 세계적인 기업문화 창조에 큰 역할을 할 것으로 보인다. 여기에서 운하건설에 있어서도 물류주변에 각 기업의 문화를 반영하는 시설과 설치를 통해 기업의 광고효과와 더불어 각 기업과 시민이 일체감을 가질 수 있는 테마파크 등을 조성할 수도 있을 것이다.

그림 8-3 영산강운하를 통한 경제권형성벨트 일변도

영산강운하 건설은 광주와 나주 · 목포에 이르는 영산강 운하 유역에 생태환경 근린공원 조성이나 광주천과 영산강 운하를 연계한 문화 및 관광코스 개발이 가능할 것으로 보인다. 현재 광주시가 추진하고 있는 광주천의 정비사업을 통한 광주천의 관광코스나 시민들의 휴식공간으로 연결시킬 수 있으며, 제2의 청계천 조성을 통한 관광코스로 연결시켜 시민생활의 질적 향상을 가져올 수 있을 것으로 보인다.

또한 영산강운하는 나주의 광주 · 전남공동혁신도시와 인접하고 있어 혁신도시에 들어설 에너지 및 농업 · 생물산업의 기능을 담당하여, 환경의 도시, 통합과 조화의 도시가 될 수 있도록 혁신도시가 갖는 기본 역할을 영산강의 수변공간에 테마별로 조성하는 것도 가능하다. 뿐만 아니라 혁신도시가 추진하는 시민여가 활용시설이나 공원 등 문화적 공간을 영산강유역에 배치할 수 있어 에너지 · 농업 · 생태학적 도시의 역할을 담당할 수 있을 것이다.

한편 영산강운하는 해남 · 영암의 기업도시 프로젝트(J프로젝트)와 연결된 성장

동력의 한 축을 형성케 하고, 지지부진한 J프로젝트의 활성화를 꾀하게 되어 해외 투자 자본의 유입과 기업의 유치가 가능하며, 중구난방 개발의 지역적 한계를 극복할 수 있는 장점도 있다. 특히 J프로젝트 가운데 최대이벤트인 F1경기장을 비롯한 해양스포츠, 생태공원, 테마파크 등 해양관광을 내륙의 운하와 연계함으로써

그림 8-4 광주내항의 조감도 자료 : 한반도대운하연구회

벨트화하는 이점이 있다. 그리고 영산강운하 건설은 무안·목포·신안지역의 S프로젝트 등과 연결된 광주·전남의 경제·문화·관광벨트를 형성케 할 수 있으며, 내륙과 해안이 연계된 벨트형성으로 최상의 시너지 효과도 가능할 것이다. 더 나아가 서남해안과 제주를 연계한 세계적인 해양관광 클러스터로 성장케 하여 해양관광 개발과 차별화된 관광지로 구축할 수 있다.

여기에 영산강운하는 영산호에 위치한 남악신도시 프로젝트(전남 도청 주변 신도시 개발)의 개발을 촉진할 수 있다. 특히 남악신도시 전면에는 영산호가 있기 때문에, 영산호에 생태시설물과 공간마련, 습지개발, 물의 회랑을 이용한 건축물과 수변도로와 공간 등의 조성이 가능하며, 따라서 이곳과 광주, 전남을 연결하는 해

상관광코스 개발의 한 벨트를 형성할 수 있는 이점도 있다. 따라서 영산강운하 건설은 현재 진행 중에 있는 광주·전남의 경제벨트 형성의 중심축 역할을 가능케 하여 물류의 역할뿐만 아니라, 경제적인 분야의 다기능을 효과적으로 발휘할 수 있는 성장의 중심이 될 것이다.

운하의 건설은 산업이 발전할 수 있는 기본인프라 구축으로 연결되어 각 지역의 특색을 살린 관광·레저산업 육성, 광주와 나주에 설치예정인 내륙의 화물터미널과 주변의 문화관광·레저지구, 선박의 제조와 레크레이션 활동, 준설 등의 다양한 일거리와 산업의 발전을 이룰 수 있다. 그리고 영산호에서 광주까지 이어지는 영산강을 중심으로 배후물류단지 및 산업단지의 기반이 조성됨으로써 경쟁력 있는 지역특화 산업으로 자리매김하게 될 것이다. 이렇게 형성된 영산강은 도시간의 특색을 보다 미학화하며, 도시기능의 역할도 재편성하여 안락한 삶의 공간으로 생활의 활력을 가져오게 할 것이다. 이러한 생활의 변화는 광주, 나주, 무안, 목포 등 지방자치의 품위를 높이며 실질적인 지방자치와 지방화에 기여할 것이다.

2-2. 영산강문화권의 통합화와 문화관광 벨트 조성

그림 8-5 영산강운하를 통한 문화권통합 일변도

영산강운하는 영산강문화권의 문화·역사적 독창성을 부각시켜, 광주·전남의 우수한 문화를 국내외적으로 전파함으로써 지역적 한계를 극복할 수 있다. 영산강 유역에는 고대문화로부터 근·현대문화에 이르기까지 풍부하고 의미있는 역사·문화적 자원이 산재해 있다. 이러한 소중한 문화적 유산을 관광자원화 할 수 있으며, 앞으로 황해권개발이나 서남해안권의 권역별 확대로 인해 인접성이나 접근성에서 유리하여 개발과 함께 영산강운하는 복합관광지대의 중심축이 될 수 있다.

2-2-1. 마한·백제문화권

영산강유역은 마한·백제의 고대문화가 형성된 지역으로, 고대문화권의 형성과 발전계획은 이미 전라남도가 2005년 12월에 '영산강유역 고대문화권 특정지역지정 및 개발계획'을 통해 추진한 사업에서 그 중요성이 부각되기도 하였다. 전라남도는 영산강유역의 고대사적 가치 재조명과 이를 통한 전통문화 콘텐츠의 창의적 활용방안 모색 및 문화관광 인프라 구축을 배경과 목적으로 내세우고 사업을 추진하기에 이르렀다.

영산강유역의 고대문화적 특징으로는 마한과 백제의 옛 영토지역으로써, 대량의 제사용 토기와 유리구슬이 출토되었으며, 고인돌, 대형옹관묘, 일본의 전방후원분과 유사한 장고분(전방후원형고분), 백제문화의 특징인 석실분 등 다수가 존재한다. 이들

그림 8-6 복암리 고분군의 모습 (현지촬영 2007.8.31)

중 국가지정문화재는 129건이며, 도지정문화재 298건 등이 있어 풍부한 마한백제문화권을 형성하고 있다. 따라서 이 광범위한 지역에 산재해 있는 마한·백제문화권의 고대문화에 대한 복원과 개발이라 할 수 있다.

먼저 마한문화는 고인돌, 옹관묘, 고분, 성(城) 등에서 찾을 수 있다. 특히 옹관묘, 주구토광묘, 옹관고분 등이 있는 복암리 고분군(다시면), 반남 고분군(덕산리, 대안리, 신촌리), 영암 시종고분 등 수 많은 지역은 마한문화의 흔적과 역사를 가

지고 있다. [7]

그림 8-7 반남고분군의 모습(현지촬영 2007.9.8)

마한문화의 역사 뒤에 나타난 이 지역의 특징은 백제문화의 출현과 역사이다. 영산강유역에서는 백제문화라 할 수 있는 토기문화, 고대성곽문화를 들 수 있다. 고대성곽문화로는 자미산성(반남면 대안리), 회진토성(다시면 신풍리), 학산리 토성, 건지산성, 성촌토성, 금성산성지, 함평 월악산성, 기산성, 보평산성, 영암의 성틀봉토성, 성묘산성, 옥야리토성, 선황산성, 성산산성, 활성산토성, 해남 옥녀봉토성 등이 있다. 영산강운하는 영산강에 인접한 고대문화의 역사성과 현장을 복원시켜 관광벨트화 할 수 있는 뛰어난 문화적 환경을 갖추고 있는 것도 특징이다.

2-2-2. 유교의 사림문화권

영산강유역의 또 하나의 특징은 유교의 사림문화를 들 수 있다. 사림문화는 서원중심과 인물중심, 정자문화 등을 가리킨다. 서원에는 경현서원(노안면 영평리, 김굉필, 정여창, 조광조, 이언적, 이황, 기대승, 김성일 등), 율정점(栗亭店, 나주시 대호도 율정마을) 정열사(나주시 대호동, 관련인물 : 김천일, 김상건, 양산숙, 임회, 이용제), 미천 서원(나주시 안창동, 관련인물 : 허목, 체제공) 자산서원(엄다면 엄다리, 관련인물: 정개청), 영모정(永慕亭, 다시면 회진리, 관련인물 : 임붕, 임진, 임제, 임우택), 쌍계정(금안동 금안리 관련인물 : 정가신, 신숙주 등) 등이다. 나주에는 나주목사의 객사, 금성관(나주시 과원동), 나주목문화관, 나주목사내아, 정수루, 나주읍성터, 나주향교 등이 있다.

그림 8-8 사림문화적 가치가 있는 정렬사 전경(현지촬영2007.7.31)

2-2-3. 불교문화권

영산강유역에는 역시 불교문화도 살아 숨 쉬고 있다. 이 지역에는 백제시대 혹은 원효대사(元曉大師)가 창건했다고 하는 다보사와, 유서깊은 죽림사 등이 있고, 보조국사의 정혜결사와 같은 새로운 불교정진 방법을 통해 고려불교를 반석위에 올려놓은 송광사와 천불천탑, 와불의 운주사, 서산 휴정의 정신과 정진의 장소인 대흥사 등을 들 수 있다. 그리고 태종 7년 전남지방에 설치된 7종의 자복사 88사중 17사가 있으며, 세종 6년의 선교 양종 36사 중 선종에 속하는 화엄사와 교종(敎宗)에 속하는 서봉사가 있다.[8]

2-2-4. 역사테마문화권

영산강유역의 역사적 테마문화로는 금성산, 완사천(나주시청 주변), 궁삼면 항일농민운동기념공원(왕곡면 장산리), 근대문화 유적지 등 다수가 있다. 이 지역에는 4·19혁명과 5·18광주 민주화운동과 관련된 다양한 현대사의 문화도 아울러 가지고 있다.

영산강운하 건설은 이들 영산강유역의 전통문화와 사상을 재문화화(inter-culturation) 하는 문화발굴이 아울러 진행되어야 하고, 또 철저한 재문화적 복원과 개발에 따른 기획이 필요하다. 예를 들어, 목포와 영산포, 광주에 이르는 포구, 나루터, 주막, 등대의 유물과 진(津), 포(浦), 창(倉)의 내륙수운과 관련 지명 등이 많이 있다. 임진왜란 시 전라도 세곡에 의해 국가재정이 운영되다시피 했으며, 따라

그림 8-9 영산강 선착장의 위치와 등대(현지촬영2007.8.31)

서 이순신장군은 "호남이 없으면 나라가 없다"고 말한 사실에서 호남의 중요성을 역설하였다. 목포와 영산포의 역사적 중요성으로서, 일본이 1897년 목포개항에 주목한 것은, 첫째 영산강의 입구에 위치하여 영산포, 나주, 광주의 내륙소비시장

까지 기선으로 직접화물 수송이 가능했으며, 둘째 나주, 능주, 광주 등의 큰시장을 배후에 두고 있어 화물의 집산이 가능하고, 셋째 전라도의 양질의 쌀을 일본으로 운반하기에 편리한 항구였기 때문이었다. 따라서 목포는 일본의 공산품의 소비시장 확보에 편리한 위치이며, 인천~목포~부산을 연결하는 삼각무역의 중개지로 적당한 위치였다.❾

그림 8-10 구로스미 이타로의 집

영산포의 모토마치(元町)라는 일본인 긴자거리와 구로스미 이타로(黑住猪太郎)를 비롯한 일본인주택, 일본인소학교, 일인회, 영산포헌병대, 동양척식주식회사, 등대(1915년), 우편소, 농공은행, 주막거리, 원정 등 근대적인 자취와 흔적이 일부 남아 있다. 또한 1880년부터 1950년까지 나주 농민들이 자신들의 토지를 찾기 위한 투쟁인 '궁삼면토지수탈사건'의 궁삼면 농민항쟁비와 수 천 명의 면민이 투쟁한 동곡대전 등은 근대교육과 유적지 활용이 가능하다. 그리고 나주역은 광주학생운동의 발원지로서 역사적 가치가 높으며, 이들 지역도 영산강운하 지역에 인접해 있어 활용도가 아주 높다.

3. 생태환경을 통한 관광레저산업 개발

영산강운하 건설은 영산강 주변 문화유적지와 고수부지 등 관광테마조성을 통해 생태환경·역사·문화·테마·관광레저산업으로 발전케 할 수 있다.

3-1. 생태환경 테마만들기 조성

영산강운하 건설은 다양한 생태환경·역사·문화·테마조성으로 연결시킬 수 있다. 운하건설은 첫째, 생태환경 문화 체험관 건설을 통해 삶의 질 향상을 가져올 수 있다. 영산강 유역의 수계(水界) 내지 인접한 수권(水圈)의 유휴부지를 이용하여, 꽃과 식물, 숲, 물,

그림 8-11 생태환경을 통한 관광레저산업 통합 일변도

달과 빛, 하늘과 땅 등 테마별로 고도의 전략적 문화공간을 조성하고, 친환경공간을 만듦으로서 생태문화공간의 활성화가 가능하고, 이를 통해 삶의 질을 업그레이드 할 수 있다.

둘째, 랜드마크·테마관 건설을 들 수 있다. 영산강유역은 활용가능도가 높은 널따란 국가하천의 풍부한 자원으로 이루어져 있다. 이 유역의 고수부지에 호남

이나 영산강을 잘 나타낼 수 있는 랜드마크나 테마공원 건설, 호남이나 광주의 특색을 잘 나타낼 수 있는 문화적인 레저와 관광시설물과 설치물로써 관광 문화의 활성화를 가져올 수 있다.

셋째, 아쿠아영산강 건설을 통해 강과 바다(목포와 영산강), 강과 강(영산강과 황룡강), 호수와 연결되는 지역에 다양한 동식물과 역사성, 문화성이 풍부한 아쿠아영산강 건설로 자원을 교육적 자료에 이용할 수 있다. 예를 들어 영산강에는 전설과 풍습, 민속, 동식물 등이 풍부하여 강과 운하의 동식물이나 강의 역사와 문화 등을 영상이나 예술을 통해 교육 및 학습관으로 이용이 가능하다.

넷째, 민속자료관 건설이 가능하다. 영산강유역에는 포구와 나루터에 관한 민속이 풍부하다. 예를 들어 천동나루, 복바우나루, 이내나루, 광탄나루, 노항포, 동구나루, 구진포, 수다진(터진목나루), 죽포, 석관정나루 등과 영산포 하류의 옛 제포선창 맞은편의 앙암(상사)바위, 나주의 '고마우'(마당바위) 등 강과 운하에 따른 민속자료관 건설로 사라져가는 자료의 복원과 개발이 가능하다.

다섯째, 강·운하·해양 테마관광로 개발을 들 수 있다. 영산강운하를 통해 해양과 운하를 연결하는 해양·운하테마관광 개발이 가능한데, 호남운하를 통한 서해안, 해남과 진도의 개해지역 연결, 도서지방의 남도 특유의 문화형성 지역, 홍도, 백도, 흑산도의 빼어난 경치와 희귀동식물이 풍부한 지역과 한려해상국립공원, 다도해해상국립공원 연결을 통해 지역 간 낙후된 관광지 연결이 가능하고, 이들과 연계한 테마관광지 개발로 관광효과를 극대화할 수 있다.

여섯째, 강·해양 유람선, 레저, 레크레이션 개발을 들 수 있다. 바다와 강(목포와 영산강), 강과 강(영산강과 황룡강), 호수와 연결하는 유람순항(River-Cruise)을

그림 8-14 영산강과 주몽촬영장(현지촬영2007.8.31)

열 수 있으며, 이 여행에는 옛 포구나 전쟁도, 해상운송로, 세곡과 물자이동로 탐사 등과 윈드서핑, 레저보트 등 강·해양 레크레이션 개발과 활용이 가능하다.

일곱째, 생태환경 습지공원·자연생태로 건설을 들 수 있다. 영산강운하는 바다와 강, 강과 강, 저수지, 하천 등에 위치한 습지의 생태계 활동과 이동 등 자연학습

공간 확보, 자연과 인간, 생물이 공존할 수 있는 생태적·교육적 테마공원로나 자연생태로를 마련할 수 있다. 특히 이들 지역에는 영산강운하와 연해 있는 지역에 용수로 등과 같은 작은 수로를 도시나 지역의 특화사업과 관련하여 물길을 파서 습지나 생태학습지, 도시나 지역의 경관 등과 잘 배치하여 관광상품화를 유도할 수 있다. 예를 들어 함평의 나비, 무안의 연꽃 등 생태학습 테마지 조성을 들 수 있다. 또한 영산강의 곡강 부근에는 제2장에 언급한 것처럼 일본 요도가와강의 '수

그림 8-15 생태습지공원·자연생태로에 유리한 명수바위근방(현지촬영2007.8.31)

제(水制, Wand)와 같은 설치를 통해 물의 흐름을 통제하고, 물의 흐름이 거의 없는 습지 등 조류나 식물, 생물의 터전인 생태계 확보장소를 만들어 테마공원화 할 필요성이 있다. 습지가 인간이나 자연에 주는 가치는 기능이나 생물의 다양성뿐만 아니라 자원을 생산하는 역할에 이르기까지 무궁무진하다.

여덟째, 동식물박물관 및 서식지 마련을 통한 자연생태학습장 건설을 들 수 있다. 영산강운하 유역에 철새와 동식물이 잘 서식할 수 있는 공간을 마련하여, 사계절 자연학습장으로 이용케 하고, 호남과 충청, 영남, 서울까지 연계된 운하를 통한 자연생태계 학습이 가능하다.

아홉째, 생태·생명문화관 건설을 들 수 있다. 영산강 유역에는 마라톤 코스, 체육시설 등과 고수부지와 같은 유역에 지역적 특색을 고려한 식물이나 꽃 재배를 통한 국내외 관광객 유치 및 지역문화 관심을 유발할 수 있다.

열 번째, 근대문화교육관 설립을 들 수 있다. 영산강주변의 근대적 자취와 역사성을 확보하여 근대유적지와 발

그림 8-16 동양척식주식회사의 원래의 위치(오른쪽)와 문서고(왼쪽)(현지촬영2007.7.31)

자취를 통해 근대교육의 시설 복원, 역사적인 유물관 설립이 가능하다.

마지막으로 내항의 화물터미널 유역에 복합관광레저 단지를 조성하여, 지역의 새로운 관광코스로 개발할 수 있다. 광주와 나주에 건설될 화물터미널에는 광주의 문화중심도시와 연계한 문화와 예술, 역사가 반영된 수준높은 공간을 연출할 수 있다. 나주에는 고대 마한·백제문화 등의 고대문화와 근·현대의 문화까지 포함된 특수성을 반영한 테마별 관광코스가 될 수 있다.

3-2. 관광·레저산업과 문화콘텐츠개발

물은 자연과 인간의 문명이 발생하기 전부터 생명을 부여해준 귀중한 자원이다. 물은 자연과 인간에게 생명을 유지하는데 불가결한 것이어서 물이 없이는 한

순간도 살 수 없고, 인류역사상 물을 잘 활용한 지역은 문명 또한 발전되어 왔다. 세계 어느 곳을 둘러보아도, 농촌이나 도시할 것 없이 모든 지역이 물을 잘 활용하여 세련된 도시미학으로 승화시키고, 농촌이나 어촌도 물을 활용하여 생활의 풍요를 가져오고 있다.

그림 8-17 〈센과 치히로의 행방불명〉에서 친근한 의미를 부여한 강과 물, 등장인물 관계

세계적인 애니메이션의 거장인 미야자키 하야오(宮崎駿)는 〈센과 치히로의 행방불명〉(千と千尋の神隱し)를 비롯한 물과 관련된 애니메이션 제작과 문화콘텐츠를 통해 우리의 한해 자동차수출 이득과 맞먹는 경제적 이득을 얻었다. 그는 이 애니메이션에서 일본의 잃어버린 10년의 상황을 문화적인 코드를 통해 성장의 가능성을 보여주었고, 일본의 전통문화와 현대문화가 공존할 수 있는 가능성뿐만 아니라 일본문화의 우수성을 전세계인에게 각인시키는 역할을 하였다. 이것은 그의 뛰어난 문화적 상상력 때문에 가능하였다. 그는 〈센과 치히로의 행방불명〉에서 물과 강, 습지를 동반시키고 있으며, 여기에 요정이나 신들의 캐릭터까지도 물과 관련시켜 아동이나 어른 할 것 없이 영상미뿐만 아니라 작품의 완성도를 높였다.

미야자키 하야오의 물과 관련된 상상력있는 애니메이션처럼, 영산강 유역에 물이나 습지와 관련된 민속이나 토속적인 호남, 영산강의 캐릭터를 만들어, 그것을 상품으로 연결할 수 있는 콘텐츠 개발과 산업 고안이 무엇보다 필요하다. 영산강 운하 건설을 통해 수변공간의 미학화가 이루어질 때, 영산강을 주제로 한 다양한 생태환경, 관광상품 산업이 육성될 수 있으며, 이러한 일이 가능하기 위해서는 영산강 캐릭터 산업 육성과 아이디어 개발도 적극적으로 이루어져야 할 것이다.

이러한 관광산업 발전은 영산강유역에 널리 분포되어 있는 재래산업의 다각화 마련과 관련시킬 필요가 있다. 담양의 죽세공업, 함평·보성의 완초(莞草)공업, 장성의 한지, 해남의 옥돌공예 등 영산강유역의 재래산업을 문화적 콘텐츠로 육성하는 방안 마련이 필요하며, 그 가능성도 풍부하기 때문에 이것을 한국적인 미학이 가미된 디자인과 가공기술 등을 통해 새로운 지역산업으로 성장할 수 있는 기반도 조성되어야 한다.

3-3. 영산강유역 종합클러스터와 사업비 조성

3-1의 흐름에 따라 각 지역의 역사·문화·관광·레저 등에 따른 창조적인 테마관과 전시관, 생태로, 생태공원, 환경공원, 학습장, 문화관, 역사관의 건설은 이 지역의 다양한 문화와 연계시켜 나갈 때 경쟁력있는 사업이 될 수 있다. 더구나 영산강의 풍부한 물자원과 수려한 자연경관은 각각의 콘텐츠 개발과 아이디어를 어떻게 만들어 내느냐에 따라 앞으로 이 지역 미래산업의 중추적 역할을 하게 될 것이다.

지금까지 이 지역의 관광은 주로 특정지역에 한정하여 코스화한 경향이 있었다. 이제는 틀에 박힌 관광과 레저, 만남의 공간이나 장소가 아닌 새로운 파라다이스의 연출, 창조적 만남과 공간이 되어야 한다. 이러한 공간은 한번 와서 보고 나면 다시는 찾지 않는 장소나 공간이 아닌, 며칠이고 계속 머물고 싶은 공간이어야 한다. 이러한 공간만들기는 우리의 열린 사고와 마음가짐에 달려 있다. 우리는 가끔 두바이의 창조를 기억하며 자주 언급하기도 한다. 이것이 우리지역에 없으란 법도 없다. 예를 들어 광주에서 영산호에 이르기까지 강둑을 확충하여 도보, 자전거도로, 차도를 만들어 영산강하구둑에서 걸어도 걸어도 피곤치 않는 수변도로와 볼거리, 먹거리가 풍부하고, 자전거를 타거나 배를 타든지 또는 자동차를 운전하면 그 시원함은 각종 다양한 테마관에서 눈을 떼지 못하게 만들어야 한다. 그리고 거기에서 아이들과 손잡고 직접 체험하는 시간들은 그림 8-18과 같이 살아있는 영산강을 가능케 해 줄 것이다.

그림 8-18 영산강유역 종합클러스터 지도

이러한 공간연출과 만들기는 각 지역마다 이미 실행되고 있거나 또 계획하고 있는 각종 행사나 테마관과 연계될 수 있도록 하며, 거기에 수로와 물을 잘 활용한 테마관 등은 상승효과를 더욱 높여줄 것이다. 지금까지 언급한 각종 테마관은 다음 〈표1〉의 문화지역 만들기와 사업비 비교표를 통해 확인할 수 있다.

<표1> 문화 · 역사 · 관광 · 레저 등 사업비 검토

	문화 테마명	지 역	내 용	사업비 (억원)
1	환경영상문화관	광주	광주내륙항지구에 환경을 알리는 영상문화 테마관 설치	500
2	생태환경습지공원	광주	황룡강과 영산강일대 고수부지에 생태환경습지로 등 설치	250 (정화사업포함)
3	기업문화공원 · 테마관	광주	광주내륙항 부근에 각 기업의 문화적 특징을 꽃과 식물, 설치물을 통해 기업홍보 및 사회문화에 기여	250
4	운하자료관	광주	내륙항에 강 · 운하의 역사와 문화 홍보, 관심 유발	350
5	쿠르즈유람선선착장	광주	크루즈유람선 선착장 마련을 통한 관광레저의 활성화	150 (정화사업포함)
6	복합관광레저시설지구	광주	내륙항에 복합관광레저 시설지구 지정을 통해 문화수도와 연계한 친문화공간 창출	500
7	향토음식체험관	나주	남도의 향토음식 문화 체험 및 참여	250
8	사림문화역사관	나주 구진포	백호 임제사당 인근에 사림문화 역사관 건립	300
9	고대문화전시관	나주 복암리	고대문화에 대한 홍보 자료관 건립	300
10	근대역사문화관	나주	영산포에 위치한 다양한 근대적 자료와 역사문화 복원	400
11	나주내륙항관광지구	나주	나주의 내륙항 관광레저 시설	300
12	생태환경근린공원	나주	혁신도시와 인접한 고수부지에 생태환경근린 공원 조성	150 (정화사업포함)
13	생태환경테마관	나주	나주와 혁신도시 인근에 농업생태환경테마관 건립	300
14	하늘 · 땅 · 바람에너지박물관	나주	나주와 광주 · 전남공동혁신도시 인접한 지역에 각종 테마를 주제로한 에너지관 건립	300
15	고대역사체험관	나주 공산면	주몽촬영장을 연계한 고대역사 체험 장소 확대를 통한 다양한 체험관 마련	250
16	해양전쟁박물관	함평	대굴포 수군처치사영터에 삼국시대부터 근 · 현대에 이르는 해양전쟁 박물관 건립	250
17	생태환경문화체험관	함평	영산강유역의 생태환경문화 체험관 건립	

18	수생식물체험로	함평	영산강변의 수생식물 체험로 건립	120 (정화사업포함)
19	수변공간휴양관	함평	멋드러진 수변공간에 다양한 휴식공간 연출	150 (정화사업포함)
20	해양동식물서식지	무안	곡강부근에 다종의 해양 동식물의 적절한 서식환경 제공을 통한 연중 철새 등 관찰	150 (정화사업포함)
21	자연생태학습장	무안	곡강인근에 자연생태 학습장 마련	300 (정화사업포함)
22	아쿠아영산강	무안	몽탄유역에 물을 주제로 한 다양한 테마관 마련	350
23	해양생태학습지(로)	무안	영산호에 인근한 해양생태 학습지(로) 마련	150 (정화사업포함)
24	환경생태시설물	영산호	남악신도시 부근에 강과 조화로운 환경생태 시설물 설치	120 (정화사업포함)
25	강·운하해양관광박물관	영산호	강·운하해양관광 박물관 건립을 통한 남악신도시와 조화를 이루게 함	300
26	해양스포츠체험장	영암나불도	다양한 해양스포츠 체험장 마련	130
27	운하민속자료관	영암나불도	운하와 관련한 세계국가의 민속과 우리나라의 민속자료 전시	300
28	광주~목포간 강변도로	광주-목포	광주~목포간 육로·자전거길·강변도로 기반시설 확충	7,000
총 사업비(정화사업 포함 부분 1,540 억원은 제외)				12,630 억원

※ 총사업비 4 조 8 천 5 백 30 억원 소요 예상

　　〈표1〉에서 보듯이 영산강이 세계적인 운하로써 깨끗한 물과 조화로운 자연환경을 만들고, 여기에 생태환경·역사·문화 등이 종합적으로 고려된 콘텐츠만들기가 동시에 이루어져야 한다. 여기에 드는 사업비 등은 영산강을 준설함으로써 얻어지는 모래와 자갈 등의 판매를 통해 가능하다. 2002년 4월부터 시작된 영산강·황룡강 치수대책 사업에서 1,200억원 사업비 중 800억원이 모래채취를 통해 충당하고 있듯이, 영산강 모래의 퇴적양은 무궁무진하다. 퇴적되어 있는 모래나 자갈

등 판매를 통해 환경오염 개선과 문화지도 만들기에 드는 비용의 일부를 충당할 수 있다.

4. 영산강유역 축제문화권 연대와 관광콘텐츠 개발

4-1. 축제문화 연대와 관광콘텐츠 개발 가능성

영산강운하 건설은 영산강유역 관광, 축제문화 연대와 상상력 유발을 통한 계절별, 지속적 문화활성화, 다양하고 풍부한 관광콘텐츠 개발이 가능하다.

그림 8-19 영산강운하를 통한 축제문화 연대 일변도

그림8-19와 같이 영산강운하는 광주·전남지역의 각 축제별 주제, 즉 민속문화·역사인물·생태환경·향토음식·특산품·영상예술 등과 관련된 축제를 물·운하와 관련시켜 축제의 의미를 풍부하게 하고 문화적 상상력을 다양하게 유발하는 효과가 있다. 예를 들어 영산포의 홍어축제, 함평의 나비축제, 무안의 연꽃축제, 담양의 대나무축제, 장성의 홍길동축제 등도 영산강운하를 통해 그 영역의 확대와 내용의 풍부성을 기할 수 있으며, 영산강의 물 자원과 연계된 문화제·축제 코드를 새롭게 만들 수 있다. 그리고 이들 축제기간을 계절별 분산 개최가 가능케 하여 연중 사계절 문화·관광산업으로 육성을 가능케 할

수 있는 이점도 있다. 영산강운하는 또한 이들 분야별 축제문화의 연대 이외에도 물을 주제로 한 축제콘텐츠를 개발할 수도 있다. 예를 들어, 일본 오사카시의 덴진마츠리에서 7월 24~25일 도지마강과 오가와(大川)를 거슬러 올라가는 100여척의 화려한 배들이 후나도교(船渡御)를 행하는 선상축제와 더불어 도톰보리강에서 펼쳐지는 축제도 그 좋은 사례라 할 수 있다.

그림 8-20 함평나비축제 현장 자료:문화관광부(검색일2007.8.8)

〈표2〉에 나타난 축제현황과 분류에 나타난 것처럼, 영산강유역은 장성, 담양, 화순 등의 발원권지역, 광주시, 나주시와 함평군 일대의 영산강본류지역, 무안군 및 영암·해남군 등의 영산강하류 및 해안권유역으로 나눌 수 있는 광대한 지역에 속한다. 이외에도 장흥, 고흥, 여수, 순천 등도 영산강유역에 인접해 있어 앞으로 해양문화권 확대에 따라 직·간접적인 영역의 확대도 가능하다.

〈표2〉 광주 · 전남지역 축제 현황과 분류(2007년 기준)

번호	지 역	명 칭	개최시기	축제의 소재 및 핵심 내용
1	광주	광주국제영화제	9.2~11	영화 상영
2	광주	광주김치대축제	11 월중	김치전시 및 판매, 김치경연, 민속공연 등
3	광주	임방울국악제전국대회	10 월중	판소리, 기악, 무용, 시조, 농악, 가야금병창경연대회 등
4	광주	빛고을한마음대축제	9-10 월중	장르별 공연, 시민참여마당 등
5	광주	광주비엔날레	9.10~11.13	전시행사, 컨퍼런스, 세미나 및 워크숍
6	광주-광산구	청소년댄스축제	비정기적	댄스
7	광주-광산구	용아생가축제	4 월	
8	광주-서구	서구만드리축제	7.31	김매기노래
9	광주-동구	광주충장로축제	10.27~31	70·80 년대 풍물 전시
10	광주-북구	봄꽃축제	3.28~4.7	봄꽃
11	광주-북구	가을꽃축제	10.15~25	가을꽃
12	광주-북구	자미축제	10.02~9	가을꽃과 자미탄의 미
13	광주-남구	고싸움놀이축제	음력 1 월	고싸움놀이
14	전남-나주	영산강문화축제	10 월중	나주목사 행차 등
15	전남	남도음식문화큰잔치	10.17~10.22	남도요리명장대회, 남도음식명가 큰장터
16	전남	섬갯벌올림픽축제	8.8-6	주요행사 종목별경기, 체험행사, 해양레포츠, 부대행사등
17	전남	대한민국농업박람회	10.24-29	생명농업 신기술 개발전시, 친환경 및 우수 농특산물 전시 판매 등
18	전남-목포	목포해양문화축제	7.24-29	바다와 빛의 향연
19	전남-목포	목포유달산꽃축제	3.30~4.1	유달산과 꽃
20	전남-목포	목포도자기축제	10.16~20	도자기
21	전남-여수	여수오동도축제	3.12~16	동백꽃
22	전남-여수	영취산진달래축제	3.30~4.1	진달래꽃
23	전남-여수	여수거북선축제	4.10~14	거북선 문화체험 등
24	전남-여수	여수항일암축제	12.31~1.1	일출
25	전남-여수	여수국제청소년축제	8 월	청소년과 문화
26	전남-순천	순천낙안민속축제	4.14~16	임경업장군과 민속놀이
27	전남-순천	순천만갈대축제	10.19~28	생태 체험, 환경체험, 갈대 움집만들기 등
28	전남-순천	남도음식문화큰잔치	10.17~22	남도음식문화와 만들기 체험
29	전남-광양	광양매화문화축제	3.17~25	매화사진촬영, 음악회

30	전남-광양	광양전통숯불구이축제	10.20~22	숯불구이고기
31	전남-광양	광양전어축제	9.15~	전어요리
32	전남-무안	무안백련대축제	8 월중순	연 꽃길탐사, 연 생태체험
33	전남-무안	무안갯벌세발낙지큰잔치	10 월 25 일전후	갯벌과 세발낙지
34	전남-영광	영광법성포단오제	6.16~19	단오민속놀이, 용왕제, 산신제
35	전남-강진	강진청자문화제	9.08~16	고려청자공모전, 물레성형대회
36	전남-강진	탐진강은어축제	8.11~15	은어회
37	전남-강진	강진만전어풍어제	· 9.24	전어풍어제
38	전남-보성	보성다향제	5.4~7	녹차문화, 체험행사 등
39	전남-보성	보성소리축제	10.1~2	보성의 판소리
40	전남-보성	벌교꼬막축제	10 월초(3 일간)	벌교꼬막
41	전남-보성	보성전어축제	10 월중순	보성전어
42	전남-완도	완도장보고축제	5.11~13	해상왕 장보고, 바다사진 및 선박전시회 등
43	전남-완도	건강의섬완도해넘이축제	12.31	해몰과 일출
45	전남-진도	진도아리랑축제	11.1~4	진도아리랑 문화
46	전남-진도	진도신비의바닷길축제	4.17~19	진도 민속공연, 바닷길체험 등
47	전남-신안	임자해변모래체험축제	7.27~29	모래조각전, 모래찜질체험
48	전남-신안	신안증도개펄축제	8 월둘	개펄
49	전남-신안	신안낙지축제	10 월중	낙지
50	전남-화순	화순고인돌축제	4.26~29	고인돌과 선사시대 생활, 고인돌 축조재현 등
51	전남-구례	구례산수유축제	3.15~18	산수유 꽃길 걷기대회
52	전남-구례	지리산남악제	4.20~22	남악제
53	전남-구례	지리산피아골단풍제	10.29~31	피아골 단풍
54	전남-구례	구례섬진강변벚꽃축제	3.23~24	섬진강변 벚꽃구경
55	전남-곡성	곡성심청축제	10.04~7	부모님과 함께하는 효행체험
56	전남-곡성	곡성명장목화축제	8.13~15	목화
57	전남-장성	장성홍길동축제	5.04~6	홍길동문화체험, 홍길동선발대회 등
58	전남-장성	장성백양단풍축제	10.30~11.1	백양사 단풍
59	전남-장흥	장흥제암철쭉제	5.5~6	제암산 철쭉제례, 꽃씨 날리기
60	전남-장흥	장흥키조개큰잔치	5.2~6	키조개
61	전남-장흥	전국바다낚시대회및전어축제	10 월중(5 일간)	낚시대회와 전어회

62	전남-장흥	장흥천관산억새제	10.06~7	억새풀
63	전남-함평	함평나비대축제	5.3~8	나비와 생태체험, 표본전시 등
64	전남-함평	꽃무릇큰잔치	9 월중순	
65	전남-함평	대한민국국향대전	10.27~11 월	국화꽃 관람과 향기
66	전남-해남	초의문화제	11.1~7	초의선사
67	전남-해남	해남명랑대첩제	10.26~28	이순신장군 문화체험 등
68	전남-해남	대흥사단풍축제	11.9~11	가을산과 단풍구경
69	전남-해남	땅끝해넘이해맞이축제	12.31~1.1	일몰과 일출
70	전남-영암	영암왕인문화축제	3.31~4.3	왕인맞이 개막행차 등
71	전남-영암	영암호해맞이축제	12.31~1.1	일몰과 일출
72	전남-담양	담양대나무축제	4.29~5.5	대나무 멋과 맛의 여행
73	전남-담양	고서포도축제	8 월중(3 일간)	포도
74	전남-담양	창평음식축제	10 월중(3 일간)	창평음식체험
75	전남-고흥	고흥우주항공축제	7.26~8.6	우주체험, 모형로켓발사대회 등
76	전남-고흥	녹동바다불꽃축제	5.19~21	
77	전남-고흥	나로도수산물축제	10.13~15	수산물

〈표2〉에 나타난 각 지역별 축제를 분야별 축제로 분류하여 정리해 보면 그림 8-21과 같다.

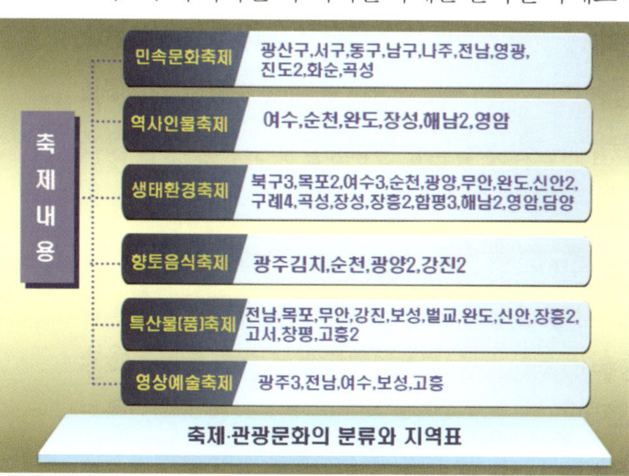

그림 8-21 축제 · 관광문화의 분류와 지역표

축제문화나 이와 연관된 관광콘텐츠 개발은 각 문화적 요소들을 어떻게 상징화시키고, 서사화 할 것인가 하는 문제에 있어 상당한 전문성이 요구된다고 보겠다. 여기에서 콘텐츠개발은 지금까지의 선언적이고 일

279

방적 미화에 그쳤던 문화 이미지를 구체화 시킬 수 있어야 한다.

에릭홉스봄(Eric John Ernst Hobsbawm)은 『전통의 창조』(1983)에서, 영국왕실의 화려한 대관식 등에서 보듯이 대부분 국가들의 전통이란 근대민족국가 출현이후 특정한 목적에 따라 만들어졌다고 하였다. 우리의 전통문화도 70, 80년대에 만들어진 것이 많은데, 소위 전통축제라는 것도 현재의 필요성 때문에 만들어진 것이 많다는 사실이다. 우리는 우리 삶의 질 향상을 위해서나 역사·전통적 가치를 지닌 문화재를 어떻게 만들어낼 것인가 하는 데에 있어 다양한 콘텐츠 개발이 반드시 뒤따라야 하겠다.

4-2. 권역별 역사 · 문화관광 특성화 계획

4-2-1. 영산강하류 문화관광권(목포, 영암, 해남, 무안, 신안)

앞에서 언급한 것처럼, 영산강운하가 건설됨으로써 영산강의 다양한 역사·문화의 복원이 가능하며, 또한 통합과 동시에 성장을 가져올 수 있다. 영산강 유역의 다양한 유적과 유물, 그리고 거기에 담겨있는 역사이야기, 과거·현재와 더불어 미래를 연계시킬 수 있는 다양한 콘텐츠들이 영산강 운하가 건설됨으로써 관광벨트화 될 수 있다. 영산호를 중심으로한 영산강하류 문화관광권역은 목포, 영암, 해남, 무안, 신안 지역의 해양과 연계된 관광레저지구를 형성케 할 수 있다. 이곳은 최근 J프로젝트의 해양관광레저시설지구, 남악신도시지구, 목포시의 남농기념관이나 자연사박물관, 해양박물관 등이며, 또 앞으로 들어설 S프로젝트 등과 연계된 해양관광레저를 활성화시킬 수 있는 지역이다. 이곳은 또한 서남해권의 풍부한 해양자연자원을 가지고 있어 관광레저인구를 가장 많이 흡인할 수 있다.

이러한 효과를 위해서는 그림 8-18과 〈표1〉에서 보듯이 무안, 영산호, 나불도 등에 들어서게 될 해양동식물서식지, 자연생태학습장, 아쿠아영산강, 해양생태학습지(로), 강·운하해양관광박물관, 해양스포츠체험장, 운하민속자료관 등 건립을 통해 영산강하류가 서남해안의 거점지역이 될 수 있다. 이곳을 관광코스화 할 경우 장단거리코스의 연안크루즈선 개발을 현실화시킬 수 있다. 관광코스의 개설은 몇 가지 테마로 나눌 수 있다.

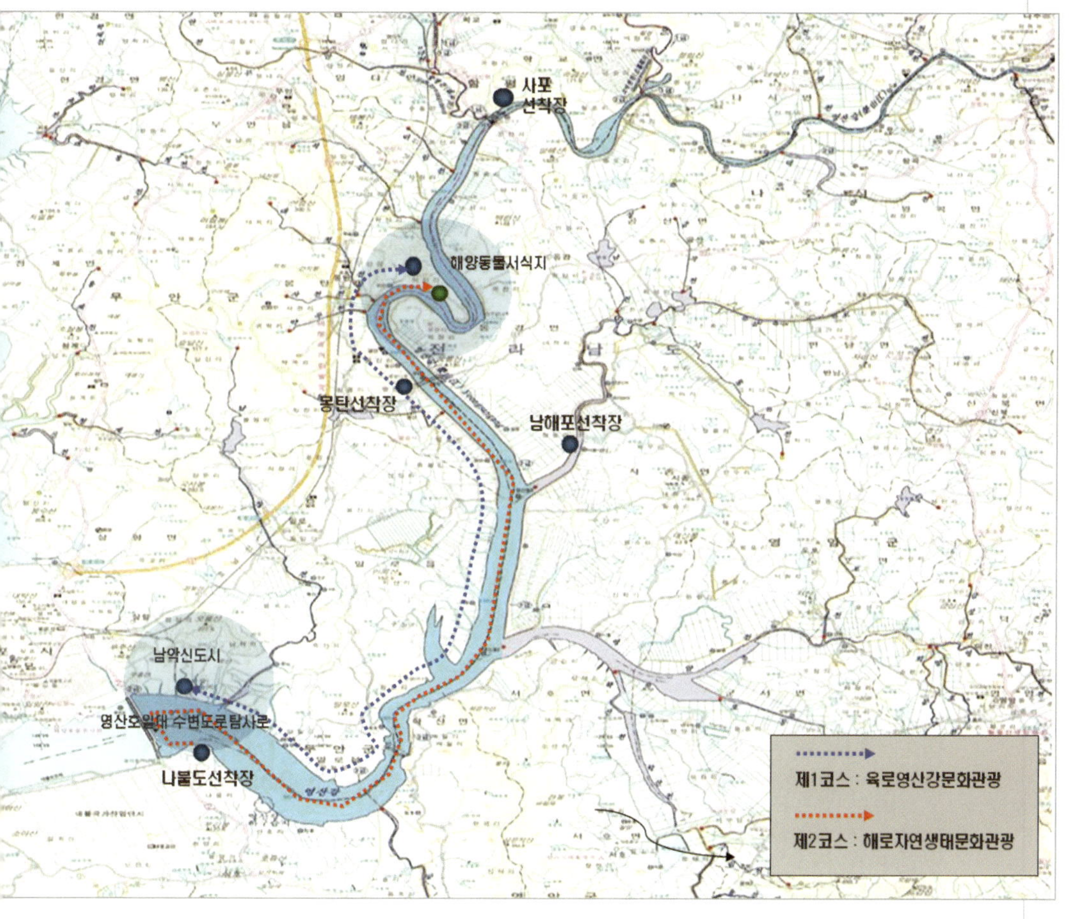

그림 8-22 영산강하류관광문화권 테마 지도

281

〈표3〉 영산강하류 문화관광권 테마와 코스

테 마	코 스 내 용	비고
제1코스 육로영산강문화관광	남악신도시→영산호일대수변도로탐사로(환경생태시설물, 강·운하해양박물관)→무안(해양동식물서식지, 자연생태학습장, 아쿠아영산강, 해양생태학습지(로)	1일
제2코스 해로자연생태문화관광	① 나불도선착장(운하민속자료관)→영산호일대(환경생태시설물, 강·운하해양박물관)→무안(해양동식물서식지, 자연생태학습장, 아쿠아영산강, 해양생태학습지(로) ② 나불도→J 프로젝트관광레저시설지구(F1 경기장 등)→목포연안(남농기념관, 자연사박물관, 해양박물관 등)→신안지역섬관광 등	2일
제3코스 크루즈영산강문화관광	나불도선착장→영산호일대→몽탄→무안→나불도→영암→해남연안→목포연안→신안섬지역 등	1일
제4코스 크루즈해양관광	나불도→신안지역 섬관광→다도해(흑산도, 홍도 등)→J 프로젝트 기업도시	2일

4-2-2. 마한·백제 고대문화관광권(광주, 담양, 장성, 나주, 함평, 무안)

그림 8-23 마한·백제 고대문화관광권 지도

마한·백제 고대문화는 일찍이 영산강을 중심으로 형성해 왔다. 이곳의 고대관광문화권의 개발은 영산강을 거점으로 하여 고대역사 복원과 문화유적지 등을 교육적인 코스로 조성하는 것이 필요하다. 마한·백제문화권은 영산강유역에 고대로부터 산재해 있으므로 뱃길을 따라 주운관광의 활성화로 이어지게 하며, 강변을 따라 들어설 각종 전시관이나 테마관 등과 연계하여 코스로 개발할 수 있다. 고대역사·문화관광루트의 개설은 다음과 같이 정리할 수 있다.

〈표4〉 마한·백제 고대문화관광권과 코스

테 마	코 스 내 용	비고
마한·백제 역사문화관광	나불도선착장→장천리선사주거지→도리촌마을고대사복원지역→주거변천천사야외전시장→왕인박사유적지→마한문화공원→동강구석기유적정비구역→복암리고분전시관→회진토성→고대문화전시관→몽탄선착장→삼한지테마파크→고대역사체험관→반남군고분군→자미산성→내동리쌍무덤→옥야리고분군→신연리고분군 등	1일

4-2-3. 유교사림 · 불교문화권

유교·불교문화권은 종교와 사상사적 측면에서 둘러볼 수 있는 특색있는 테마여행코스가 될 것이다.

이들을 관광코스화 할 경우 예를 들어 조선 사림은, 영산강을 따라서 김천일 사우(금성산자락 아래)에서 시작하여, 미천서원, 임제 백호마을(회진), 자산서원, 영모정, 사림문화역사관, 식영정에 이르기까지 코스를 만들어 조선시대 사림에 대한 흥미로운 이야기로 풀어낼 수 있다.

이러한 여행은 운하를 통해 배를 타고 역사문화관광을 하는 일본이나 유럽 등 사례가 하나의 대안이 될 수 있다. 유교문화권에 있어 나주·광주지역에 널리 분포되어 있는 사림·유교문화는 서원중심과 인물중심, 정자문화 등에서 찾을 수 있다.

불교문화에 있어 나주의 다보사는 백제시대 혹은 원효대사(元曉大師)가 창건했다고 하는 사찰이며, 명종 14년(1184)에 보조국사가, 선조 29년(1594)에는 청허선사가 중창한 유명한 사찰이다. 여기에서 시작하여 운주사에 이르기까지 관광코스화 할 경우 이 지역의 독특한 사찰기행을 느낄 수 있을 것이다.

그림 8-24 유교사림문화관광, 불교문화관광 지도

〈표5〉 유교.불교문화권과 코스

테 마	코 스 내 용	비고
유교.사림 문화관광	경현서원 →율정점 →정열사 →나주향교 →나주읍성터 →나주금성관 →나주목사내아 등→ 나주목사문화관 →미천서원 →영모정, 백호임제기념관 →사림문화역사관 →창주정 →석 관정→무안향교→자산서원→자미산성→쌍계정→이산리의 식영정 등	1 일
불교문화관광	영산포선착장 →다보사 →죽림사 →지석강관광지역 →문흥사 석장승 →불회사 석장승 → 운주사→백련사	1 일

4-2-4. 광주문화중심도시권(광주)

광주문화중심도시권은 광주에 아시아 문화교류의 중심도시, 차세대 경제도시로서 문화가 지역경제의 성장엔진 역할을 하는 미래형 문화경제도시, 그리고 문화를 매개로 한 아시아 평화예술도시로서 이미지를 부각시키는데 다양한 시설이 들어설 예정이다. 여기에 광주내항의 시설도 광주문화중심도시의 예술과 문화적인 키워드를 살려 생태환경, 문화관광의 역할을 하도록 만들 것이다. 내항과 연계된 문화적인 여러 시설들 즉 아시아문화교류센터, 아시아문화원, 아시아문화창조센터, 아시아아트플렉스, 어린이지식문화센터 등 5대 시설과 연계하여 문화중심도시의 문화와 풍부한 물과 수로, 멋스러운 회랑이 엮어내는 시설들은 문화관광의 이미지를 극대화할 수 있으며, 이곳들을 관광코스화할 경우 시너지 효과도 다양하게 나타날 것이다.

〈표6〉 광주문화중심도시 관광권과 코스

테 마	코 스 내 용	비고
광주문화중심 도시관광	광주내항의 문화관광공원 →국립광주박물관 →종합문화예술회관, 시립미술관 →시립민속박물관, 광주비엔날레 →국립아시아문화전당 →국립미술관 →예술의 거리 →5.18 민주화운동기념관, 5.18 공원 →5.18 국립묘지	1 일

4-2-5. 가사문화권(광주, 담양)

가사문화권은 광주의 무등산과 담양에 위치한 지역인 영산강상류 지역에 속한 곳으로, 예부터 수로를 통해 사림(士林)문인들이 자연을 벗삼아 수많은 문화유산을 보존·전승한 다른 지역에 없는 독특한 문화권에 속한다. 사림들은 올곧은 선비 정신을 통해 불합리하고 모순된 정치 현실을 비판하고, 자신들의 큰 뜻을 이룰 수 없음을 한탄하며 낙남(落南)하여, 무등산 정기 어린 이곳 담양 일원에 누(樓)와 정자(亭子)를 짓고 빼어난 자연 경관을 벗삼아 수로를 통해 왕래하며 시문을 지어 노래하였다. 이들은 수신과 후진 양성에 힘쓰다가 나라의 부름을 받아서는 충성하고, 국난이 있을 때에는 분연히 일어나 구국에도 앞장섰다. 이들은 조선 시대 한문이 주류를 이루던 때에 국문으로 시를 제작하였는데, 그 중에서도 가사문학이 크게 발전하여 꽃을 피웠다. 이서의 낙지가, 송순의 면앙정가, 정철의 성산별곡·관동별곡·사미인곡·속미인곡, 정식의 축산별곡, 남극엽의 향음주례가·충효가, 유도관의 경술가·사미인곡, 남석하의 백발가·초당춘수곡·사친곡·원유가, 정해정의 석촌별곡·민농가 및 작자 미상의 효자가 등 18편의 가사가 전승되고 있어 담양을 가사문학의 산실이라고 부른다.[11]

가사문학관과 더불어 식영정, 환벽당, 소쇄원, 송강정, 면앙정 등을 수로를 타고 사림들이 왕래한 지역을 관광코스로 할 경우, 호남 시단의 중요한 무대이자, 한국 가사문학 창작의 산실속에 면면히 흐르는 전통을 살필 수 있을 것이다.

<표7> 가사문화관광권 테마와 코스

테 마	코 스 내 용	비고
가사문학권관광	광주댐 →식영정 →소쇄원 →가사문학관 →창평의 전통한옥마을 →송강정 →면앙정 →담양대나무박물관 →전통죽물시장 →메타세콰이아도로 →대나무숲체험장 →영산강발원지 용소폭포	1일

4-2-6. 영산강운하관광권(광주~목포)

영산강운하관광권은 광주에서 목포까지, 혹은 목포에서 광주까지 도보, 자전거, 자동차, 크루즈 등을 타고 관광을 생활화할 수 있는 공간이 될 것이다. 영산강의 물길은 예부터 광주, 담양까지 바닷물이 올라갔던 곳으로, 운하를 통해 뱃길이 복원됨으로써 다양한 문화와 역사를 체험할 수 있을 것이다. 예를 들어 광주의 내륙항 주변에 아름답게 꾸며진 수려한 도시의 회랑들, 생태환경습지공원, 기업문화공원·테마관을 따라 크루즈를 타고 내려가다 보면 빼어난 경치에 넋을 잃게 될 것이다. 각 지역마다 독특한 역사와 문화가 반영된 테마관도 만날 것이다. 예를 들어 영산강 선창에서 개항과 근대적인 경제권 형성, 일제의 수탈과 관련된 동양척식주식회사, 흑산도 주민의 이주와 영산강의 명칭 유래, 영산강의 별칭으로 금호(錦湖)의 이름(영산강변에 수많은 뽕나무를 심어 누에를 쳐서 비단을 만들었다는 이야기), 영산강변의 새롭게 조명된 조선시대 사림(현재는 무등산 자락 정철을 중심으로한 가사문화권만 부각되어 있음), 조선시대 풍운아 백호 임제의 마을, 백제토성, 마한세력의 실체를 밝혀줄 수많은 신비에 쌓인 미스테리 고분과 옹관, 그리고 뚜렷한 준국가형태의 권력이 있었을 것으로 추정되는 금관 출토, 궁삼면 토지회수 투쟁, 왕건과 장화왕후 등 헤아릴 수 없는 역사·문화 네러티브가 영산강 운하를 복원함으로써 되살아나고, 이것이 운하를 통한 하나의 테마별 역사 문화 답사 코스로 개발될 수 있다.

<표8> 영산강운하관광 테마와 코스

테 마	코 스 내 용	비고
영산강운하관광	광주내륙항복합관광지구→나주(향토음식체험관·사림문화역사관·근대역사문화관·생태환경근린공원 및 테마관 등)→함평(생태환경문화체험관·수생식물체험로 등)→무안→영산호	1~3일

5. 맺는 말

　영산강유역은 다양한 문화적 잠재력을 지니고 있으나, 실제로 상품화시킬 수 있는 생태환경·문화·관광·레저산업이 현저히 부족하다. 그래서 이 지역사람들은 다른 지역이나 해외관광 등에 눈을 돌리고 있다. 다른 나라와 이 지역을 비교해 보아도 호남의 특색이 제대로 반영된 건축이나 문화, 환경 등 모든 면에서 낙후성을 면치 못하고 있다. 사회 각 분야에 있어 안정감이 없는 것도 이러한 문화·환경적 상황과 무관하지 않다. 이러한 현실에서 낙후성을 벗어나 안정성을 유지하는 길은 국토를 아름답게 만들 수 있는 미학적 고려가 선행되어야 한다. 그에 따라 물류나 관광·문화·레저 등에 이르기까지 종합적인 고려가 뒤따라야 한다.

　영산강운하 건설에 있어 가장 활용도가 높은 분야는 물론 물류와 관련된 비용이나 산업발전이다. 그러나 이러한 경제적인 파급효과에만 치중하다 보면 그에 따른 부수적인 수혜부분을 간과하기 쉬우며, 무엇보다 영산강유역의 풍부한 문화·역사적 자원이나 가치를 복원, 발굴하여 문화적인 가치를 높이고, 이것을 관광·레저산업, 생태환경의 복원을 통한 자연과 인간이 상생하는 활용 가능한 사업이 되어야 한다. 이러한 가치는 무엇보다 영산강 퇴적오니 준설에 따른 수질개선이 무엇보다 선결과제이며, 이 문제가 해결될 때 친환경 농업과 수자원확보가 가능, 살아 숨쉬는 강의 이용도를 획기적으로 높이는 기회가 될 것이다.

　영산강은 강폭이 넓고, 고수부지 등을 비롯한 저비용의 국가하천 공사로써 다양한 문화공간을 만들어 낼 수 있다. 문화공간의 창출에 따라 그 활용가치가 매우 높은 또한 사실이다. 영산강유역은 광주, 나주, 함평, 무안, 목포에 이르기까지 배후도시나 그 지역들을 둘러싼 다양한 도시계획과 건설, 프로젝트가 진행되고 있어 운하건설 시, 여러 지역 성장동력의 유기화로 상호작용을 일으켜 지역경제 활성화를 가져올 수 있다. 또 이들 지역마다 생태환경·문화·예술, 관광·레저의 거점지역으로 육성시킬 수 있으며, 테마관광이나, 축제, 레저 등 다각적인 문화산업 육성에 대한 잠재력이나 접근성이 뛰어나다. 이러한 잠재력과 접근성은 역사문화 유역에 풍부한 문화자원을 활용도에 따라 인접배후도시나 앞으로 중국과의 직교역이나 동북아생활권의 확대에 따라 시장성도 높고, 상품의 다양성도 뛰어나다. 이러한 문화적 가치창출은 또한 열악한 지방재정의 자립도를 높여주는 귀중한 보고가 될 수 있다.

지금 이곳 영산강유역을 중심으로 몇 개의 대형 사업이 전개되고 있다. 이러한 사업의 전개는 영산강운하가 건설됨으로써 커다란 축을 형성케 하고, 각 권역별 개발 계획을 체계화하여 실행할 수 있으며, 생태문화·관광·레저산업에 이르기까지 효과를 극대화할 수 있다. 따라서 한반도대운하가 우리 국토의 균형축이 됨과 동시에 영산강운하는 이곳 광주·전남의 지역발전을 균형있게 만드는 중심축이 될 수 있고, 호남의 중요한 성장 동력의 원천이 될 수 있다. 그리고 영산강운하는 각 프로젝트와 연결하여 서남부 신산업경제권을 형성할 수 있고, 서해안시대의 국제교역 전진기지의 구축이 될 수 있으며, 국제적 해양관광의 거점화를 가져올 수 있다. 또 영산강운하는 각 지역의 산업이나 관광, 레저에 이르기까지 활용도를 더욱 풍부하게 만들어 주며, 각 지역을 하나로 묶는 관광벨트의 형성도 가능하다. 여기에 영산강 유역의 지자체와 연계된 테마관광, 축제, 레저 등 다각적인 문화와 역사성이 가미될 때 그 가치는 더욱 증대되리라 생각한다. 이러한 특징이 가미된 영산강유역 종합클러스터 개발비용은 엄청난 양의 퇴적된 모래와 자갈 등의 판매와 국가지원을 통해 가능케 해야 한다.

이러한 운하건설과 관련된 물류기반시설, 생태환경, 관광·레저건설의 확대를 통해 국내외 산업유치와 문화관광 클러스터 개발로, 영산강운하는 일자리 창출과 소득의 증가, 경제력의 향상이 가능하며, 호남지역의 정체성 형성과 더불어 문화, 예술, 복지 등에 이르기까지 삶의 질 향상과 생활문화를 더욱 높여줄 것이다.

❶ 광주문화수도 논의는, 2002년 노무현후보가 '충청도는 행정수도, 광주는 문화수도'로 만들겠다는 대선공약으로부터 시작되어 대통령 프로젝트로 삼아 적극 추진해 나가고 있는 사업이다. 문화수도사업은 '아시아 문화의 전당' 건립사업을 시작으로 장기적으로는 도시 주변에 복합관광 레저단지를 조성하여, 특히 문화산업이 경제의 가장 중요한 부분이 됨으로써 문화를 통해 지역이 발전할 수 있는 터전을 마련하겠다는 것이다.

❷ 2004년 국가균형발전특별법에 따라 광주와 전남도가 합의 하에 나주 금천면에 한국전력, 한국농촌공사, 농업연수원, 농수산물유통공사, 문화컨텐츠진흥원, 문화예술위원회 등 등 전국 17개 공공기관이 이전된다. 이와 함께 초등학교 3곳과 중학교 1곳, 스쿨컴플렉스 2곳 등이 조성되며, 종교시설 3곳과 문화시설 1곳, 주유소 2곳도 함께 신설된다. 특히 혁신도시 동쪽 산포면 일대에는 79만6천여㎡의 부지에 18홀 규모의 골프장이 들어선다. 또 중앙호수 공원을 비롯 시민 여가활용시설로 활용될 공원도 근린공원 8곳, 어린이공원 10곳 등이 혁신도시 일대에 골고루 들어서게 된다.

❸ 전라남도가 추진 중인 서남해안 개발프로젝트이다. J프로젝트는 1992년 계획이 수립되어 2016년까지 영암군과 해남군에 이르는 3000만평에 F1자동차경주장, 해양레저타운, 건강휴양타운, 골프장 등을 지어 30만명을 수용할 관광레저형 복합도시를 목표로 하고 있으며, 투자금액은 35조원이다. 15년이 지난 지금 겨우 27홀 규모의 골프장 건설이 전부이다.

❹ S프로젝트는 '서남해안 종합발전계획'으로, 정부가 2007년부터 2020년까지 총 22조 4,000억원을 투입해 무안·목포·신안지역을 환황해권의 산업거점으로 육성한다는 계획이다. 이 계획에는 무안기업도시, 신안해양레저, 목포 신외항, 새만금 농공단지 등이 포함되어 있다.

❺ 영산강유역 고대문화권 특정지역지정 개발계획은 2002년 1월 26일 '지역균형개발 및 지방중소기업 육성에 관한 법률'에 근거하여, 역사·문화유산의 보전·정비 또는 관광자원의 가발 등을 위하여 기반시설의 설치, 주변지역과의 연계개발 또는 정비가 필요한 지역을 개발할 수 있는 특정지역 지정·개발제도에 근거하고 있다. 이 계획에 근거하여 전라남도는 2006년부터 2015년까지 10년에 걸쳐 영산강유역 고대문화권 권역설정, 잠재력분석, 주요 개발사업선정 및 사업계획 등의 수립과정을 거쳐 개발 사업을 시행하고 있다. 전라남도(2005.12),「영산강유역 고대문화권 특정지역지정 및 개발계획」, pp.1-256 참조.

❻ 전남지역 개발 프로젝트 중 속도를 내고 있는 것은 무안기업도시 뿐이다. 무안군은 중국내 6대 민영기업인 중국광하집단과 중칭시 국영기업인 중칭시지산집단 등과 투자협정까지 맺고, 무안군과 중국측이 총사업비 1조 5,400억원을 투자해 무안기업도시 내에 한·중제산업단지를 조성키로 했다. 중국측은 중국 국가발전개혁위원회에서 한·중제산업단지의 투자를 공식적으로 승인받았으나 국내 참여기업이 없어 지연되고 있는 실정이다.

❼ 안종일·정진백편(2007),『정의로운 역사, 멋스러운 문화』, 사회문화원, 박태선,「제1절 선사시대와 마한·백제문화」, p.81 참조,

❽ 박만규·나경수편(1999),『호남전통문화론』, 전남대출판부, p.351 참조

❾ 김경수(2007),『호남문화의 젖줄, 영산강문화권을 찾아서』, -영산강의 역사, 수운을 중심으로, 2007전국역사교사모임, p.7 참조.

❿ http://namdokorea.com/ 전라남도, 검색일 2007.5.23

⓫ 한국가사문학관http://www.damyang.go.kr/new/gasa/sub01.htm(2007.8.25)

1. 김영순 · 최민성 외(2006), 『축제와 문화콘텐츠』, 다음미디어
2. 광주 · 전남향토사연구협의회편(1998), 『남도문화』, 전라남도교육청
3. 박만규 · 나경수편(1999), 『호남전통문화론』, 전남대출판부
4. 목포대박물관(1989), 『나주시의 문화유적』
5. 전남대문화예술특성화사업단 · 주정민 · 서준교 · 이효원공저(2005), 『문화도시의 도시재생과 문화콘텐츠』-글래스고, 빌바오, 도크랜드-, 전남대출판부
6. 전남대문화예술특성화사업단 · 정우양 · 류재한 · 오세규공저(2005), 『유럽생태 · 문화도시읽기』-스트라스부르, 프라이부르그, 퓌뒤푸-, 전남대출판부
7. 전남대문화예술특성화사업단 · 천득염 · 최석만 · 박수철공저(2005), 『해외문화도시 그리기』-일본의 구마모토와 싱가포르-, 전남대출판부
8. 전남대호남문화연구소(1985), 『나주군 문화유적 지표조사 보고서』
9. 전국역사교사모임편(2007), 『호남문화의 젖줄, 영산강문화권을 찾아서』 2007전국역사교사모임
10. 전라남도(2005.12), 「영산강유역 고대문화권 특정지역지정 및 개발계획」, 전라남도
11. 정근식 · 이종범편(2001), 『문화도시 만들기, 이론과 구상』, 전남대 호남문화연구소, 경인문화사
12. 최성락(2000), 『영산강유역 고대사회의 새로운 조명』, 제3회 역사문화학회 국제학술대회
13. 이토 아비토(2002), 「호남 도서지역의 지역활성화에 있어서의 바다」, 『호남문화연구 30집』, 호남문화연구소
14. 표인주(2005), 「광주 · 전남 지역축제의 분석과 창조적 계승」, 『호남문화연구 37집』, 호남문화연구소
15. 김병인(2006), 「축제를 통한 지역 정체성의 재구성 영암 · 장성 · 화순을 중심으로」, 『호남문화연구 39집』, 호남문화연구소
16. 안종일 · 정진백편(2007), 『정의로운 역사, 멋스러운 문화』, 사회문화원

총 결 론

총결론

영산강에 뱃길이 끊어진지 오래 되었다. 우리는 어릴 적 영산강가에서 미역감고, 고기잡으며 조개를 줍던 시절을 생각해 보곤 한다. 중학교에 갓 입학하여 영산포 선창가에 정박해 있는 수많은 증기선들[1]과 크고 작은 배들을 보며 놀라지 않을 수 없었다. 게다가 지금은 사라지고 거기에 새로난 다리가 있긴 하지만, 일제시대 만들어진 구영산교를 건너 갈 때 난간을 잡고 조심조심 건너 학교에 가야만 했다. 마치 하늘에 붕 떠 있는 듯한 느낌은 감히 영산강의 물줄기를 바라보지 못할 지경이었다. 신비한 모습 그 자체였던 영산강이 오늘날 강바닥이 훤히 드러나고 모래와 잡초만이 우거진 모습을 보노라면, 안타까움을 넘어 절로 가슴을 찢게 만든다. 그나마 영산호는 맑은 물처럼 보이지만, 이 또한 보이지 않는 강바닥에는 30년 동안 차단되어 생활쓰레기와 축산·생활오폐수가 콘크리트처럼 굳어져 버렸으며, 부영양화가 심하여 자연과 인간을 위협한지 오래되었다.

이 책의 집필자들은 한결같이 영산강이 이미 오염된 지 오래되어 한계치를 벗어나 동맥경화 상태임을 자각하고, 그에 대한 대안을 찾고자 하였다. 무엇보다 먼저 영산강이 제 기능과 역할을 다하기 위해, 환경오염의 근원을 없애고 수질을 개선시킨 후, 2,500톤급의 뱃길을 열어 주운능력을 가져야 하며, 역사와 문화를 발굴 내지 복원하고, 관광과 레저기능을 충족시키는 노력이 이루어져야 한다는 데 인식을 같이 하였다. 그러므로 집필자들은 이에 대한 대안으로써 몇 가지 사항을 정리하기에 이르렀다.

1. 환경오염을 더 이상 방치해서는 안 되며, 오염된 환경을 되살리는 일이 필요하다. 영산강이 이미 오염되었다는 사실은 환경론자들이나 전문가들도 인정하고 있다. 그런데 일부의 사람들은 준설이나 운하자체가 환경파괴라고 생각한다. 오염된 퇴적층을 전부 걷어내고 원래의 강 모습으로 되돌리는 것이 환경파괴라고 한다면 이것은 잘못된 편견이다. 환경이 오염되었기 때문에 환경을 복원시키기 위해서도 운하는 반드시 필요하며, 더 이상 환경오염이 진행하지 않도록 해야 한다. 영산강운하는 이점에서 대단히 매력있는 사업이다. 퇴적된 오염물질의 제거라는 것도 그렇거니와 높아진 강바닥의 모래와 자갈을 채취함으로써 운하 건설비의 일부분을 충당할 수 있다. 더구나 강에서 채취한 모래나 자갈은 바다모래와는 달리 건축물의 수명을 연장시키며, 모래를 만들어내기 위해 수많은 산을 파헤치거나 바다모래를 파내어 모래사장이 줄어드는 환경파괴도 막을 수 있다.

2. 영산강운하의 건설은 생태계 복원이며, 친환경 친수공간의 연출이다. 일부의 반대론자들은 운하 건설에 있어 하구언둑에서 광주내륙항까지 땅을 파고 콘크리트 옹벽을 쌓아 만들 것이라는 잘못된 생각을 가지고 있다. 그러나 영산강 운하는 널따란 자연하천을 옛날 배가 다니던 그 모습대로 강바닥을 준설하고 친환경적이며, 생태계가 복원될 수 있는 상태로 만들어야 하는 데 인식을 같이 하고 있다.

3. 운하건설은 지금 직면하고 있는 대기오염 등의 환경오염을 효과적으로 줄이는 효과가 있다. 본 집필자들이 조사한 바로는, 광주에서 광양항이나 부산항, 중국이나 일본 등 수출입 상품의 운송 시, 속도를 요하지 않는 중량의 화물을 선박으로 이용할 때 물류비의 현저한 개선이 이루어졌으며, 이와 더불어 수출입 상품을 트럭으로 이동했을 때 생기는 이산화탄소나 각종 오염의 수치를 대폭적으

로 줄일 수 있다는 결론을 얻었다. 그리고 과다한 에너지의 사용을 줄일 수 있으며, 언제 발생할지 모르는 에너지의 위기에 대비할 수 있는 장점도 있고, 게다가 교통혼잡비용을 줄일 수 있고, 쾌적한 도로의 여유로움도 가져올 수 있다.

4. 영산강의 준설은 목포시민들의 우려를 불식시킬 수 있다. 예전에 영산강의 준설이 여론에 공포되자, 목포시민들은 목포연안의 오염으로 이어지는 것으로 생각하여 반대한 적이 있었다. 예전의 강바닥의 준설은 오염물질이나 퇴적오니가 물에 떠올라 우려를 자아냈으나, 지금의 최신공법은 강바닥을 파헤치지 않고, 호스를 통해 강바닥의 모래와 뻘을 흡입하는 샌드펌프(Sand Pump)방식 등을 쓰고 있다. 더구나 강이나 하천에 대한 오염원의 제거와 준설은 더 이상 오염원을 사전에 차단하고 깨끗한 수질을 유지하기 때문에 환영할 만하며, 육류와 해류의 만남으로 인해 풍부한 어장을 형성케 하여 어류업과 해산업의 발전을 가져올 수 있다.

5. 영산강운하는 신성장정책이며, 경제벨트를 묶어주는 역할을 한다. 이곳 광주만 하더라도 선진물류시스템과 물류기반시설이 부족하여 현재 몇 개의 대기업조차도 해외이전을 모색하고 있으며, 해외투자의 유치도 전혀 진척이 없는 상태이다. 지자체의 각종 인센티브의 제공에도 불구하고 기업의 유치가 어려운 것은 기반시설이 부족하기 때문이라는 게 일반적인 중론이다. 2004년 오스트리아의 한 연구소의 연구에 따르면, 기본 인프라 구축비로서 운하(1유로 : 1300원), 도로(1.83유로), 철도(6.57유로) 등의 계산을 한 바 있으며, 다른 운송시설에 비해 뛰어난 이점이 있다. 특히 영산강은 국가하천으로써 저비용으로 개발이 가능하기 때문에, 다른 나라나 지역보다 인프라 구축비를 더 줄일 수 있다. 그리고 운하건설에 따른 기반시설의 확충은 광주문화중심도시나 나주의 광주 · 전남공동혁신도시, J프로젝트, S프로젝트 그리고 고대문화권 특정지역계획 등 기존의 굵직한 대형 프

로젝트의 실현을 가능케 하며, 이들을 하나로 벨트화할 수 있는 이점이 있다.

6. 영산강운하건설은 물류의 증대와 산업의 재편성, 고용의 확대로 이어질 수 있다. 운하건설로 인해 기본인프라가 구축되었을 때 2,500톤급의 선박과 동아시아로의 직접 수송이 가능하다. 그리고 운하건설로 인해 내륙으로의 산업 변화가 가능하고, 고급인력과 풍부한 인적자원의 제공으로 인해 고용이 확대되는 장점이 있다. 이와 관련하여 광주와 전남의 우수한 인재들의 국내외의 유출도 막을 수 있다.

7. 운하건설은 대형홍수로 인한 피해를 줄일 수 있다. 지금 우리나라는 아열대의 기후로 서서히 변해가고 있다. 매년 장마철의 집중호우에서 벗어나 아열대성 집중호우가 전국적으로 빈발하고 있는 상황이다. 이러한 때에 운하건설은 매년 버려지는 물을 유용하게 활용할 수 있을 뿐만 아니라 높아진 강바닥의 준설로 일시에 호우가 내리더라도 효과적으로 물을 처리하는 효과가 있다.

8. 운하에 이용되는 선박 등의 안정성도 기할 수 있다. 최근 독극물이나 화공약품 등의 유해물질을 실은 배가 뒤집어지거나 부딪쳤을 때 수질오염이 생긴다는 논란이 있었다. 그러나 본 연구팀이 중국의 항주운하와 장강삼협을 탐방하여, 그곳의 운행하는 선박과 크루즈의 운행을 통해 조사한 결과에 따르면 지금까지 수많은 배들이 다녔어도 한건의 사고가 나지 않았다는 점이다. 선박은 육지의 운송수단에 비해 현저하게 안전하며, 유럽에서도 운하가 가장 안전한 수송수단으로 꼽히는 것을 보아 수질오염 등의 우려는 하지 않아도 될 것 같다. 더구나 현행법상 독극물이나 화공약품 등의 유해물질은 배나 트럭이 상수원 근처에 접근하지 못하도록 법으로 금지되어 있기 때문에, 선박의 운하이용은 가장 안전한 수송이라 할

수 있다.

9. 영산강운하 건설은 영산강유역의 자연자원의 이용과 복원, 역사와 문화의 재발견을 가져온다. 영산강 물길을 따라 이어지는 아름다운 자연의 풍경은 말할 것도 없고, 영산강유역에 산재해 있는 문화유산 등은 운하를 통해 그 멋스러움과 고적함으로 연출될 수 있으며, 마한·백제문화의 역사와 문화에 대한 복원, 장보고와 왕건 등의 고려문화, 조선시대의 사림문화와 불교문화 등 수없는 문화유산들이 재평가되어 그 역사성을 갖게 될 것이다. 이러한 문화유산의 복원과 재평가는 사라져가는 영산강의 역사와 문화를 되살리는 것이며, 이것을 관광코스로 활용할 때 지역에 대한 애향심과 남도의 정서, 멋스러움을 가져와 지역민들의 삶의 질을 높여줄 것이다.

10. 제7장의 운하건설 시뮬레이션 분석결과에서 보았듯이, **물류수송의 경제적인 효과(수로운송을 통한 화물운송 요구량, 화물운송량, 물류운송비, 물류의 경제적 절감가치 등)가 매년 증가하는 것으로 나타났다.** 그리고 관광유치 효과도 단기간 뛰어나며, 자연환경, 자연재해 방지 및 삶의 편의시설 제공 효과에서는 퇴적오니 준설효과, 자연환경 개선 및 재해예방 효과, 운하 권역 삶의 환경 개선 효과, 운하건설에 따른 자연환경 개선 누적효과 등 변수들이 해마다 증가하는 추세를 볼 수 있었다. 게다가 운하건설에 대한 총투입비용 대비 총체적 경제 효과 평가에서는 운하건설을 통한 경제 효과, 유지관리비, 총 투입공사비, 삶의 개선 효과의 경제가치, 년간 운하건설을 통한 경제효과, 년간 유지관리비 등의 변수들이 해마다 증가하는 추세로 분석되어 영산강운하 건설은 경제적인 측면에서 뛰어난 효과가 있는 것으로 분석되었다.

11. 영산강운하 건설에 투여되는 비용은 한반도대운하연구회와 본 연구팀이 분석하여 산출한 결과 환경오염과 수질개선에 대한 대책이 시급한 현안임을 감안하여 2조 2천억원으로 개략치를 산출하였다. 여기에는 환경기초시설 설치, 비점오염원 저감시설설치, 자연형하천 정화사업, 댐내 시설 설치사업, 퇴적물준설 등의 비용이 드는 것으로 보았다. 그리고 운하복원에 소요되는 주운수로, 수위유지용 댐 및 갑문, 영산호갑문, 해사부두, PORT(최상류부), 도로교량, 철도교량, 보(지표수 이수) 등 운하건설비용을 개략 추정한 결과 1조 3천 900억원이 소요된 것을 추정되었다. 여기에 영산강운하가 우리나라뿐만 아니라 세계적인 생태환경 · 역사 · 문화 · 관광 · 레저의 역할을 하도록 산출비용을 산정한 결과 1조 2천 360억원이 드는 것으로 보았다. 이러한 비용은 영산강을 준설함으로써 얻어지는 모래와 자갈 등에서 일부 충당이 가능하며, 나머지는 국가지원이 있어야 한다고 보았다. 영산강준설 시 얻어지는 모래와 자갈의 양은 현재 황룡강 · 영산강 치수대책 사업비(1,200억원) 중 800억원이 모래준설로 충당한 데서 가능성이 있음을 확인하였다. 앞으로 준설 시 얻어지는 자연자원의 이용은 환경과 생태계 복원, 역사 · 문화 등을 복원시키는 데 사용되어야 하는 것도 일치를 보았다.

12. 영산강운하는 축제문화를 풍요롭게 하며, 다양한 문화콘텐츠를 만들어 낼 수 있다. 지금 영산강유역을 따라 산재해 있는 축제문화를 영산강이라는 코드를 통해 하나로 벨트화할 수 있으며, 이 벨트를 따라 잊혀진 문화에 대한 복원과 강이나 하천 등과 연관된 새로운 축제문화를 창출할 수 있을 것이다. 이러한 축제문화는 시와 문학, 문화, 영상 등 다양한 콘텐츠의 창조로 이어져 미래의 새로운 산업으로 각광받을 수 있는 문화연출이 가능하다.

 우리나라의 대도시가 대부분 그렇듯이 한국적인 특징과 전통적인 멋이 제대로 표출되지 않고, 난개발 등의 개발논리 등에 맞춰진 듯 색깔 없는 도시이미지를 가지고 있다. 광주와 나주, 목포 등의 도시도 다를 바 없다. 이러한 삭막한 도시의 이미지를 풍부한 강의 이미지가 더하여 짐으로써 내외적으로 자연과 도시, 인간과 생활공간이 잘 조화를 이루고, 더불어 삶의 질도 풍부하게 만들어 줄 것이다.

14. 영산강의 수변공간에 각 지역의 특색에 맞는 지역문화의 창조와 개발, 발전을 가져와 경제적인 이득뿐만 아니라 지역의 정체성에 이바지할 수 있다. 영산강변에 들어설 인도와 자전거길, 하구언에서 광주에까지 이어지는 멋들어진 수변공간 과도로, 그 공간을 따라 이어진 각 지역의 수많은 독특한 테마관이나 자료관, 문화관, 문학관, 전시관 등은 어린아이로부터 어른에 이르기까지 한없이 머물고 싶은 교육과 체험의 장이 될 수 있으며, 해외여행객들을 불러 모으는 신 여행지로 각광받은 공간이 될 것이다. 따라서 국내외 여행수지가 악화되는 상황에서 이곳 영산강운하를 중심으로 광주·전남지역에 집중될 수 있도록 무한한 상상력이 뒷받침 되어야 하고, 이를 위해 지자체와 시민단체 등 협력의 상생의 공간이 만들어질 것이다.

이러한 운하의 장점이나 이점 이외에도 현대역사상 경제발전의 소외지역으로써 경쟁력 상실이 지속된 이곳 광주와 전남이 다른 지역보다 아름다운 영산강의 이용을 통해 어마어마한 부가가치를 창출할 수 있다. 더 나아가 지역적인 한계를 벗어나 동서화합이나 남녀, 어른과 아이, 과거세대와 신세대 등 계층간의 간격을 줄이는 등 부수적인 효과에 이르기까지 그 수혜는 무궁무진하다.

이제 영산강운하 만들기는 우리 남도민의 마인드에 달려 있다고 해도 과언이 아니다. 이것은 다른 사람의 문제가 아닌 우리의 문제이다. 우리의 문제는 우리가 직접 해결해야 한다. 맹목적인 반대보다는 합리적인 반대와 대안이 요구되며, 운하 건설 시 이러한 요구들이 받아들여져 보다 아름다운 개발과 이용이 될 수 있도록 새로운 비전과 전략을 모색할 때이다.

지은이 **이병담**

▶ 전남 나주에서 태어나 조선대학교 철학과를 졸업하고, 중앙대학교에서 「플라톤의 국가편에 나타난 정의와 행복, 1990」으로 문학석사를 받았고, 「초기희랍 철학자들의 존재론적 사유에 나타난 '神的인 것' 에 관한 연구, 1995」로 철학박사학위를 받았다. 이후 다시 일본문화에 대한 관심과 연구에 몰두하여 목포대학교 일어일문과에서 「기타노 다케시(北野武) 영화에 나타난 미학, 2001」으로 문학석사를, 전남대학교 일어일문과에서 일본문화학을 전공하고 「근대일본과 조선총독부 초등학교 수신교과서 비교, 2006」로 문학박사학위를 받았다.

▶ 중앙대/조선대 등의 강사를 거쳐, 현재 서남대학교 교양교직학과 교수로 재직 중이며, 영상 · 일본문화와 사상, 철학 등을 가르치고 있다. 영산강운하에 대한 저자의 관심은 오래전에 영산강뱃길살리기협의회를 운영하면서 축적된 활동의 결과이며, 현재 영산강뱃길살리기협의회 공동대표를 맡고 있다.

▶ 대표적인 논문으로는 「존재론적 욕망의 구조-기타노 다케시(北野武)의 『HANA -BI』를 중심으로, 2000」, 「GO와 정체성-유키사다 이사오(行定勳) 감독의 GO영화를 중심으로, 2003」, 「日本 明治 · 大正期의 修身교과서 연구-國民性 形成의 이데올로기와 修身書-, 2004」, 「기타노 다케시의 ≪Dolls≫에 관한 연구 -멜로드라마와 실존의 관점에서-, 2005」, 「조선총독부 초등학교 『국사』교과서에 나타난 침략사관과 식민지 아동의 탄생, 2005」, 「미야자키 하야오(宮崎駿) 애니메이션의 상상력-≪千と千尋の神隱し를 중심으로-, 2006」, 「조선총독부 초등학교 창가에 나타난 음악교육과 식민성, 2007」등 수십 편이 있다.

▶ 대표적인 저서로는 『너, 일본영화 어떻게 보았니』(행복한집, 2001), 『수신하는 제국』(제이앤씨, 2004), 『기타노 다케시 영화의 서사론과 미학』(행복한집, 2006), 『근대일본 아동의 탄생』(제이앤씨, 2007), 『한국근대 아동의 탄생』(제이앤씨, 2007), 번역서로는 『일본초등학교 수신서 제1권~5권)』(제이앤씨, 2005), 『조선총독부 수신서 제1권~5권』(제이앤씨, 2007) 등 다수가 있다.

지은이 **노창균**

▶ 전남 장흥에서 태어나 목포해대 항해과와 부경대학교 무역학과를 졸업하였으며, 한국해양대학교에서 「국제안전경영규약의 도입을 통한 안전관리 활성화 방안에 관한 연구, 1998」로 경영학석사를 받았고, 「선박검사 및 심사부문의 품질경영시스템 구성요인과 선박안전에 관한 연구, 2001」로 경영학 박사학위를 받았다.

▶ 한진해운에서 8년간 근무하면서 항해사로 승선과 안전품질, 선박운항, 해운물류, 해사기획 등의 업무를 담당하였다. 또한 선박안전기술공단에서 4년간 근무하면서 연구개발, 선박검사, 품질경영 등의 업무를 수행하였다. 현재 목포해양대학교 해상운송시스템학부 교수로 재직 중이며 해운실무, 해운경영, 국제물류 등을 가르치고 있다. 수로운송에 대한 저자의 관심은 오래전 항해사로 승선하면서 미국, 유럽, 중국 등에서 실제 체험한 결과이다.

▶ 목포항만의 효율적인 운영방안 및 안전대책 수립에 관한 연구, 완도항 수역안전대책 및 효율적인 항만운영방안 연구, 전남 물류로드맵 수립 등 다수의 프로젝트에 참여하였고, 현재 전남 종합물류 활성화 방안에 대한 정책기획연구에서 연구책임을 맡고 있다.

▶ 대표적인 논문으로는 「한국 연안여객선 업체의 재무상태 분석과 경영개선 방안, 2002」, 「구난방제업무의 발전방향에 관한 연구, 2002」「해상보안체제(ISPS Code)의 도입방향에 관한 연구, 2003」, 「전남 다도해 연안크루즈관광 사업의 기본구상에 관한 연구, 2004」, 「목포항의 화물유치 전략에 관한 실증연구, 2005」, 「연안여객선의 대중교통화를 위한 효율적 실행방향 고찰, 2005」, 「한반도 대운하 건설에 따른 물류 전망, 2007」 등 수십 편이 있다. 또한 대표적인 저서로는 『해운실무』(해인출판사, 2006) 등이 있다.

지은이 **신종호**

▶ 경기 양평에서 태어나 고려대학교 토목공학과를 졸업하였으며, 한국과학기술원(KAIST)에서 「터널굴착 시 지반거동에 관한 연구, 1985」로 공학석사 학위를 받았고, 영국 Imperial College, University of London에서 「Numerical Modelling of Tunnelling in Decomposed Granite Soil, 2000」 연구로 Ph.D를 받았다.

▶ 기술고등고시를 통해 총무처, 서울특별시청에 17여 년 간 근무하며 건설사업의 기획, 행정, 설계 및 공사 관리 등의 업무를 담당하였다. 현재 건국대학교 토목공학과 교수로 재직 중이며, 지구시스템과학, 지반공학, 종합설계 등을 가르치고 있다.

▶ 폐기물처리시설의 설계, 도심 Life Line 통합시스템 구축, 지하철 건설 등의 시민 편익 및 환경개선을 위한 다수의 대형프로젝트에 참여하였고, 댐 안전진단, 한강관리, 청계천복원 등 중요한 하천관리 및 정비 업무에 핵심적으로 참여하였다. 지반과 지하수의 역학적 상호작용을 다룬 「Long-term ground movement due to tunnelling, 2002」이 대표적인 논문으로서 Institute of Civil Engineers(ICE)로부터 John King Medal을 수상하였다. 이 밖에 지반-지하수 수리상호작용에 대한 다수의 논문을 해외 유수의 저널에 발표하였다. 현재 대형·대단면 지하공간의 계획기준 연구, 해저터널의 수리설계 개념 재정립 등 건설과 지하수 거동의 수치 모델링을 포함하는 지반-구조물 수리상호작용 연구를 중점 수행중이다. 건설과 환경영향 그리고 지속가능한 개발문제에 지대한 관심을 두고 있다.

지은이 **김갑렬**

▶ 전남 나주에서 태어나 목포대학교 경제학과를 졸업하였으며, 호남대학교 복지행정대학원 사회복지학과를 졸업하고 석사학위를 취득하였다.

▶ 현재 영산강뱃길살리기협의회 회장으로서 영산강 사랑이 곧 지역발전의 밑거름이 된다는 영산강 희망벨트임을 깨달아 사회복지의 웰빙영산강을 이루는 꿈을 실천하고 있다. 이에 대한 일환으로 광주MBC 시사르포, 광주CMB방송 출연, 광주일보, 광남일보, 전남일보, 광주타임즈, 전광일보 등 지역신문에 영산강뱃길에 관한 내용을 다수 기고하였다.

▶ 전국최초 자동차 영업사원 자동견적프로그램 개발(1990), 미래교육문화 광주지점장(1995), 대명교육 광주지사장(1995), 크리스넷 사이버 설교서비스 사이트 무료운영(1996), 인터넷 쇼핑몰(나주배즙) 제작 및 조선일보 광고홍부(1997.10), 멀티미디어 영상예배 전국최초 구축개발(파워포인트와 영상결합, 1998), 청소년인성교육 프로그램참여(2001), 카오스사이버문화센터 운영(POP 등 25개 과목 무료운영, 2002), 한국불우청소년선도회 운영위원, 호산이엔티(Hosan Ent) 운영, 광주광역시 광산구 운남동 주민자치위원(문화정보), 카네기훈련 12주 코스 수료, 빛고을청소년육성회 사무국장, 영산강뱃길 관광스토리텔링 누리사업팀 위원, 황룡강 친환경 이용방안 TFT자문위원 등 아이템 기획자이자 사회봉사 활동가로서 다양한 활동을 하고 있다.

▶ 저서로는 『인터넷을 정복하고 다스리라』(예영출판사, 1997)와 사회복지사 자격 2급을 취득하였다.

지은이 **김기식**

▶ 전북 익산에서 태어나 美 Clark 大를 3년 중퇴하였으며, 대한주택공사에서 근무하였다.
美 A-one Const, 대표이사를 지냈으며, 세계적인 환경단체인 Green Peace of Vancouver에서 환경운동에 몸을 담아 활동하였으며, 낙동강 수질개선 대책위원장, 환경보전연맹 사무총장을 역임하는 등 오랜 기간 노동, 환경운동에 앞장서 왔다. 특히 낙동강, 영산강 생태 및 수질을 조사 · 연구를 다년간 진행하였으며, 영산강뱃길살리기협의회 자문위원으로 활동하고 있다.

▶ 저서로는 『기업과 환경』, 『알기 쉬운 환경이야기』를 출간하고 현재 한국환경기술개발원장으로 영산강 문제에 중점적으로 연구와 활동 중에 있다.

대한민국 **대운하** 프로젝트
영산강운하와 축복의 땅, 남도

1판 1쇄 발행 · 2007년 10월 13일
지은이 · 이병담 l 노창균 l 신종호 l 김갑렬 l 김기식 공저
발행인 · 이용길
발행처 · 모아북스 MOABOOKS
영업 · 권계식   **관리** · 윤재현   **본문 디자인** · 이룸

출판등록번호 · 제396-2004-000095호
등록일자 · 2004.11.9
등록된 곳 · 경기도 고양시 일산구 백석동 1332-1 레이크하임 404호
대표 전화 · 0505-6279-784   **팩스** · 031-902-5236

ISBN 978-89-92538-48-X 03300

· 좋은 책은 좋은 독자가 만듭니다.
· 독자 여러분의 의견에 항상 귀를 기울이고 있습니다.
　www.moabooks.com
· 저자와의 협의 하에 인지를 붙이지 않습니다.
· 잘못 만들어진 책은 구입하신 서점이나 본사로 연락하시면 교환해 드립니다.